民事法系列

民法總則大意

楊敏華◆著

五南圖書出版公司 印行

序 PREFACE

　　關係人民私權之法律，首推民法，然其條文之繁瑣，為眾法之冠。習法者無不殫思竭慮，以盡其功，然往往為山九仞，功虧一簣，莫不與民法總則之根基息息相關。

　　法諺：「民法總則通，民法通；民法通，萬法通。」故民法總則為法學之基石，萬法之根源，欲鑽研法學則必先厚植此一基石。

　　本書平鋪直敘，理論與實例並重，希冀有助於習法者，以最簡易之方法窺盡民法總則之精髓，並建立征服民法之信心，以達學以致用，考用合一之效用。

　　筆者法律生涯四十載，無一日離開法學，深感法律浩瀚無際，精深博大，似無止境，欲窮一生之歲月，亦無法窺其全貌。本書僅供他山之石，藉作攻玉之資，或可供初習法者參酌之用。疏漏之處，在所難免，如蒙宏達指正，則感幸甚矣！

　　　　　　　　　　　　　　　　　　　　楊敏華
　　　　　　　　　　　　　　　　　　　　2016.03.02
　　　　　　　　　　　　　　　　　　謹識於台灣台中

目錄 CONTENTS

第一篇

緒　論

第一章　民法之意義

　　民法者，規定我國內社會生活關係之私法。近代學者，均從實務上著眼，謂民法者，乃規定我國內一般人民相互間有關權利與義務之法律。民法之意義，得分為實質與形式二方面言之：

一、實質意義之民法

　　即泛指一切規範私的生活關係之法規，亦即私法之全體，包括民事特別法在內。凡具有民事法規的實質內容，皆屬於實質意義的民法，由於涵蓋範圍極廣，故又稱為「廣義之民法」。

二、形式意義之民法

　　即指經立法機關以文字制定，以法典之形式存在，並命名為「民法」之成文法。即1929年（民國18年）至1931年（民國20年）間陸續制定並公布施行之民法。形式意義之民法僅有五編規定，又稱為「狹義之民法」。

第二章　民法之性質

民法之性質，綜合學說，約有下列：

一、民法為私法

法律有「公法」與「私法」之分。前者以國家生活關係為規範之內容，如規定政府機關的組織權限、稅捐稽徵、訴訟程序等事項；後者以私人生活關係為規範之內容，如買賣、租賃、婚姻、父母子女關係等事項。民法所規定者，為私人生活之權利義務關係，故為私法。

二、民法為普通法

法律以其適用範圍為標準，可分為「普通法」與「特別法」。前者適用於全國人民及一般事項；而後者則或適用於特定之人（軍人及其家屬優待條例），或適用於特定之地域（如台灣地區與大陸地區人民關係條例），或適用於特定事項（如公司法、票據法）。民法係屬普通法之一種。

三、民法為實體法

法律就其內容為標準，可分為「實體法」與「程序法」。前者係以權利義務之存否、性質及範圍為規定之內容；後者則為實現權利義務之程序的規定，例如民事訴訟法、強制執行法。民法直接規定權義關係，故為實體法。

四、民法為國內法

法律以其效力範圍為標準，可分為「國內法」與「國際法」。凡由一個國家所制定，而在一國主權支配之範圍內施行的法律為國內法；凡為各

國公認在相互關係上必須遵守之法律為國際法。前者僅於本國領域內有其效力；後者則其效力可超出本國領域以外。民法係屬國內法而非國際法。

第三章　民法之法源

　　何謂法源？說者不一，如就字面解釋，所謂「法源」，乃法律之來源。民法之法源，即指民事法律之來源。依通說，民法之法源有二：

一、制定法

　　乃國家機關依一定程序制定之法規，又稱為「成文法」，其主要者有四：

（一）法律

　　即經立法院通過，總統公布（憲170）。法律得定名為法、律、條例、通則（中央法規標準法2）。法律堪為民法法源者有二：

1. **民法典**：我國係採成文法主義之國家，有民法典之制定，故民法典為最主要之民法法源。

2. **民事特別法規**：民法典無法網羅全部民事關係而為規定，故就民法典所未規定之事項，或有特殊性質之事項，另有民事特別法規之制定，如公司法、票據法等，自亦為民法法源之一。

（二）命令

　　命令乃執行機關，依據法律或經法律之授權而發布之法規。如執行法律之命令及緊急命令或委任立法。命令之為民法法源，乃屬例外情形。

（三）自治法

　　乃自治團體，依據國家承認之自治立法權，所制定之自治法規。其中有關民事關係之規定，自亦得為民法之法源。如《地方制度法》。

（四）條約

乃國家與國家間所訂立之契約。條約經依法公布，有拘束當事國人民之效力，其中有關民事之規定，亦為民法法源之一。如《政府採購法》第17條第1項規定：「外國廠商參與各機關採購，應依我國締結之條約或協定之規定辦理。」世界貿易組織（World Trade Organization簡稱WTO）《政府採購協定》GPA已於2009年（民國98年）7月15日對我國生效，對於適用GPA之採購案，應依GPA規定允許GPA會員廠商或產品參與投標。

二、非制定法

非制定法亦稱「不成文法」，通常指習慣法、判例及法理三者：

（一）習慣法

乃社會所慣行之事實，經國家承認，而具有法之效力者。習慣法具有補充法律之效力（民1），故亦為民法法源之一。

（二）判例

乃法院就同一性質案件，反覆為類似之判決先例。我國雖採成文法制，然最高法院之判例，對於下級法院有事實上拘束力，故判例亦為民法法源之一。

（三）法理

乃法律之原理，如國家之立國主義、人類之正義理性、社會之道德觀念及宇宙之自然法則等。法理有補充法律之效力（民1），故亦為民法法源之一。

第四章　民法之效力

民法之效力，即指民法效力所及之範圍，可分為人、地、時、事四方面言之：

一、關於人之效力

民法為普通法，對於中華民國國民，不問其在本國領域內或在國外，皆有其適用，是為屬人主義之原則。

二、關於地之效力

民法為國內法。依屬地主義之原則，凡在本國領域範圍內，不問其為本國人或外國人，均有適用。惟在中華民國有治外法權之人，或《涉外民事法律適用法》有特別規定者，不在此限。

三、關於時之效力

民法採「不溯既往原則」，此係各國公認之原則，法律原則上應適用行為時之法律，在法律生效前所發生的事項，當然無該法律的適用，此即所謂「法律不溯既往原則」。如《民法總則施行法》第1條規定：「民事在民法總則施行前發生者，除本施行法有特別規定外，不適用民法總則之規定」，即是此意。其立法理由，端在用以維持社會生活之安全，使已得之權利，不致由於法律之變更，而受損害。「法律不溯既往原則」僅為法律適用之原則，即司法原則而非立法原則。立法機關基於社會生活之需要，並斟酌立法之意旨，得予溯及既往之規定，即規定新法得適用於其施行前發生之事項。如《民法總則施行法》第3條第1項規定：「民法總則第八條、第九條及第十一條之規定，於民法總則施行前失蹤者，亦適用之。」

（一）法律之生效

法律生效的日期有三種方式：

1. **法律規定特定施行日期**：如《國家賠償法》第17條規定：「自中華民國70年7月1日施行。」
2. **法律授權以行政命令規定施行日期**：如《動產擔保交易法》第43條第1項規定：「本法施行日期，以命令定之。」故該法於中華民國52年9月5日總統制定公布全文43條。但總統令本法自54年6月10日施行。
3. **法律規定自公布日施行者**：則自公布之日起算至第三日起發生效力（中央法規標準法13）。此種體例最多。所謂「自公布之日起算」，依司法院大法官會議釋字第161號解釋，應將法律公布之「當日」算入，自該日起算至第三日起生效。如《勞動基準法》於民國73年7月30日公布，應自民國73年8月1日生效。

（二）法律之失效

法律有下列情形者，失其效力：

1. **經明令廢止者**：法律之廢止，應經立法院通過，總統公布。並自公布之日起，算至第三日起失效（中央法規標準法22）。
2. **法律所定之施行期間屆滿者。**
3. **新法頒行者**：就同一事項有新法頒布，舊法自動廢止，是為「新法改廢舊法原則」。

四、關於事之效力

民法適用之範圍以民事事項為限，由於我國採取民商統一制度，民法第1條所稱之「民事」應包括「商事事項」在內。在民事範圍內，有許多特別法之規定，例如公司法、票據法等商事法規。民法為普通法，商事法規為特別法，依「特別法優於普通法之原則」，就同一事項，商事法規設有規定者，應優先適用。依「普通法補充特別法之原則」，若商事法規未規定者，始適用民法之規定，此時民法僅有補充適用之效力。

第五章　民法之解釋

　　民法之解釋者，乃確定民事法規之意義及其範圍之過程。可分為「法定解釋」與「學理解釋」二者：

一、法定解釋

　　法定解釋亦稱「有權解釋」，乃國家機關基於職權所為之解釋。其情形有三：

（一）立法解釋

　　即由立法機關，以法律解釋法律。例如《民法》第66條規定：「稱不動產者，謂土地及其定著物。」第345條第1項規定：「稱買賣者，謂當事人約定一方移轉財產權於他方，他方支付價金之契約。」

（二）行政解釋

　　乃行政機關於適用法律時所為之解釋。上級行政機關對法律所為之解釋，有拘束下級行政機關之效力。下級行政機關所為錯誤或不當之解釋，上級行政機關得撤銷或更正之。

（三）司法解釋

　　乃司法機關於適用法律時，所為之解釋。其情形有二：

1. **獨立解釋**：即司法院大法官會議就憲法所為之解釋，或對法律或命令所為之統一解釋。
2. **審判解釋**：即指法院於審理案件時，對其適用之法律所為之解釋。同一案件，上級法院之法律上見解，有拘束下級法院之效力。同一法律問題，最高法院之判例，有拘束下級法院之效力。

二、學理解釋

乃本於學理所為之解釋。其情形有三：

（一）文理解釋

即根據法律條文之字義或文義所為之解釋，又稱為「文字解釋」。

（二）論理解釋

乃於條文字義之外，斟酌法律制定之目的、社會之需要及其他一切情事，運用推理之方法，而確定法律之真意，其方法又可細分為五：

1. **擴張解釋**：乃法律文義過於狹窄，不足表明立法真意或適應社會需要時，擴張法文之範圍以資運用，所為之解釋。例如：《民法》第1條規定：「民事，法律所未規定者，依習慣，無習慣者，依法理。」條文其中的「法律」應擴張解釋為「法令」，包括法律與命令。

2. **限制解釋**：或稱「縮小解釋」，乃縮小法律條文字義之範圍，以期適用之正確。例如《民法》第104條規定：「代理人所為或所受意思表示之效力，不因其為限制行為能力人而受影響。」所謂代理人原包括「意定代理人」及「法定代理人」二者，然此應解為專指意定代理人而言。

3. **當然解釋**：乃法律僅就某事項為規定，然就他事項而言，有更應適用之理由時，即認為當然適用法律規定之謂。例如法律規定禁止在公共場所便溺，則傾倒便溺應認為當然在禁止之列。

4. **反對解釋**：依法律規定之結果，推論其反面之結果者，稱為「反對解釋」。例如《民法》第14條第2項規定：「受監護之原因消滅時，法院應依前項聲請權人之聲請，撤銷其宣告。」則受監護之原因若未消滅，自不得撤銷之。

5. **補充解釋**：即法律之規定有欠完備時，以論理法則為補充之解釋。

（三）類推解釋

　　即對於法律無直接規定之事項，而選擇法律就類似事項所為之規定，而為適用之謂，故亦稱「類推適用」，與舊例之「比附援引」相當。類推適用嚴格說是補充法律而非解釋法律，是超越條文內容，使其適用於其他未規定的類似事項，以補充法律的不完備。其情形有二：

1. **類推適用由法律自設準用規定者**：例如民法第187條第4項、第347條、第398條、第883條等。

2. **類推適用由法律性質類推者**：例如將民法第19條有關自然人姓名權的保護，類推適用於法人名稱的保護。

第六章　民法之發展趨勢

　　民法之發展趨勢可分為義務本位時期，權利本位時期，與社會本位時期。茲分述如下：

一、義務本位時期

　　乃自羅馬時代至中世紀，此時期在法律上之中心觀念，在使各個人盡其身分上應盡之義務。

二、權利本位時期

　　乃十八、九世紀期間，法律之基本任務在保護權利，民法基於個人主義、自由主義之理念，形成下列三大原則：

（一）所有權絕對原則

　　即認為所有權係神聖不可侵犯，權利人是否行使、如何行使、何時行使其權利，有絕對的自由，國家不得妄加干涉，故又稱「權利絕對論」。

（二）契約自由原則

　　即認為個人在私法關係中，是否因締結契約而取得權利、負擔義務，應聽任當事人之自由意思。換言之，如當事人決定締結契約，則其對象、方式、內容等，皆有決定之自由。不僅如此，即在單獨行為與共同行為亦有此原則之適用。

（三）過失責任原則

　　即個人僅對於因自己之故意或過失行為所造成之損害負責，倘損害之發生雖係由於自己之行為，而行為人並無故意或過失，則仍不負責任。對

於他人行為所造成之損害，不必負責，更不待言。

以上三大原則，其對人類文明之貢獻，在於對私有財產之尊重，並激發自由競爭，促成資本主義及工商業之發達。然亦因資本主義之過分發達，造成貧富懸殊、勞資對立及社會不安等問題，而暴露出三大原則之缺點。復以個人主義、自由主義式微，團體主義、干涉主義興起，近代民法基於權利本位之三大原則，在現代遂不得不相應的修改或限制。

三、社會本位時期

始於二十世紀，權利應符合社會全體經濟及大眾福祉之目的及要求。為使社會共同生活之增進，法律得強使個人負擔特定之義務，限制或剝奪其某種權利。其情形如下：

（一）所有權社會化

蓋法律之所以承認權利之存在，非獨為保障權利人之利益，尚期待權利人善加利用其權利，以促進社會共同生活之福利。從而所有權之行使或不行使，並非聽任權利人之自由，尚應顧及社會全體之利益，此即「所有權之社會化」。此一思想之轉變，以德國威瑪憲法規定：「所有權附有義務」開其先端。我民法規定權利濫用之禁止及誠實信用原則（民148），均可謂順應此一法律思想改變之趨勢。

（二）契約限制原則

契約自由原則原以當事人地位平等為前提，然因資本主義發達之結果，個人在經濟上、社會上之地位，遂發生差距，大資本家往往藉契約自由之美名，而行剝削之實。此原則遂不得不受限制，以期當事人實質的平等。其主要方式有：

1. **強制訂約制度的擴大**：對於公用事業或與大眾福利、衛生有關之事業，法律限制其訂約的自由，如無正當理由，不得拒絕訂約，稱為「強制訂

約」，例如郵政法、電業法、醫師法等皆有明文規定。

2. **團體協約制度的強化**：為保護勞工，規定公平合理的勞動條件及報酬標準，防止個別訂立契約而產生不公平現象，如團體協約法、勞動基準法、勞動爭議處理法等。

3. **管制經濟法規的增多**：為防止經濟力量的過分集中與濫用，維護經濟秩序的正常發展，並保護消費者之利益，如管理外匯條例、公平交易法等。

4. **禁止權利濫用及違背公共利益**：契約之內容，凡違背法律上強制或禁止規定（包括權利濫用及誠信原則），以及違背公共秩序或善良風俗者，均使之無效（民71、72、148）。

（三）無過失責任原則

　　在過失責任原則下即有過失則有責任，受害人非證明加害人就其行為有故意過失，不得受損害賠償。但因工業發達結果，交通、科學、發明、工礦、機械、核能等本身即具有高度危險性，縱加以相當之注意，仍不免發生損害，此時若仍堅持過失責任之原則，對被害人極不公平，乃轉採取無過失有責任之原則，只須有損害結果之存在，被害人即得請求賠償，是為無過失責任之原則。

第七章　民法之權利義務

　　法律所規定者，不外法律關係之發生、變動及消滅等事項，而法律關係又不外乎權利義務關係，故權利義務自為法律之主要課題。近代法律思想即係基於權利之保護而發生，然義務之履行卻是保護權利之前提，故權利與義務相對待，法律賦特定人以權利，恆同時課特定人以義務。然有時雖有權利，而無對待之義務者亦有之，例如物權之所有人（支配權人）直接對標的物行使權利；有時僅有義務，而無對應之權利者亦有之，例如法人登記義務（民30）、財團董事聲請破產之義務（民35）。本章所述者，乃民法上之權利及義務，並兼及責任而說明之。

第一節　民法上之權利

一、權利之本質

　　權利究為何物？亦即權利之本質為何？學說甚多，大致有如下三說：

（一）意思說

　　此說認為權利乃個人意思自由支配之範圍，亦即以權利人意思為權利之本質。依此說，則無法說明何以無意思能力人亦得享有權利，且有時權利之取得係由於自然事實，與權利人之意思無關。故此說不足採。

（二）利益說

　　此說認為權利乃法律所保護之利益。此說之缺點，在於認為權利之主體與受益之主體為同一。然法律保護吾人之利益，非必盡出於權利之方式，有時依法律規定之反射作用，使吾人享受利益者，亦復不少。故此說亦不足採。

（三）法力說

此說認為權利乃法律為保護特定之利益，所賦予特定人的法律上之力。又稱為「法律上之力說」或「法律實力說」。例如債權為要求債務人為特定行為之法律上之力量。故權利之內容，為法律上享受特定之利益，簡稱法益。權利之作用，即在權利人得以法律上之力，積極的實現其利益，消極的排除他人之侵害。此說為現時之通說。

二、權利之分類

權利可大別為「公權」與「私權」，通說認為，凡基於公法之規定而產生之權利，是為公權，如參政權、請願權、訴願權、訴訟權、刑罰權、賦稅權等均屬之；反之，因私法之規定而產生之權利，則為私權，如財產權、人身權等。民法為私法，故民法所規定之權利自為私權。私權依不同之標準，可為如下之分類：

（一）財產權與非財產權

以權利之標的為標準，可區分為「財產權」與「非財產權」兩大類。

1. **財產權**：以財產上利益為標的之權利，稱為財產權，原則上人格權及身分權以外的其他權利，均可歸類為財產權；亦即可與權利主體之人格或地位相分離之權利。但不必有財產價格者為限（參照民199Ⅱ），例如情書、屍體之所有權。財產權可分為四：

    (1) **債權**：即得請求特定人為特定行為，或不為特定行為之權利。債權以債務人之作為或不作為為標的，例如甲對乙有百萬元債權，即表示甲（債權人）得請求乙（債務人）交付百萬元（作為）。

    (2) **物權**：即得直接支配物之權利。我民法物權編所規定之物權，計有所有權、地上權、農育權、不動產役權、抵押權、質權、典權及留

置權等八種[1]。依物權法定主義的原則，除法律規定外，當事人不能自由創設物權種類或自由約定物權內容（民757）。其他法律規定物權者，如動產抵押權（動產擔保交易法15）、船舶抵押權（海商法33）、航空器抵押權（民用航空法19）。

(3) **準物權**：非民法上的物權，而在法律上視為物權，準用民法關於不動產物權的規定者，稱為「準物權」。例如漁業權（漁業法20）、礦業權（礦業法8）等。

(4) **無體財產權**：即以人類之精神的產物為標的之權利。例如專利權、商標權、著作權等。

2. **非財產權**：非以財產上利益為標的之權利，稱為「非財產權」，分為人格權與身分權，故又稱為「人身權」，與權利主體密切不可分，因此不得拋棄、讓與或繼承，縱然加以拋棄或讓與，其拋棄或讓與無效。

(1) **人格權**：乃以權利人之人格上利益為標的，而與其人格有不可分離關係之權利。例如生命權、姓名權、健康權、名譽權、自由權等皆是。

(2) **身分權**：乃本於特定身分關係而發生，與其身分有不可分離關係之權利。例如同居請求權、家長權、親權、繼承權等皆是。

（二）絕對權與相對權

以權利效力所及之範圍為標準，可分為「絕對權」與「相對權」。

1. **絕對權**：即權利之效力得對抗一般世人之權利，故又稱為「對世權」。例如人格權、身分權及物權等均是。絕對權的特徵在於權利人對於侵害行為具有直接排除的絕對效力，不論侵害出自何人，權利人皆得與之對抗，直接加以排除。

---

[1] 對於物之使用價值及交換價值為全面支配之物權，係指下列何種物權？（106特四財稅19）　(A)所有權　(B)地上權　(C)農育權　(D)不動產役權……………………(A)

2. **相對權**：僅得對抗特定人之權利，故又稱為「對人權」。例如債權[2]，債權人僅得請求特定的債務人為給付行為。

（三）支配權、請求權、形成權與抗辯權

以權利之作用為標準，可區分為支配權、請求權、形成權與抗辯權。

1. **支配權**：即直接支配權利客體之權利，亦即本於權利人一己之行為，無須他人行為之介入，即得實現權利內容之權利。例如物權、無體財產權、及父母對子女之懲戒權等均是。

2. **請求權**：即得請求特定人為特定行為或不為特定行為之權利。申言之，請求權人在法律上僅取得請求之地位，至於權利之內容是否實現，尚待相對人行為之配合。請求權有基於債權或物權而發生者，其他如準物權、無體財產權、人格權、身分權等，亦均能發生特定之請求權。

3. **形成權**：因權利人一方之行為，足以使法律關係發生、變動、或消滅之權利，稱為「形成權」；主要有承認權、選擇權、撤銷權、抵銷權、解除權及繼承拋棄權等。

   (1) **直接使法律關係發生者**：如因法定代理人或本人行使承認權，使效力未定的法律直接發生效力（民79、81）。

   (2) **直接使法律關係變更者**：如因行使選擇權，使選擇之債直接變更為單純之債（民208）。

   (3) **直接使法律關係消滅者**：如因行使撤銷權或抵銷權，使有瑕疵的法律或適於抵銷的債務直接歸於消滅（民88、334）。

4. **抗辯權**：得對抗權利人行使其權利之權利，稱為「抗辯權」。依其性質可分為永久性（排除性）抗辯權與暫時性（延期性）抗辯權。

   (1) **永久性抗辯權**：指永久阻止相對人行使其權利，如消滅時效經過後的請求權，因抗辯權人的拒絕給付而永遠不能請求（民144 I）。

---

[2] 下列何者，不屬於絕對權？（106高三財稅5） (A)著作權 (B)抵押權 (C)債權 (D)農育權……(C)

(2) **臨時性抗辯權**：指暫時阻止相對人行使其權利，如同時履行抗辯權（民264）或先訴抗辯權（民745），僅得於相對人為對待給付前或對主債務人財產為強制執行而無結果前，發生暫時阻止作用。

（四）主權利與從權利

依權利之相互關係為標準，可分為主權利與從權利。

1. **主權利**：即不須依賴他種權利而能獨立存在之權利。例如所有權及債權等皆是。

2. **從權利**：須附隨於他種權利始得存在之權利。例如附屬於土地所有權之不動產役權及附屬於債權之質權均是。

（五）專屬權與非專屬權

以權利有無移轉性為標準，可分為專屬權與非專屬權。

1. **專屬權**：即專屬權利人本身，不得移轉於他人之權利。依其情形又可分為二：

   (1) **行使專屬權**：即權利之行使與否，專屬權利人決定。但因權利行使之結果所獲之利益，則可移轉於他人。例如因身體被侵害所生之非財產上損害賠償請求權（民195）。

   (2) **享有專屬權**：即僅得由權利人享有之權利，如終身定期金債權（民734）。

2. **非專屬權**：即非專屬於權利人本身，而得移轉於他人之權利。財產權多屬之，但財產權亦有專屬於權利人本身者，例如因委任或僱傭契約而生之權利，因與當事人的信任關係密切不可分，也不得移轉，是為少數例外。

（六）原權利與救濟權

以權利可否獨立行使為標準，可分為原權利與救濟權。

1. **原權利**：即原已存在而可以獨立行使之權利，亦稱「第一權」。如人格權、身分權、債權、物權等，一般權利皆為原權利。
2. **救濟權**：因原權利被人侵害時所發生之權利，亦稱「第二權」，即須以他人的侵害行為為發生要件的權利。救濟權的各項權利均係由原權利轉變而來，為原權利之變形，如：
   (1) 在人格權及身分權遭受侵害時，可能發生財產上或非財產上損害賠償；
   (2) 在物權遭受不法干涉或侵害時，可能發生標的物返還請求權、除去妨害請求權、防止妨害請求權以及損害賠償請求權；
   (3) 在債權則為債務不履行之損害賠償請求權，及侵權行為之損害賠償請求權。

（七）既得權與期待權

以權利成立要件已否全部實現為標準，可分為既得權與期待權。

1. **既得權**：即權利之成立要件，已完全實現，稱為「既得權」。一般之權利屬之。
2. **期待權**：即權利之成立要件，將來有實現之可能，稱為「期待權」。如附條件之權利，取得時效完成前占有人之權利，及繼承開始前法定繼承人之權利，均其適例。

三、權利之得喪變更

（一）權利之取得

即權利與其主體之結合。就權利之本身而言，是為權利之發生；就權利主體而言，是為權利之取得。其種類分為：

1. **原始取得**：即非基於他人之既存權利而取得之權利。例如無主物先占、遺失物拾得、時效取得。

2. **繼受取得**：即基於他人之既存權利而取得之權利。其取得權利之人，稱「繼受人」；其喪失權利之人，稱「被繼受人」。繼受取得，因其觀點之不同，可為下列之分類：

(1) **移轉繼受取得與創設繼受取得**：

　① **移轉繼受取得**：即就他人既存權利，不變更其性質，而繼受取得其權利。此種情形，權利之內容不變更，新權利人與舊權利人之權利，完全相同。

　② **創設繼受取得**：即繼受取得就他人既存權利所創設之新權利。換言之，即舊權利人於其權利上，創設性質不同之新權利，而由新權利人繼受此新權利。

(2) **特定繼受取得與概括繼受取得**：

　① **特定繼受取得**：即為基於各個取得原因，各別的取得權利。

　② **概括繼受取得**：即基於單一之原因，而將舊權利人之權利，概括的視為一體而為繼受，亦稱「法律地位之繼承」。

（二）權利之變更

即權利不喪失其存在，而變更其狀態。即不影響於權利之本質，僅變更其主體、客體及內容之現象。其形態有下列三種：

1. **主體變更**：即權利之移轉使主體有所更易，如讓與、拋棄。又可分為下列三種情形：

(1) 權利主體由前所有人移至後所有人。例如：因買賣而變更物之所有人。

(2) 權利主體由少數人變為多數人。例如：甲一人之遺產由子女乙、丙、丁三人共同繼承。

(3) 權利主體由多數人變為少數人。例如：共有人中之一部分人拋棄其應有之權利，而歸於其他人。

2. **客體變更**：即其客體有所增減改易。又可分為：

(1) **數量變更**：如債權五十萬因清償二十萬而減少成為三十萬；債權之存續期間延長或縮短。

(2) **性質變更**：如無息債權變為有息債權。

3. **作用變更**：即權利效力上之變更。如不得對抗第三人之權利，變為得對抗第三人之權利；第二順位抵押權，變為第一順位抵押權。

（三）權利之喪失

即權利與其主體之分離。就權利本身而言，有時仍然存在，有時則屬消滅，故此之所謂權利之喪失，非對權利本身而言，乃就權利主體而言。其種類分為：

1. **主觀之喪失與客觀之喪失**

(1) **主觀之喪失**：即權利與其原來主體分離而歸屬於新權利主體。原主體雖喪失權利，但新主體則取得權利，故就舊權利人而言，是為權利之喪失；但就新權利人而言，是為權利之繼受取得。以其僅為權利主體之變更，而非權利本身之根本消滅，故又謂之「權利之相對消滅」。

(2) **客觀之喪失**：即權利本身根本消滅，換言之，權利在客觀上根本不復存在，故亦稱之「權利之絕對消滅」。

2. **基於權利人意思而喪失與非基於權利人意思而喪失**

(1) 基於權利人之意思而喪失者。

(2) 非基於權利人之意思而喪失者。

第二節　民法上之義務

一、義務之意義

廣義的義務泛指一切加諸吾人身上之拘束，如宗教上的義務、道德上的義務皆是。狹義的義務則專指法律之義務，係依法所受之拘束，義務人

不履行其義務時，則受法律之強制力，使其受一定之制裁。其要點有三：
第一，義務是法律所設定的；第二，義務係以義務人的作為或不作為為內
容；第三，義務是法律所設定之拘束，不履行時，使其受某種之制裁。

二、義務之分類

（一）公法上義務與私法上義務

凡基於公法上之規定而發生之義務為公義務，如服兵役、納稅等義
務；凡基於私法之規定而發生之義務，為私義務，如一般的債務。

（二）主義務與從義務

凡得獨立存在之義務，為主義務，一般債務屬之；反之，以主債務之
存在為前提而存在，並隨同主債務而消滅之義務，為從義務，如保證債
務。

（三）積極義務與消極義務

法律課特定人為一定行為之義務，為積極義務，如交付財物；法律禁
止特定人，不得為一定行為之義務，為消極義務，如不為妨害通行之義
務。

（四）絕對義務與相對義務

絕對義務是任何人均受拘束的義務；相對義務是僅當事人間應受拘束
之義務。

（五）專屬性義務與非專屬性義務

專屬性義務係僅特定人始得負擔之義務；而非專屬性義務（可移轉性
義務），則不注重義務本身的性質，而可以移轉他人負擔。

（六）第一次義務與第二次義務

原有義務為第一次義務，如債務人履行債務；其由於債務不履行而生之損害賠償，則為第二次義務。

第三節　民法上之責任

一、責任之意義

責任者，乃違反法律上之義務時，所處法律上之負擔。

二、責任與義務之關係

責任常為義務違反之結果，蓋法律雖課某人以義務，於其違反時，若無相當之制裁，則義務之規定形同虛設，二者通常不可分，違反義務時發生責任，無義務也就無責任。但例外情形，兩者不相伴隨，如有時僅有義務，卻無責任，例如消滅時效完成後，債務人得拒絕履行債務（民144），債務人雖有義務之違反，但並不負擔責任，學者所稱「自然債務」，即指此而言。又有時僅有責任，卻無義務，例如物上保證人，以其抵押物供抵押權人拍賣清償（民860）。

第二篇

本　論

第一章　法例

一、民事法規之適用順序

二、文字使用之準則

三、數量確定之準則

　　法例者，適用於全部民事法規之通例。民法總則編第一章法例共五個條文，分別就民事法規之適用順序、文字使用之準則、及數量確定之準則而為規定。

一、民事法規之適用順序

　　《民法》第1條規定：「民事，法律所未規定者，依習慣；無習慣者，依法理。」故民事法規之適用順序為：一法律，二習慣，三法理。分別說明之：

（一）法律

　　此之所謂「法律」，指一切有關民事之法令，除民法典及民事特別法外，凡係執行法律或因委任立法而頒布之民事命令，均包括在內。法律制定之目的，即為適用於其規範之事項，故法律為民事法規適用的第一順位。

（二）習慣

1. **習慣之意義**：即指社會習慣中，一般人皆確信其具有法律之效果者。
2. **習慣之要件**：民法上所稱習慣，其要件有五：
   (1)須為社會之習慣，即社會上之一般人，就同一事項，反覆為同一之行為之事實，即有反覆實施之行為，屬於客觀要件。個人習慣，不

包括在內。

(2)須一般人皆確信其具有法律之效果（17上613、17上691），即具有法的確信，屬於主觀要件。

(3)須為法律未規定之事項。

(4)須與法律不牴觸。其牴觸者，則屬無效（21上2037）。

(5)須不背於公共秩序或善良風俗（民2）。所謂「公共秩序」，指社會生活之公安與公益；所謂「善良風俗」，指國民一般之道德觀念。二者均須依時代精神認定之。

3. **習慣之效力**

(1)**補充之效力**：《民法》第1條規定：「民事，法律所未規定者，依習慣；無習慣者，依法理。」故關於民事事項，若法律無規定，而社會上就該事項有習慣者，即應適用該習慣。此即習慣之補充效力。

(2)**優先之效力**：就某一民事事項，法律雖有明文規定，然其規定僅有補充之性質，若社會上就該事項另有習慣存在，即應優先適用習慣者，此項習慣即有優先於法律之效力。習慣之優先效力乃屬例外，須以法律有明文規定者為限。例如《民法》第68條第1項規定：「非主物之成分，常助主物之效用，而同屬於一人者，為從物。但交易上有特別習慣者，依其習慣。」

4. **習慣與習慣法之區別[1]**

(1)習慣為事實，習慣法已具有法之效力。

(2)習慣僅為社會所通行，未必有拘束力存在；習慣法則有拘束眾人行為之力量。

(3)習慣須經當事人援引，即使對之判斷有錯誤，不得作為上訴第三審之理由；而習慣法，法官有適用之職責，違背的可為上訴第三審之

---

[1] 有關習慣法之敘述，下列何者正確？（101司5）　(A)物權不得依習慣創設　(B)共有人約定不得分割共有物之期限，不得逾五年。但另有習慣者，不在此限　(C)人事保證約定之期間，不得逾三年。但另有習慣者，不在此限　(D)土地所有人於他人之土地有臭氣侵入時，如地方習慣認為相當，則不得禁止之……………………(D)

理由。

5. 習慣之適用理由

民事關係常適用習慣，其理由如下：

(1)法律並非萬能，無法網羅全部民事關係而為規定，就某一民事事項，若法律無明文規定，法院又不得拒絕審判，乃有適用習慣之必要。

(2)法律之目的，在維持社會秩序。習慣乃社會慣行之事實，於法律無明文規定時，適用社會通行之習慣，亦足以收維持社會秩序之同一效果。

(3)就特定事項，因其富有特殊性或技術性，法律雖有明文規定，然僅為補充之性質。若就該事項另有習慣存在，其適用反較法律更恰當時，無強迫適用法律之必要。此時，該習慣即得優先於法律而為適用。

6. 具有法源效力之習慣[2]

例如金融業將利息滾入原本再生利息之習慣，26渝上946內容：「依民法第一條前段之規定，習慣固僅就法律所未規定之事項有補充之效力，惟法律於其有規定之事項明定另有習慣時，不適用其規定者，此項習慣即因法律之特別規定，而有優先之效力。民法第二百零七條第二項既明定前項規定，如商業上另有習慣者不適用之，則商業上得將利息滾入原本再生利息之習慣，自應優先於同條第一項之規定而適用之，不容再執民法第一條前段所定之一般原則，以排斥其適用。」

（三）法理

即法律之原理。民事之適用法理，以法律無明文規定，且社會就該事

---

[2] 下列何種習慣，具有法源效力？（102律11）　(A)祭祀公業不問是否具備法人要件，均得視為法人之習慣　(B)金融業將利息滾入原本再生利息之習慣　(C)不動產近鄰有先買權之習慣　(D)賣產應先問親房之習慣……………………………………(B)

項亦無習慣時為限。法理的具體內容包括兩個範疇：

1. **在具體的參考資料方面**：有外國立法例、學術論著、學者見解、法院裁判、立法院沿革資料等。
2. **在抽象的衡量原則方面**：應注意公平正義之原則、當事人間利益之平衡、法律之安定性與交易之安全性等。

二、文字使用之準則

《民法》第3條規定：「依法律之規定，有使用文字之必要者，得不由本人自寫，但必須親自簽名。如有用印章代簽名者，其蓋章與簽名生同等之效力。如以指印、十字或其他符號代簽名者，在文件上，經二人簽名證明，亦與簽名生同等之效力。」本條規定有應注意如下：

（一）民法第3條適用之範圍，以「依法律之規定，有使用文字之必要者」為限，亦即「法定要式行為」。例如設立社團，應定章程（民47）；設立財團，應訂立捐助章程（民60）。然在解釋上，雖非法定要式行為，如當事人約定，關於其行為應以文字為之者，即「約定要式行為」，亦應準用本條規定。

（二）依法律之規定，有使用文字之必要，而由當事人自寫時，仍應親自簽名或蓋章，以資識別。所謂「簽名」，乃自己書寫自己姓名，包括使用「簽名章」及以機器方法大量簽名於契約文書或有價證券等情形在內。

（三）蓋章原係補充簽名之方法，惟我國向來認為蓋章為信守之標記，故目前社會上蓋章反較簽名有更強之效力。在私人或商業契約文書（郵局、銀行），時常約定雙方應「簽章」（簽名並蓋章），以示慎重，在性質上為「約定要式行為」，如未簽章，推定其契約不成立（民166）。

（四）本條第3項規定：「如以指印、十字或其他符號代簽名者，在文件上，經二人簽名證明，亦與簽名生同等之效力。」在解釋上，證明

之人如以蓋章代簽名，亦可發生效力。然若證明之人復以指印、十字或其他符號代簽名時，仍為法律行為法定方式之欠缺，須經補正，始為有效（院1909）。

三、數量確定之準則

關於一定之數量，有以文字記載者（例如使用壹、貳、參……），有以號碼記載者（例如使用1、2、3……），亦有同時以文字及號碼為記載者。若其記載有不符合時，究應以何者為標準？我民法規定如下：

（一）當事人之原意

關於一定數量之數次表示有不符合時，不問其為文字或號碼，法院首須探求當事人之原意，必當事人之原意不明時，始得據其他標準認定。此由《民法》第4條、第5條規定：「……如法院不能決定何者為當事人之原意……」可知。

（二）以文字為準

《民法》第4條規定：「關於一定之數量，同時以文字及號碼表示者，其文字與號碼有不符合時，如法院不能決定何者為當事人之原意，應以文字為準。」蓋以當事人使用文字時，較為謹慎而接近原意。又特別法另有規定時，則依其規定，如《票據法》第7條：「票據上記載金額之文字與號碼不符時，以文字為準」，關於金額數目不符時，應直接以文字為準。

（三）以最低額為準

《民法》第5條規定：「關於一定之數量，以文字或號碼為數次之表示者，其表示有不符合時，如法院不能決定何者為當事人之原意，應以最低額為準。」因債務人為經濟上之弱者，以最低額為準，可減輕債務人之

負擔，以符合法律保護債務人之精神。

（四）關於一定之數量

同時以文字「及」號碼各為數次之表示，而其表示有不符合，且法院又不能決定何者為當事人之原意時，應以何者為準，法無規定。學者間解釋紛歧，有謂應先以文字為準，再取文字之最低額者；有謂不問文字或號碼，一律以最低額為準者。通說基於保護債務人之立場，以「最低額為準」。

第二章　人

　　法律上所稱之「人」，乃指權利義務之主體，與一般觀念所謂之人不同。一般觀念之人，乃指自然界之人類，即所謂自然人。法律上所稱之「人」，除自然人外，尚包括法人在內，茲分別述之。

第一節　自然人

一、自然人之意義	五、住所
二、自然人之權利能力	六、外國人
三、自然人之行為能力	七、案例研析
四、人格權	

一、自然人之意義

　　所謂「自然人」，即出生而存在於自然界之人類，而為法律上權利義務之主體。

二、自然人之權利能力

　　權利能力者，在法律上能夠享受權利並負擔義務之地位或資格，又稱為「權義能力」（權利義務能力）或「人格」；在民法上，權利的主體始有權利能力，故權利主體、權利能力、人格三者的含義相同。權利能力具有兩項特點：第一，每一個人的權利能力皆平等，不因男女、宗教、種族、階級、黨派而有所差別。第二，一國之內，不論為本國人或外國人，原則上都享有平等的權利能力，但對外國人得加以部分限制。

（一）權利能力之始期

1. **原則**：始於出生；《民法》第6條前段規定：「人之權利能力，始於出生。」故知自然人因出生而取得權利能力，亦即以「出生」為自然人權利能力之始期。然何謂「出生」？學說紛歧，有陣痛說、一部露出說、全部產出說、生聲說、斷帶說及獨立呼吸說。其中以獨立呼吸說為通說，因為此說包括「完全的產生」及「活產」，符合民法第6條的「出」及「生」兩種要件，而且在法醫學上比較容易證明（將死亡胎兒的肺部浸在水中，如有氣泡，即認為曾經呼吸過，係活產而後死亡）。

2. **例外**：胎兒之保護[1]；自然人必以已「出生」，始取得為法律上權利義務主體之地位。胎兒尚未出生，僅為母體之一部分，原不得享有權利能力。然若堅持權利能力始期之原則，對於胎兒之保護殊嫌不周，亦不公平，例如胎兒於生父死亡後出生（即所謂遺腹子），對生父財產無繼承權；對生父之加害人亦無損害賠償請求權。故各國通例，對於胎兒之保護均設有規定，以之為權利能力始期之例外。我《民法》第7條規定：「胎兒以將來非死產者為限，關於其個人利益之保護，視為既已出生。」[2]適用本條應注意如下：

   (1)本條所稱「胎兒」，以將來非死產者為限。若係死產，則不受本條

---

[1] 甲男、乙女結婚後，育有子丙、丁。丙與戊新婚不久，戊即懷孕，某日丙不幸車禍死亡。乙傷心過度，一週後亦死亡。乙之遺產價值900萬元，甲、丁、戊就乙之遺產達成分割協議，由甲、丁與戊之胎兒各繼承300萬元。孰料分割完畢後，戊亦遭逢車禍，胎兒受到撞擊，不幸流產，所幸戊保住一命。下列敘述，何者正確？（103司律21）　(A)甲得重新請求分割乙之遺產，由甲、丁各繼承450萬元　(B)胎兒尚未繼承即已死亡，應將該300萬元解為係戊代丙之位而繼承乙之遺產　(C)胎兒已繼承300萬元，但其後死亡，其遺產應再由其繼承人即母戊繼承　(D)胎兒所分得之300萬元應歸屬國庫‥‥‥‥‥‥‥‥‥‥‥‥‥‥‥‥‥‥‥‥‥‥‥‥‥‥‥‥‥‥‥‥‥‥(A)

[2] 關於胎兒之權利能力，下列敘述何者正確？（102司6）　(A)在懷胎中，只負擔義務，不享受權利　(B)出生時，縱為死產，亦得享受權利　(C)在懷胎中，生父被不法侵害致死，即得請求損害賠償　(D)只要法定代理人認為對胎兒有利，均可享受權利負擔義務‥‥‥‥‥‥‥‥‥‥‥‥‥‥‥‥‥‥‥‥‥‥‥‥‥‥‥‥‥‥‥‥‥‥(C)

規定之保護。至於何謂「死產」，與出生之學說有關。依獨立呼吸說，則胎兒於離開母體後，倘曾獨立呼吸，縱然剎那間瞬即死亡，亦非死產。若胎兒離開母體後，從未獨立呼吸，始得謂死產。

(2)本條適用之範圍，僅限於胎兒個人利益之保護，而不及於胎兒義務之負擔。例如對父母生前遺產債務，即不能使胎兒負擔。

(3)胎兒於懷胎時即已取得權利能力，惟以死產為其解除條件，將來胎兒死產時，權利能力溯及消滅（司法部46.9.14台（46）函民字第4627號函）。

(4)胎兒為繼承人時，關於遺產之分割，以其生母為法定代理人，非保留胎兒的應繼分，其他繼承人不得分割遺產（民1166）。又胎兒於其扶養義務人被害致死，對加害人有賠償請求權（民192），於其生父被害致死時，有慰撫金請求權（民194、66台上2759）。

（二）權利能力之終期

1. **原則**：終於自然死亡，《民法》第6條規定：「人之權利能力……終於死亡。」是以死亡為權利能力之終期。何謂「死亡」？學說亦多，有呼吸停止說、脈搏停止說、心跳停止說、大腦死亡說；依據實務，以心跳停止、呼吸停止及瞳孔放大三項要件，確定死亡之時期。近年來國外學說認為宜以腦波完全停止，即大腦死亡作為死亡的時期，此項標準雖尚有爭議，但已漸被接受。至於死亡之原因為何，並非所問，但一時之假死狀態，不能謂為死亡。

2. **例外**：即法律死亡（死亡宣告），自然人失蹤達一定期間，由利害關係人之聲請法院為死亡宣告，使之與自然死亡生同等效果之制度。其立法理由：第一，為保護利害關係人之利益；自然人之生活常以一定之地域（住所）為中心，由此生活中心而發生財產及親屬上種種法律關係。若其人離開此生活中心，生死不明，且為時甚久，必使法律關係陷於不確定之狀態，影響利害關係人甚大。例如配偶是否可再婚？子女得否繼承

財產？債權人應如何行使債權？死亡宣告制度之設，乃為結束失蹤人以其住所為中心之法律關係，而保護利害關係人之利益。第二，維護社會公益；自然人之失蹤，不但影響利害關係人之私益，有時於社會公益亦有不良影響。例如財產因無人管理而荒廢，故死亡宣告制度之設，於社會公益之維護亦有必要。

(1) 死亡宣告之要件[3]

依民法第8條規定，死亡宣告應具備以下各項要件：

① **須已失蹤**：所謂「失蹤」，乃失蹤人離去其向來之住所或居所，而陷於生死不明之狀態。所謂生死不明之狀態，是指其人究為生存或死亡，均不能證明。但其狀態是相對而非絕對，僅須聲請人、利害關係人及法院不知其行蹤，即為失蹤。生死不明依常理判斷即可，如飛機高空爆炸、船舶在北極遇難沈沒、礦坑瓦斯爆炸坑道埋沒，此類災難依常理必死無疑，雖未發現屍體，通常得認為已經死亡，不能認為是生死不明。

② **須失蹤達法定期間**：此項期間一般人為七年（民8Ⅰ）。如失蹤人為八十歲以上者，為三年（民8Ⅱ）。均自最後音訊之日起算。如失蹤原因係遭遇特別災難者（如戰爭、海難、火災、水災等），則得於特別災難終了滿一年後，為死亡之宣告（民8Ⅲ）。

③ **須有利害關係人或檢察官的聲請**：所謂「利害關係人」，乃因失蹤人之失蹤，而有法律上利害關係者而言。例如配偶、繼承人、法定代理人、受贈人、債權人、人壽保險金受領人。而遺產稅捐徵收機關，非民法第8條第1項所稱之利害關係人，不得為死亡宣告之聲請（35院解3230）。民法修正案特別增設檢察官為聲請人；其理由如下：A.維護社會公益並適應法律社會化之趨勢。B.仿照德、奧、日、韓等國立法例。C.失蹤人親屬為避免繳納遺產稅或圖繼續領取失蹤人薪俸，不願聲請死亡宣告。D.失蹤

---

[3] 下列有關死亡宣告之敘述，何者錯誤？（101律17）　（A)限於無利害關係人或利害關係人均不聲請時，檢察官始得聲請死亡宣告　(B)失蹤人為80歲以上者，得於失蹤滿3年後，為死亡之宣告　(C)失蹤人為遭遇特別災難者，得於特別災難終了滿1年後，為死亡之宣告　(D)受死亡宣告者，以判決內所確定死亡之時，推定其為死亡…………(A)

人親屬基於倫理孝道精神或迷信保守觀念，不願為自己父母或配偶聲請死亡宣告。由於以往法院不得依職權為死亡宣告，失蹤人的法律關係長期陷於不確定狀態中，為維護公益並解決問題，檢察官參與死亡宣告制度，實為進步之立法。

　　④**須經法院公示催告程序**：法院於接受利害關係人之聲請後，應以公示催告方式確定失蹤人是否生存，以及是否有人知悉失蹤人生死。公示催告程序及死亡宣告程序皆依民事訴訟法規定為之。

(2) 死亡宣告之效力

　　①**死亡之推定**：受死亡宣告者，推定其為死亡（民9Ⅰ）。所謂「推定」，並無擬制效力，自得由法律上利害關係人提出反證以推翻之（51台上1732）。例如依據死亡宣告請求給付保險金時，保險人僅須證明失蹤人尚未死亡，即得拒絕給付。

　　②**死亡時間之推定**：死亡之時間影響於權利義務關係甚大，故我民法規定，受死亡宣告者，以判決內所確定死亡之時，推定其為死亡（民9Ⅰ）[4]，以杜絕紛爭。惟法院並非可任意決定死亡之時，原則上應以法定失蹤期間最後日終止之時為死亡之時，例如一般的失蹤人於民國100年12月31日失蹤，應以民國107年12月31日下午十二時推定為死亡之時。但有反證者不在此限（民9Ⅱ）。然既曰推定，若當事人可證明其確實時間者，仍可推翻之。

　　③**死亡宣告效力之範圍**：

　　A. 其效力及於其一切財產上及身分上之關係。故死亡宣告一經判決，繼承即行開始，婚姻即時消滅，配偶即得再婚。

　　B. 其效力範圍僅限於結束以失蹤人原離去之住所或居所為中心之法律關係，若該失蹤人實際上在他地尚生存時，其所為之法律關係，並不因死

---

[4] 受死亡宣告者，其死亡之時點推定為：（102高考財稅2）　(A)報為失蹤人口時，為死亡之時點　(B)向法院聲請之時，為死亡之時點　(C)法院判決確定日，為死亡之時點　(D)法院判決內所確定之死亡時，為死亡之時點……………………(D)

亡宣告而受影響。

C. 失蹤人一旦生還，關於已結束之法律關係，固非經撤銷宣告，不能恢復，然歸還後新生之法律關係，不受死亡宣告之影響[5]。

D. 死亡宣告為私法制度，與公法關係不生影響，失蹤人在刑法上有無犯罪，在兵役法上應否服役等，與死亡宣告無關。

E. 死亡宣告乃法律上之推定，與事實死亡有別。不但利害關係人可以反證推翻之，失蹤人於宣告後歸來，亦可提起撤銷死亡宣告之訴，回復受宣告前之法律關係。惟為避免法律關係過於複雜，並維護當事人間的公平正義，法律規定：第一，判決確定前之善意行為不受影響（家事事件法163 I），例如配偶之再婚，惟雙方必須均為善意，則此項婚姻不因死亡宣告的撤銷而受影響。第二，因死亡宣告而取得財產者，如因撤銷死亡宣告之判決失其權利，僅於現受利益之限度內，負返還財產之責（家事事件法163 II）[6、7]。

(3) 失蹤人財產之管理

失蹤人失蹤後，未受死亡宣告前，其財產之管理，除其他法律另有規定者外，依家事事件法之規定（民10）。家事事件法在第142條至第153條規定失蹤人的財產管理事件，例如失蹤人未置財產管理人者，其財產管理人依下列順序定之：一、配偶。二、父母。三、成年子女。四、與失蹤人同居之祖父母。五、家長。不能依此規定決定管理人時，法院依利害關

---

[5] 甲、乙為夫妻，甲失蹤多年且經法院死亡宣告判決確定後，乙、丙結婚，2年後，甲突然返家，若乙、丙均不知甲尚生存。乙與甲、丙之間之關係為何？（104高三財稅22）　(A)甲、乙為夫妻　(B)乙、丙為夫妻　(C)甲與乙，乙與丙均為夫妻　(D)甲與乙，乙與丙均非為夫妻⋯⋯⋯⋯⋯⋯⋯⋯⋯⋯⋯⋯⋯⋯⋯⋯⋯⋯⋯⋯⋯⋯⋯⋯⋯⋯⋯(B)

[6] 死亡宣告被撤銷後，因死亡宣告而取得財產之人，應否返還財產？（103高考財稅3）(A)不用返還　(B)若是善意，則返還現存利益即可　(C)要全數返還　(D)由法院決定⋯⋯⋯⋯⋯⋯⋯⋯⋯⋯⋯⋯⋯⋯⋯⋯⋯⋯⋯⋯⋯⋯⋯⋯⋯⋯⋯⋯⋯⋯⋯⋯⋯⋯⋯(B)

[7] 死亡宣告被撤銷後，因死亡宣告而取得財產之人，其財產返還的情形為何？（103特三財稅4）　(A)不用返還　(B)若是善意，則返還現存利益　(C)要全數返還　(D)由法院決定⋯⋯⋯⋯⋯⋯⋯⋯⋯⋯⋯⋯⋯⋯⋯⋯⋯⋯⋯⋯⋯⋯⋯⋯⋯⋯⋯⋯⋯⋯⋯⋯⋯⋯(B)

係人或檢察官之聲請，選任財產管理人（家事事件法143）。財產管理人應以善良管理人之注意，保存財產，並得為有利於失蹤人之利用或改良行為。但其利用或改良有變更財產性質之虞者，非經法院許可，不得為之（家事事件法151）。法院並得就失蹤人之財產，酌給管理人相當報酬（家事事件法153）。

(4) 同時死亡之推定

　　二人以上同時遇難，其死亡之先後對於繼承關係常有重大影響，故法律規定不能證明其死亡之先後時，推定其為同時死亡（民11），採同時死亡主義，彼此間不發生繼承關係。

三、自然人之行為能力

（一）行為能力之意義

　　所謂「行為」，即指人類有意識之身體動靜，非人之動靜（如動物之動靜），固不得謂為行為，即人類之動靜，而係出於無意識之狀態者（如沈睡人之打鼾），亦非此所謂行為。所謂行為能力，有廣狹二義：

1. 廣義之行為能力

　　泛指人之行為，能發生法律上效果之能力（地位或資格），包括「法律行為能力」及「侵權行為能力」二者。

2. 狹義之行為能力

　　專指法律行為能力，亦即得獨立以法律行為，取得權利、負擔義務之地位或資格。狹義的行為能力尚分為「一般行為能力」與「特殊行為能力」。民法總則編所規定者，乃一般行為能力。至於特殊行為能力，如訂婚能力（民973）、結婚能力（民980）、收養能力（民1073、1074）、被收養能力（民1076）及遺囑能力（民1186）等，分別規定於親屬、繼承編中。以下所述者，為一般行為能力。

（二）行為能力之牽連

1. 行為能力與意思能力

行為能力之基礎，為意思能力（或稱識別力），即人能識別其行為，將發生何種效果之精神上狀態。兩者之區別：一則意思能力為人之精神狀態，乃個別判斷，行為能力為法律上狀態，如年齡為客觀之區分，僅為法律規定之標準；二則有無意思能力者，乃事實問題，有無行為能力，則為法律問題；三則意思能力為行為能力之前提，無意思能力者，固無行為能力，無行為能力者，則非必無意思能力。

2. 行為能力與責任能力

責任能力者，即能負擔法律上責任之地位或資格。行為能力與責任能力之有無，同以意思能力之有無為判斷。我民法上設有行為能力之制度，以年齡增長與意思能力發達之關係，設為準則性之規定。然於責任能力之有無，須就各個行為時判斷其意思能力之有無，並無制度化之規定。

3. 行為能力與權利能力

權利能力者，得享受權利、負擔義務之法律上地位或資格。自然人之權利能力，因出生而取得，凡屬自然人，均平等的有此能力。而行為能力之基礎在意思能力，必其人之意思能力已達成熟之狀態，方能具有。故人皆有權利能力，但不一定有行為能力（如未滿七歲之未成年人及受監護宣告之人均為無行為能力人）。

（三）行為能力之制度

立法理由認為，行為能力既以意思能力為基礎，則有意思能力者，即有行為能力，無意思能力者，無行為能力。然意思能力為人之精神狀態，外人難以獲知。若任何人從事交易時，必先探究他人之精神狀態是否健全，則必影響交易之靈活。且若認識有誤，更足以影響當事人之利益。法律為促進交易之靈活，保障交易之安全，乃有行為能力制度之設。我民法

審酌各種情況，設為如下之行為能力制度：

1. **完全行為能力人**：即能完全為有效法律行為之人，依民法規定有二：

    (1)**成年人**：滿二十歲為成年（民12）。成年人有完全行為能力，所謂滿二十歲，須自出生之日起算（民124），數足二十歲。

    (2)**未成年人已結婚者**：自然人雖未成年，然若已結婚，需要獨立自主，以維持其生活。故民法對於未成年人而已結婚者，提早賦與行為能力（民13Ⅲ）。未成年人結婚後，於未成年前，婚姻關係消滅，若其婚姻關係因婚姻成立上有瑕疵而歸於消滅者（如男未滿十八歲、女未滿十六歲結婚而經撤銷），則其行為能力亦隨之而消滅；反之，若非基於此項婚姻成立之瑕疵，而婚姻關係消滅者（如配偶一方死亡或離婚），則其行為能力仍不受影響[8、9]。

2. **限制行為能力人**：即行為能力受有限制之人。

    (1)**民法以七歲以上，未滿二十歲者（且尚未結婚）**：雖非全無意思能力，然究嫌薄弱，故為限制行為能力人。其所為行為，原則上須經法定代理人之允許或承認，始生效力。

    (2)**受輔助宣告之人**[10]

    　①**受輔助宣告之內容**：對於因精神障礙或其他心智缺陷，致其為意思表示或受意思表示，或辨識其意思表示效果之能力，顯有不足者，法院得因本人、配偶、四親等內之親屬、最近一年有同居事實之其他親屬、檢察官、主管機關或社會福利機構之聲請，為輔助之宣告。受輔助之原因消滅時，法院應依前項聲請權人之聲

---

[8] 甲男19歲，乙女18歲，經雙方法定代理人同意後結婚。乙女與丙建設公司訂立買賣契約，向丙建設公司購買一棟房屋，買賣契約之效力為何？（104高三財稅23）　(A)有效　(B)無效　(C)效力未定　(D)得撤銷 ⋯⋯⋯⋯⋯⋯⋯⋯⋯⋯⋯⋯⋯(A)

[9] 19歲喪夫之甲將繼承所得之小套房一間，訂立買賣契約出賣予成年之乙。買賣契約之效力為何？（102高考財稅4）　(A)有效　(B)無效　(C)效力未定　(D)得撤銷⋯⋯⋯(A)

[10] 下列何人無受輔助宣告之實益？（101特三財稅24）　(A)六十五歲以上之老人　(B)成年且結婚者　(C)未成年人且未結婚者　(D)未成年人已結婚者⋯⋯⋯⋯⋯⋯⋯(C)

請，撤銷其宣告。受輔助宣告之人有受監護之必要者，法院得依第14條第1項規定，變更為監護之宣告（民15-1）。

② **受輔助宣告之效力**[11]：受輔助宣告之人為下列行為時，應經輔助人同意。但純獲法律上利益，或依其年齡及身分、日常生活所必需者，不在此限：一、為獨資、合夥營業或為法人之負責人。二、為消費借貸、消費寄託、保證、贈與或信託[12]。三、為訴訟行為。四、為和解、調解、調處或簽訂仲裁契約。五、為不動產、船舶、航空器、汽車或其他重要財產之處分、設定負擔、買賣、租賃或借貸。六、為遺產分割、遺贈[13]、拋棄繼承權或其他相關權利。七、法院依前條聲請權人或輔助人之聲請，所指定之其他行為。第78條至第83條規定，於未依前項規定得輔助人同意之情形，準用之。第85條規定，於輔助人同意受輔助宣告之人為第1項第1款行為時，準用之。第1項所列應經同意之行為，無損害受輔助宣告之人利益之虞，而輔助人仍不為同意時，受輔助宣告之人得逕行聲請法院許可後為之（民15-2）。

3. **無行為能力人**：即完全不能為有效法律行為之人。無行為能力，應由法定代理人代為或代受意思表示，否則其行為無效（民75、76）。依民法規定，無行為能力人有二[14]：

   (1)**未滿七歲之未成年人**（民13）

---

[11] 甲為受輔助宣告之人，乙為輔助人，甲下列何種行為，應經乙同意？（104司律65）
(A)擔任保證人 (B)搭乘公車 (C)接受鄉鎮市調解委員會之調解 (D)就其名下不動產設定普通抵押權 (E)過年收受子女所給的紅包‥‥‥‥‥‥‥‥‥‥‥‥‥‥(A)(C)(D)

[12] 甲因心智缺陷，經法院為輔助之宣告，一段期間治療後，恢復狀況良好，與正常人無異，在法院未撤銷其宣告前，甲未經其輔助人同意，表示贈與珠寶於乙。甲之意義表示，效力如何？（104司律1） (A)有效 (B)無效 (C)得撤銷 (D)經輔助人承認後有效‥‥‥‥‥‥‥‥‥‥‥‥‥‥‥‥‥‥‥‥‥‥‥‥‥‥‥‥‥‥‥‥(D)

[13] 受輔助宣告之人未得輔助人同意所為之遺贈，其效力為何？（102特三財稅1）
(A)有效 (B)無效 (C)得撤銷 (D)效力未定‥‥‥‥‥‥‥‥‥‥‥‥‥(B)

[14] 下列何者不屬於「無行為能力人」？（105高三財稅1） (A)受輔助宣告之人 (B)6歲孩童 (C)受監護宣告之人 (D)籌設中之法人‥‥‥‥‥‥‥‥‥‥‥(A)

(2)**受監護宣告之人**：對於因精神障礙或其他心智缺陷，致不能為意思表示或受意思表示，或不能辨識其意思表示之效果者，法院得因本人、配偶、四親等內之親屬、最近一年有同居事實之其他親屬、檢察官、主管機關或社會福利機構之聲請，為監護之宣告（民14 I）[15、16、17]。受監護宣告之人，無行為能力（民15）[18]。

①**受監護宣告之立法理由**：

A.**保護交易之安全**：心神喪失或精神耗弱之人所為之行為，可能導致無效（民75後段）。然此種精神上之缺陷，有時不易從外表獲知。若於交易後，當事人復而主張，行為時有精神瑕疵之存在，而致該交易無效，則於交易之安全自有妨礙。受監護宣告由法院為之，具有公示之作用，使一般人不致於與精神有瑕疵之人，從事交易行為，從而交易之安全自易獲得保障。

B.**保護當事人之利益**：心神喪失或精神耗弱之人，雖可主張自己精神上之瑕疵，而否定交易行為之效力。然須證明於行為時，確係陷於無意識或精神錯亂之狀態。此項舉證責任頗為不易。故許當事人於預料自己精神有缺陷而預為聲請，對其利益之保

---

[15] 甲罹患精神疾病，致不能辨識其意思表示之效果，下列何人不得為甲聲請監護之宣告？（103高考財稅7）　(A)甲之配偶　(B)檢察官　(C)社會福利機構　(D)甲之債權人⋯⋯(D)

[16] 有關監護之宣告，係為保護因精神障礙或其他心智缺陷，致不能為意思表示或受意思表示，或不能辨識其意思表示之效果者，下列有關其聲請之敘述何者正確？（103特三財稅1）　(A)本人為利害關係人不得聲請　(B)未設籍於同一住所之五親等親屬可以聲請　(C)檢察官職司偵察犯罪不得聲請　(D)社會福利機構可以聲請⋯⋯(D)

[17] 甲、乙結婚後，甲因疾病而發生精神智能障礙，住院於A醫院。甲之父母丙、丁向法院聲請對甲為監護之宣告。有關民法對於此情形之規定，下列敘述，何者錯誤？（106司律1）　(A)甲受監護宣告後，無行為能力　(B)甲受監護宣告後，其法定監護人為乙　(C)法院對於監護之聲請，認為未達須受監護宣告之程度者，得為輔助之宣告　(D)A醫院及其所屬醫護人員，不得擔任甲監護宣告後之監護人⋯⋯(B)

[18] 19歲未婚之甲與乙訂立A汽車之買賣契約，惟甲不知乙受監護宣告。甲、乙之買賣契約效力如何？（106高三財稅3）　(A)效力未定　(B)無效　(C)得撤銷　(D)有效⋯⋯(B)

護，自有裨益。

② **受監護宣告之要件**：依《民法》第14條第1項之規定，須具備下列要件：

　A.**實質要件**：即須受宣告人為心神喪失，或精神耗弱致不能處理自己事務。所謂「心神喪失」，乃完全喪失意思能力，其為常久狀態，或間歇狀態在所不問。所謂「精神耗弱」，雖非完全喪失意思能力，然其意思能力究較常人薄弱之。惟精神耗弱須達於不能處理自己事務之程度，始得為受監護宣告之原因。

　B.**形式要件**：其一須因本人、配偶、四親等內之親屬、最近一年有同居事實之其他親屬、檢察官、主管機關或社會福利機構之聲請；其二須由法院宣告之。

③ **受監護宣告之效力**[19]：受監護宣告之人無行為能力（民15）[20]。此項效力係絕對的，任何人均可主張其效力，且對任何人均得主張之。宣告後，受宣告人之精神狀態雖已回復正常，若未經依法撤銷受監護之宣告，其行為能力仍無由回復[21]。

④ **受監護宣告之撤銷**：受監護宣告後，若受宣告人之精神狀態已回復正常，自無使受監護宣告之效力繼續存在之必要。此時，受宣告之本人、配偶、四親等內之親屬、最近一年有同居事實之其他親屬、檢察官、主管機關或社會福利機構，得向法院聲請，撤銷

---

[19] 甲與乙就A畫訂立買賣契約後，甲被法院為監護之宣告，但仍然於監護宣告後，交付該畫給乙。試問：雙方之法律行為效力如何？（102高考財稅1）　(A)債權行為無效　(B)物權行為無效　(C)物權行為得撤銷　(D)債權行為與物權行為均為效力未定……(B)

[20] 甲受乙之脅迫，將其所有汽車廉價出賣於受監護宣告之丙。甲、丙間汽車買賣契約，效力如何？（104司律5）　(A)有效　(B)無效　(C)得撤銷　(D)經丙承認後有效……(B)

[21] 30歲的甲因精神障礙受監護之宣告，精神狀態回復期間向18歲剛離婚的乙購買汽車後，駕車不慎撞倒丙女，丙女腹內懷孕數月的胎兒丁受有傷害。下列敘述，何者正確？（105司律2）　(A)乙得向甲請求返還汽車　(B)丙得向甲請求懲罰性賠償金　(C)丙不得代丁向甲依侵權行為規定請求損害賠償　(D)丙得向甲乙請求連帶負損害賠償責任……………………………………………………………………(A)

受監護宣告。

四、人格權

（一）人格權之意義

即以該權利人自己人格為標的，而與人格具有不可分離關係之權利。例如生命、身體、健康、名譽、自由等權均屬之。人格權屬於非財產權，具有專屬性，不得繼承、轉讓、提供擔保或由他人代位行使。

（二）人格權之保護[22]

1. 一般規定

《民法》第18條規定：「人格權受侵害時，得請求法院除去其侵害；有受侵害之虞時，得請求防止之。前項情形，以法律有特別規定者為限，得請求損害賠償或慰撫金。」由此可知，凡人格權受侵害時，被害人均得請求除去其侵害。所謂「請求法院除去其侵害」，例如發行雜誌，侵害他人名譽或肖像，受害人得請求法院判令該期雜誌停止販賣。所謂「有受侵害之虞時」，例如他人準備向某少女拍照，則該少女得請求其免拍。所謂「損害賠償」，指財產的損害賠償，所謂「慰撫金」則指精神的損害賠償。法文雖規定「……得向法院請求……」，然解釋上，被害人亦得直接向加害人請求除去之。至若損害賠償或慰撫金之請求，則以法律有明文規定者為限，以防被害人之濫訴。

2. 特別規定

(1)**能力之保護**：《民法》第16條規定：「權利能力及行為能力，不得拋棄。」權利能力乃享受權利之資格，行為能力乃取得權利之資

---

[22] 名譽權被害者，被害人不得主張下列何種權利？（106高三財稅7）　(A)原則上得請求公開判決書內容　(B)原則上得請求加害人登報道歉　(C)請求賠償相當之慰撫金　(D)請求支付懲罰性賠償金……………………………………(D)

格，同為人格權之基礎，對於人格之完整與否，影響重大。若允許拋棄權利能力及行為能力，勢必導致強凌弱、眾暴寡之現象。故我民法明文禁止之，以間接保護人格權之完整。

(2)**自由之保護**：自由者，乃吾人之身體或精神活動，不受不當拘束之狀態，乃權利主體發展人格，從事各種活動的基礎，因此第一，自由不得拋棄（民17 I）。例如自請坐監或願為他人禁錮終身，或相約終身不婚，即拋棄自由，法不允許，均屬無效。又如婚姻關係既因配偶死亡而消滅後，即得自由改嫁，有阻其改嫁情事時，當事人得訴請其自由改嫁，勿加干涉（33上6335）。第二，自由之限制，以不背於公共秩序或善良風俗者為限（民17 II）。例如著作者將其作品轉讓給出版公司出版，約明不再撰寫同類著作出版，此約定固有效力；但如約定著作者畢生不得再撰寫作品，則此約定即有背於公共秩序，因為有礙人文學術之發展，於公共社會不利，故此約定無效。

(3)**姓名權之保護**：姓名權受侵害者，得請求法院除去其侵害，並得請求損害賠償（民19）。所謂姓名權之侵害，不以冒用姓名為限，應使用而不使用，或為不適當之使用，亦包括在內。例如故意改變讀音，以示嘲笑。至於加害人有無過失，則非所問。

五、住所

（一）住所之意義

住所者，吾人法律生活之中心地域。在法律上賦與種種效果，使法律關係的認定有所標準。

（二）住所之效力[23]

1. 見諸民法者

(1)住所為決定失蹤之標準（民8）；

(2)住所為決定債務清償地之標準（民314）。

2. 見諸商法者：如票據上權利行使或保全所應為行為之處所（票據20）。

3. 見諸訴訟法者[24]

(1)住所為決定審判籍之標準（民訴1Ⅰ、少年14、破產2、海商101），例如甲原籍住所未廢止，與乙結婚同居在他縣，若乙以甲重婚為由，提起離婚之訴，應以原籍法院為其管轄法院（院1436）。

(2)住所為訴狀送達之處所（民訴136、刑訴55）。

(3)繼承開始時，以被繼承人之住所地為管轄之準據（民訴18）。

4. 見諸其他法律之規定者：如涉外民事法律適用法上，以住所為決定準據法之因素（涉外3、4、12、20）；又如國籍法上，以住所為歸化，及回復國籍之條件（國籍3、4、5、15）。

（三）住所之種類[25]

1. 意定住所

即當事人以自由意思所設定之住所。《民法》第20條第1項規定：

---

[23] 關於民法住所法律上之效力，下列敘述何者錯誤？（102特四財稅1）　(A)住所為戶籍法上之戶籍所在地　(B)得為確定管轄權之標準　(C)確定是否失蹤之標準　(D)得為確定債務履行地之標準……………………………………………………………(A)

[24] 甲向乙承租房屋，嗣甲離去承租居住之房屋後，行蹤不明，乙非因自己之過失而不知甲之新住居所。乙以書面通知甲終止房屋租賃契約，此項終止房屋租賃契約之書面通知，下列敘述，何者正確？（102律3）　(A)送達於甲原承租居住之房屋（處所）時生效　(B)送達於甲先前曾居住過之房屋（處所）時生效　(C)須依民事訴訟法寄存送達之規定，以寄存送達方式為通知　(D)須依民事訴訟法公示送達之規定，以公示送達方式為通知……………………………………………………………………(D)

[25] 戶籍地在台中之甲與乙結婚後，便搬入設籍於台北之乙家中，並在台北工作。經18年後，甲與乙所生之丙到台南就讀大學，並在台南市租屋居住。下列有關住所之敘述，

「依一定事實，足認以久住之意思，住於一定之地域者，即為設定其住所於該地。」故住所之設定，應具備主觀及客觀二要件。

(1)**主觀要件**：即須有久住之意思，惟此之意思，須依一定事實表現之（如房屋所有權為其擁有），非當事人可任意主張。

(2)**客觀要件**：須住於一定之地域，即須有居住之事實。

二者缺一不可。至於是否曾向戶政機關為戶籍之登記，並非住所之設定要件。惟為避免法律關係趨於複雜，住所以一個為限，是為住所單一主義，一人同時不得有兩住所（民20Ⅱ）。又意定住所既由當事人之意思所設定，自亦得由當事人之意思而廢止，故《民法》第24條規定：「依一定事實，足認以廢止之意思，離去其住所者，即為廢止其住所。」

2. 法定住所

即因法律之規定，不問當事人之意思，而取得之住所。例如無行為能力人及限制行為能力人，以其法定代理人之住所為住所（民21）；夫妻之住所，由雙方共同協議之；未為協議或協議不成時，得聲請法院定之。法院為前項裁定前，以夫妻共同戶籍地推定為其住所（民1002）。未成年子女，以其父母之住所為住所（民1060），又未成年人無法定代理人時，則以自己的居所視為住所（20院474）。

3. 擬制住所

即法律規定以居所，視為住所之情形。其情形有二：

(1)**居所視為住所**：居所者，乃無久住之意思，而暫時居住之處所。依《民法》第22條規定，遇有下列情形之一者，其居所視為住所：

①住所無可考者。包括在中國及外國均無住所，以及雖有住所而不明其所在的情形在內。

②在我國無住所者。但依法須依住所地法者，不在此限。

何者正確？（103司律2）　(A)甲之住所為台中　(B)乙之住所為台中　(C)丙之住所為台北　(D)丙之住所為台中……………………………………………………(C)

(2)**選定居所視為住所**：《民法》第23條規定：「因特定行為選定居所者，關於其行為，視為住所。」[26]例如商人住所在台中市而因經商在台北選定居所，則關於該經商在台北所生之債權債務關係，即以台北市的選定居所視為住所。

六、外國人

（一）外國人之意義

所謂外國人者，即不具備中華民國國籍之自然人。若同時具有中華民國及他國國籍，即所謂「雙重國籍」者，其仍為中國人而非外國人。又凡未有中華民國國籍者，即為外國人，該人是否具有他國國籍，或有無國籍，則非所問。

（二）外國人之權利能力

關於外國人之權利能力，有三種立法例：

1. **限制主義**：亦稱「外國人無權利主義」，即不賦予外國人權利能力。古代各國採之。
2. **相互主義**：即以本國人在他國所享之權利為準。其採「條約相互主義」者，如法國；其採「法律相互主義」者，如奧國。
3. **平等主義**：外國人原則享有本國人同等之權利，如荷、義、巴西等國。

《民法總則施行法》第2條規定：「外國人於法令限制內，有權利能力。」係採有限制的平等主義，即原則上，外國人在中華民國領域內，亦有權利能力，然須受法令之限制。例如《土地法》第17條所規定之土地，不得移轉、設定負擔或租賃於外國人，即對於外國人取得土地各種權利之

---

[26] 下列有關住所、居所何者正確？（104高考財稅25）　(A)法人沒有住所，只有居所　(B)每個人只能有一個意定住所與一個意定居所　(C)18歲以上之自然法人即可自己設定住所　(D)因特定行為選定居所者，關於其行為，視為住所⋯⋯⋯⋯⋯⋯(D)

限制。然近來政府為獎勵外國人投資，對此設有例外之規定，即投資人或所投資之事業，經行政院專案核准後，不受土地法第17條第7款之限制（外人投資16）；換言之，土地若屬於礦地，則可移轉、設定負擔或租賃於外國人。又《土地法》第18條規定：「外國人在中華民國取得或設定土地權利，以依條約或其本國法律，中華民國人民得在該國享受同樣權利者為限。」是兼採「相互主義」。總而言之，外國人在我國內原則上具有權利能力，惟須受法令之限制而已，此種限制分別規定於《土地法》第17、18條，《礦業法》第6條第1項，《水利法》第16條，《漁業法》第5條，及《律師法》第45條、《會計師法》第76條等等。

（三）外國人之行為能力

《涉外民事法律適用法》第10條第1項規定：「人之行為能力，依其本國法。」故外國人在中華民國領域內，是否有行為能力，應依其本國法，憑斷該人是否有行為能力。然為保護中華民國領域內交易之安全，同條第3項規定：「外國人依其本國法無行為能力或僅有限制行為能力，而依中華民國法律有行為能力者，就其在中華民國之法律行為，視為有行為能力。」同條第4項規定：「關於親屬法或繼承法之法律行為，或就在外國不動產所為之法律行為，不適用前項規定。」

七、案例研析

（一）下列之人其權利能力有如何？(1)自然人；(2)受監護宣告之人；(3)財團法人；(4)外國人；(5)胎兒；(6)未滿十八歲早婚之人；(7)罪犯；(8)法人；(9)受死亡宣告而未撤銷之人。

答： (1)自然人：自然人之權利能力，始於出生，終於死亡（民6）。何謂出生？通說採獨立呼吸說，因為此說包括完全的產出及活產，符合民法第6條之「出」及「生」兩種要件，而且在法醫學上比較容

易證明。何謂死亡？係以腦波停止活動之時為準。此外，對失蹤人之死亡宣告，乃權利能力終於死亡之例外規定。

(2) **受監護宣告之人**：依《民法》第15條規定，受監護宣告之人無行為能力，然依民法第6條規定，因受監護宣告之人仍屬民法第6條規定之自然人，故其權利能力並不因宣告受監護而喪失。

(3) **財團法人**：法人之權利能力，依《民法》第26條規定：「法人於法令限制內，有享受權利、負擔義務之能力。但專屬於自然人之權利義務，不在此限。」按財團法人為法人之一種，基此，財團法人具有權利能力，但應受法律上及性質上之限制。

(4) **外國人**：對於外國人權利能力，我國《民法總則施行法》第2條規定：「外國人於法令限制內，有權利能力。」係採有限制的平等主義。即原則上，外國人在中華民國領域內，亦有權利能力，然須受法令之限制，如《土地法》第17條之規定。

(5) **胎兒**：依《民法》第7條之規定，胎兒以將來非死產者為限，關於其個人利益之保護，視為既已出生。因此，於保護胎兒個人利益之範圍內，視為有權利能力。

(6) **未滿十八歲早婚之人**：人之權利能力始於出生，因此，雖然未滿十八歲且早婚仍然具有權利能力。

(7) **罪犯**：罪犯亦為人，應有權利能力。罪犯僅係觸犯公法應受處罰之人，其私法上之權利能力不被剝奪。

(8) **法人**：《民法》第26條規定：「法人於法令限制內，有享受權利、負擔義務之能力。但專屬於自然人之權利義務，不在此限。」申言之，法人除法令及性質上的限制外，原則上與自然人有同等的權利能力。又法人之權利能力始於登記完成，終止清算完結。

(9) **受死亡宣告而未撤銷之人**：受死亡宣告之人，以判決內所確定死亡之時，推定死亡（民9 I），死亡宣告發生效力後，撤銷前，失蹤人既宣告為死亡，依《民法》第6條之規定，人之權利能力，終

於死亡，其自當無權利能力。惟受死亡宣告之效力範圍僅限於結束失蹤人原離去之住所或居所為中心之法律關係，若該失蹤人實際上在他地生存，其權利能力不受影響。

> （二）下列之人其行為能力如何？(1)胎兒；(2)未滿十八歲早婚之人；(3)受監護宣告之人；(4)外國人；(5)罪犯。

答：(1)胎兒：因胎兒尚在母體之中，故無行為能力。

(2)未滿十八歲早婚之人：依《民法》第13條第3項規定：「未成年人已結婚者，有行為能力。」因此縱未滿十八歲的人結婚，亦有行為能力。

(3)受監護宣告之人：依《民法》第15條之規定，受監護宣告之人，無行為能力。

(4)外國人：依《涉外民事法律適用法》第10條規定外國人之行為能力，依其本國法。外國人依其本國法無行為能力或有限制行為能力，而依中華民國法律有行為能力者，就其在中華民國之法律行為，視為有行為能力。

(5)罪犯：罪犯是否有行為能力，仍應依其年齡而定，即未滿七歲時為無行為能力，滿七歲而未達二十歲者為限制行為能力，滿二十歲為有行為能力。

第二節　法人

一、法人之意義

　　法人者，即得為法律上權利義務主體之社會組織體。社會事業常須糾合多數人或聚集一定之財產方能經營，然常因個人負債、退夥或死亡等因素而影響其存續，故乃有法人制度之設，不受構成份子之影響，使此多數人或特定財產，具備獨立之人格，擺脫自然人遭受之因素，以利社會事業之發展。

二、法人之本質

　　關於法人本質之學說，主要有三：

（一）法人擬制說

　　此說認為僅自然人始得為權利義務之主體。法人所以為法律上之人格者，乃法律將其擬制為自然人之故，擬制說自意思理論出發，認為權利主體以具有自由意思的自然人為限，法人只是國家在法律上以人為的方式（即特許的方式），使其成為財產權的主體，性質上為一種「擬制的人」。法人本身既無意思能力，也無侵權行為能力。自現代法律觀點看

來，擬制說顯然已不合時宜，不為學術界所接受。

（二）法人否認說

此說否認法人在法律上有獨立存在人格，法人僅是假設的主體而已。此說又分「無主財產說」、「受益者主體說」及「管理者主體說」，三說均認為現實存在之財產或現實活動之管理人，或享有法人財產利益之個人始為法人之主體，並無法人之實體存在。法人否認說在現代法律思想上已無法接受，因為其理論與實際情況不符合。

（三）法人實在說

此說承認法人為實體的存在。又可分為二說：

1. **有機體說**：認為法人乃具有意思之「社會有機體」。
2. **組織體說**：認為法人乃適於為權利主體之「社會組織體」。

法律之所以承認法人為法律上之人格，乃依據社會生活之需要，不但因其能擔當社會之作用，且具有社會價值，故今之學者多採法人實在說為是，而實在說中又以有機體說為通說。我國民法以法人實在說為基礎；認為法人有權利能力、行為能力及侵權行為能力。

三、法人之種類[27]

法人依種類不同之標準，分類如下：

（一）公法人與私法人之區別

1. **區別標準**：約有六說，即「社會觀念說」、「設立人說」、「利益說」、「法律根據說」、「法律行為說」及「目的說」等，但以法律根

---

[27] 台灣銀行股份有限公司屬於下列何種法人或團體？（102特四財稅3）　(A)非法人團體　(B)財團法人　(C)社團法人　(D)公法人……………………………………(C)

據說為通說，即以其設立所依據之法律為標準，凡依公法而設立者為公法人，例如國家、省、縣、市政府等；依私法而設立者為私法人，例如公司、合作社等。民法為私法，則民法上的人，當然為私法人。

2. **區別實益**：

(1)**訴訟管轄問題**：對公法人所生爭執，應循行政救濟程序，由行政機關（訴願、再訴願）及行政法院（行政訴訟）管轄。對私法人之訴訟向普通法院為之。

(2)**損害賠償問題**：

①私法人對於其董事或有代表權人以及職員的侵權行為，應依《民法》第28條、第188條負損害賠償責任。

②公法人對於其屬員行使公權力所生的侵害行為，應依據國家賠償法及其他特別規定負擔損害（例如土地法68及刑事補償法1、6）。至於公法人從事私經濟行為，如採購文具等所生爭執，其訴訟管轄及損害賠償，與私法人相同。

(3)**犯罪之問題**：刑法上之瀆職罪，多適用於公法人之職員，偽造文書罪亦多於公法人之文書有其適用。私法人的職員成立偽造私文書罪名。

（二）社團法人與財團法人之區別

社團法人是人的組織體，其成立的基礎，在於人，例如農會、商會、公司、合作社等；財團法人是財產的集合體，其成立的基礎，在於財產，例如寺廟、私立學校、基金會及其他慈善團體。

1. **區別標準**

(1)**成立基礎不同**：社團以人為其成立基礎，設立社團法人須有數人的共同行為。財團以捐助財產為其成立基礎，無須社員。設立財團法人可由一人單獨捐助設立。

(2)**目的不同**：社團法人其目的較廣，可以營利或公益或既非營利又非

公益（如中間社團、同學會、同鄉會、俱樂部）為目的。財團法人只能以公益為目的。

(3)**機關構成不同**：社團有意思機關（如社員總會為社團之意思機關）與執行機關，財團則僅有執行機關，而無社員亦無總會。

(4)**設立人與法人關係不同**：社團之社員對社團有社員權。財團之捐助人對財團無權利。

(5)**目的與組織性質有異**：社團法人之目的及組織，可隨時變更（富有彈力性），社團在性質上為「自律法人」，得由社員總會決議，變更組織與章程（民49、53）。財團之目的及其組織由捐助行為而確定，故不得隨時變更（富有固定性），財團在性質上為「他律法人」，組織或管理方法不完備時，僅得聲請法院為必要之處分（民62、63）。

(6)**法人之解散不同**：社團法人經全體社員三分之二以上之可決，隨時得為解散（民57）。而財團法人之捐助人，無解散財團法人之權，只能在目的不能達到時，由主管機關宣告解散（民65）。

(7)**設立主義不同**：以營利為目的之社團依特別法規定（民45），其取得法人資格採準則主義，其設立無須得到許可；而以公益為目的之社團或財團，採許可主義，在設立前應得主管機關的許可（民46、59）。

2. **區別實益**：因二者組織基礎不同，故設立程序及社會作用不同，如社團法人設立有須於登記前受許可者，有不然者；然而財團法人之設立，則於登記前非受許可不可。又如社團法人富有彈性，目的組織得隨時變更，較適合經營非公益之事業，但財團則具有固定性，故較適合經營公益性事業。

（三）公益法人與營利法人之區別

1. 區別標準

(1)**目的不同**：公益法人之目的在公益，營利法人之目的在營利。

(2)**程序不同**：公益法人之設立於登記前須受許可，營利法人無須先受許可。

(3)**依據不同**：營利法人依特別法（如公司法、中央銀行法、合作社法等），始能取得其資格；而公益法人除有特別法（如公益社團，工會依工會法；如財團，輔仁大學、東吳大學依私立學校法）外，應依據民法設立之。

2. 區別實益

(1)公益法人之設立前須受許可，而營利法人則否。

(2)營利法人須依特別法之規定，始能取得資格；公益法人除有特別法外，應依民法設立之。

四、法人之設立

（一）法人設立之意義

即依據法律組織法人，而取得人格之行為。

（二）法人設立之立法主義

各國關於法人設立之立法主義有五：

1. **放任主義**：或稱「自由主義」，即聽任當事人自由設立法人，國家不加干涉。其弊在過於浮濫，而影響社會大眾之利益。除瑞士外，現代各國民法已不採取。

2. **特許主義**：原由封建領主或君主特許，始得設立法人的主義。即每一法人之設立，須經特別立法，或經國家元首特許者，為特許主義。其弊在過於煩瑣，有礙法人之正常發展。

3. **許可主義**：即法人之設立，應具備法定要件，並得主管機關之許可。其弊亦在費時礙事，然各國對財團的設立，大多數採許可主義，以加強對財團的管理。

4. **準則主義**：即法律對於法人之設立，訂有一定標準，設立人依照該法定標準者，即得成立法人。依此主義，不但可防法人之氾濫，又可鼓勵法人之正常發展，故大多為各國立法例所採。

5. **強制主義**：即以法人之設立，由國家強制為之。此制無選擇之自由，例如公會，法律為達成一定職業上的管理目的，規定其從業人員有加入組織的義務。

我國現制，關於法人之設立所採主義不一，對於金融事業國家銀行採特許主義，例如中央銀行依《中央銀行法》。公益法人不論其為社團或財團，均採許可主義。例如私立學校須經教育部許可，更生保護會須經法務部許可。營利法人及中間社團則採準則主義。例如公司依《公司法》規定設立，同學會須依《民法》規定設立。職業團體採強制主義，例如律師公會、會計師公會。

（三）法人之設立要件

依其種類不同而有不同之要件（詳見後述十一、十二之說明），原則上必須：

1. **依據法律**：《民法》第25條規定：「法人非依本法或其他法律之規定，不得成立。」乃明示法人須依據法律而成立，不採自由主義。一般法人之成立，須依據民法總則編之規定。至若營利法人之成立，依民法第45條規定，應以特別法（如公司法、合作社法）為準據。

2. **須經登記**：《民法》第30條規定：「法人非經向主管機關登記，不得成立。」所謂「登記」，乃將法人之成立及有關事項，登載於主管機關之公簿，使一般人知曉。法人登記後，有應登記之事項而不登記，或已登記之事項有變更而不為變更登記者，不得以其事項對抗第三人（民

31）。例如法人之董事業已換人，如未為變更登記，原董事仍以法人名義為法律行為時，法人不得對於第三人以董事易人為理由，主張該法律行為無效。

五、法人之能力

（一）權利能力

法人經依法成立後，即為法律上之人格者，而有權利能力。

1. **權利能力之始期**：自然人之權利能力始於出生。法人之權利能力始於何時，法無明文。解釋上，應以法人成立，主管機關所給證書時間為準，為其權利能力之始期。

2. **權利能力之終期**：自然人之權利能力，終於死亡。解釋上，法人之權利能力終於解散後清算完畢時。

3. **權利能力之範圍**：法人雖與自然人同享權利能力，然應受如下之限制（民26）：

   (1)**性質上之限制**：依權利之性質，專屬自然人享有，法人不能享有。例如親權、家長權、扶養請求權、夫妻同居請求權、繼承權[28]等。

   (2)**法令上之限制**：即法人之權利能力，須在法律與命令限制之內，例如公司法規定，公司除依其他法律或公司章程規定得為保證者外，不得為任何保證人（公司16 I），公司不得為他公司無限責任股東或合夥事業之合夥人（公司13）。

（二）行為能力

法人是否有行為能力，與法人本質之學說有關。採否認說及擬制說之學者，認為法人無行為能力。通說採實在說，故認法人亦有行為能力。其

---

[28] 依民法規定，法人擁有許多能力和權利，下列何者不屬之？（101特三財稅25）

(A)行為能力　(B)侵權行為能力　(C)繼承權　(D)名譽權 ⋯⋯⋯⋯⋯⋯⋯⋯⋯(C)

法律行為，由董事依代表之方式為之（民27Ⅱ）。

（三）侵權行為能力

依據法人侵權行為能力之理論，有法人擬制說與法人實在說，前者認為法人自己不能為法律行為，當然也無侵權行為能力，董事為法人的代理人，如有侵權行為應依代理的有關規定負賠償責任，稱為「代理說」。後者認為法人董事（機關）所為的行為就是法人的行為，法人董事（機關）所為的侵權行為就是法人的侵權行為，法人有侵權行為能力，亦稱為「機關說」。現在各國民法多明文承認法人有侵權行為能力，應負損害賠償責任。我國《民法》第28條亦規定：「法人對於其董事或其他有代表權之人，因執行職務所加於他人之損害，與該行為人連帶負賠償之責任。」茲將其要件與責任分述於次：

1. 法人侵權行為之要件

(1)**須為董事或其他有代表權之人之行為**：所謂「董事」，乃法人之代表機關，其行為即法人之行為。「其他有代表權之人」，指與董事地位相當而有代表法人之權者，例如法人之清算人[29]（民37、38）、公司之重整人（公司290）。社員總會則非法人之代表機關，其行為縱侵害他人之權利，仍不適用第28條規定。至於一般職員、辦事員等受僱人之侵權行為，法人應負僱用人之賠償責任，亦無本條之適用。

(2)**須為職務上之行為**：其標準有二

① 在外形上可認為職務上行為，其行為正當與否，在所不問。例如公司之董事發行虛偽之提單。

② 與職務有牽連關係之行為，例如董事在商訂契約時詐欺對方。

---

[29] 民法第28條規定：「法人對於其董事或『其他有代表權之人』因執行職務所加於他人之損害，與該行為人連帶負賠償之責任。」其他有代表權之人是：（101司6）
(A)公司之律師　(B)法人之清算人　(C)公司之受僱人　(D)董事之配偶⋯⋯⋯⋯⋯(B)

若代表權人利用訂約的機會竊取對方財物，或董事商洽事務時因衝突而毆傷顧客，則非職務上之行為。

(3)**具備侵權行為的一般要件**：即法人之代表機關，已構成《民法》第184條第1項故意或過失不法侵害他人權利之要件。侵權行為的客體必須為私權，不包括違反稅法逃漏稅款致政府受有損害在內。公權受有損害不得以民法第28條為請求賠償之依據（62台上2）。

2.法人侵權行為之責任

法人機關之行為，一面為法人之行為，一面為自己之行為，故法人與行為人對於被害人應負連帶賠償之責任（民28），以保護交易之安全及被害人之利益。又法人與董事之間，為委任關係，如行為人未盡其應盡之注意義務（民535），應賠償法人所受之損害。

六、法人之機關

即法律所定法人內部組織之一部。法人之機關有三：

（一）意思機關

依法人實在說，法人亦有意思能力。惟其意思之作成，則有賴於意思機關之決定。法人之意思機關為社團總會，僅社團有之，而財團則無。

（二）監察機關

監察人乃法人得設之監察事務執行之機關。《民法》第27條第4項規定：「法人得設監察人」，故監察人為法人得設之機關。僅特種法人為必設，例如股份有限公司及合作社有之。

1. **監察人之任免**：監察人之人數、資格，法無規定，均得於章程中定之，但解釋上董事不得兼任監察人。其任免在社團須經社員總會之決議，在財團得由捐助人定之。其與法人之關係及報酬之有無，均與董事同。

2. **監察人之職權**：《民法》第27條第4項規定：「法人得設監察人，監察

法人事務之執行。監察人有數人者，除章程另有規定外，各監察人均得
單獨行使監察權。」又董事與法人有交涉時，解釋上監察人得代表法
人。有時監察人得召集社員總會（民51Ⅰ）。

（三）執行機關

董事乃執行法人事務之機關，為社團及財團所必備。

1. 董事之意義

董事者，即法人必設之代表及執行機關。《民法》第27條第1項規
定：「法人應設董事。」

2. 董事之任免

董事之人數及資格，民法未設限制。其任免，在社團得以章程或社團
總會之決議為之；在財團則以捐助章程規定之。如無規定，法院得因主管
機關、檢察官或利害關係人之聲請，為必要之處分（民62）。董事與法人
之關係，屬於民法上之委任。

3. 董事之職權

(1)**代表權**：董事就法人之一切事務對外代表法人，董事有數人者，除
章程另有規定外，各董事均得代表法人（民27Ⅱ），且為全權代
表，原則上其範圍並無限制，若加以限制雖無不可，但依《民法》
第27條第3項規定：「對於董事代表權所加之限制，不得對抗善意
第三人。」藉以保護交易之安全[30]。

---

[30] 甲、乙及丙為A社團法人之董事，任期為3年。然於次一年度之社員超過三分之二出
席之社員總會中，經出席社員四分之三表決通過下，將丙之代表權剝奪。雖然有上述
之決議，丙仍以A社團法人之代表人自居，向善意之丁購買1台供社團使用之汽車，
並向惡意之戊購買1台辦公室所需之電腦。下列敘述何者正確？（102律10）　(A)社
團董事於任期內之代表權不得剝奪　(B)A社團法人對戊得以丙無代表權對抗之
(C)丁得主張與丙成立之買賣契約對A社團法人有效，A社團法人不得對抗之　(D)上
述兩個契約之效力未定……………………………………………………………………(C)

(2)**執行權**：董事就法人之事物，對內有執行權，例如聲請登記（民48Ⅱ、61Ⅱ）、召集總會（民51Ⅰ）、聲請破產（民35Ⅰ）等均是。董事有數人者，法人事務之執行，除章程另有規定外，取決於全體董事過半數之同意（民27Ⅰ）。

七、法人之住所

法人既有獨立之人格，自須有其法律關係之中心，《民法》第29條規定：「法人以其主事務所之所在地為住所。」法人之事務所若僅有一處時，該事務所所在地，即為其住所。若有多處事務所時，則以主要業務所在之事務所所在地，為其住所。

八、法人之監督

法人之活動能力遠較自然人為大，且有關公益，若經營不得其法，必將逸出常軌，勢必造成社會莫大損害。故法律乃明文規定法人之監督，其方式有二：

（一）業務監督

《民法》第32條規定：「受設立許可之法人，其業務屬於主管機關監督，主管機關得檢查其財產狀況及其有無違反許可條件與其他法律之規定。」茲分述如下：

1. **監督之對象**：限於「受設立許可之法人」。公益法人（財團及非營利社團）之設立，須經主管機關之許可（民46、59）。至於一般營利社團則不包括在內。
2. **監督之機關**：業務監督由主管機關為之。所謂「主管機關」，乃指主管法人目的事業之行政機關而言。例如慈善事業屬於內政部，文化事業屬於教育部。
3. **監督之方法**：主管機關得檢查其財產狀況及其有無違反許可條件與其他

法律之規定（民32）。

4. **監督之制裁**：

(1)**科處罰鍰**：受設立許可法人之董事或監察人，不遵主管機關監督之命令，或妨礙其檢查者，得處以五千元以下之罰鍰（民33Ⅰ）。此項罰鍰，為行政罰之一種，經處罰後，仍有不遵守命令或妨礙檢查之行為者，得再予處罰（24院1207）。

(2)**撤銷許可**：法人違反設立許可之條件者，主管機關得撤銷其許可（民34）。

(3)**解除職務**：即法人之董事或監察人違反法令或章程，足以危害公益或法人之利益者，主管機關得請求法院解除其職務（民33Ⅱ前段）。

(4)**必要處置**：董事或監察人違反法令或章程，足以危害公益或法人之利益者，主管機關得請求法院解除其職務時，並得「為其他必要之處置」（民33Ⅱ後段）。例如於新任董事或監察人產生之前，由主管機關派員暫行管理，或為其他適當之處理。

（二）清算監督

《民法》第42條規定：「法人之清算，屬於法院監督。法院得隨時為監督上必要之檢查及處分。法人……。」茲分述如下：

1. **監督之對象**：不問社團或財團，公益或營利法人，均為清算監督之對象。

2. **監督之機關**：清算監督由法院為之。此之所謂「法院」，乃指法人主事務所所在地之法院而言（非訟59）。

3. **監督之方法**：法院得隨時為監督上必要之檢查。

4. **監督之制裁**：清算人不遵法院監督命令或妨礙檢查者，得處以五千元以下之罰鍰（民43）。

九、法人之解散

即消滅法人人格之程序，亦即開始清算之前提。

（一）一般法人共同之解散原因

1. **違反設立許可時**：法人違反設立許可之條件者，主管機關得撤銷其許可（民34）。
2. **宣告破產時**：法人之財產不能清償債務時，董事應即向法院聲請破產（民35Ⅰ）。既有破產之原因，足見法人之事業無法繼續進行，自應解散。法人之董事不依法聲請破產，而致法人之債權人受損害時，有過失之董事應負賠償責任（民35Ⅱ）。
3. **目的或行為不法時**：法人之目的或其行為，有違反法律、公共秩序或善良風俗者，法院得因主管機關、檢察官或利害關係人之請求，宣告解散（民36）。
4. **事由發生時**：章程或捐助章程所訂解散事由發生時，法人即因而解散。例如章程訂有法人存續期間，而期間已屆滿（民48Ⅰ、61Ⅰ）。

（二）社團特有之解散原因

1. **總會之決議**：社團得隨時以全體社員三分之二以上之可決而解散之（民57）。
2. **社團事務無從進行**：社團之事務，無從依章程所定進行時，法院得因主管機關、檢察官或利害關係人之聲請解散之（民58）。例如法人之目的事業已完成，或已確定不能實現。
3. **社團僅餘一人**：關於此點，民法未明文規定，依法理而言，社團為二人以上之集合，若社員僅餘一人，則社員總會不能成立，社團應認為當然解散。

（三）財團特有之解散原因

因情事變更，致財團之目的不能達到時，主管機關得斟酌捐助人之意思，變更其目的及其必要之組織，或解散之（民65）。

十、法人之清算

即清理結算已解散法人的法律關係，使之歸於消滅的程序。茲分述如下：

（一）清算人

清算須有清算人。

1. 清算人之產生

(1) **法定清算人**：即法人解散後，其財產之清算，由董事為之（民37），故董事為法定清算人，於法人解散時，應認為當然就任（司法行政部台（46）民字第2237號令）。

(2) **章定清算人**：即章程有特別規定時，則依章程規定產生清算人（民37）。

(3) **議定清算人**：即總會另有決議者，則依總會決議產生清算人（民37）。

(4) **選任清算人**：即法人不能依《民法》第37條規定（即前三者），定其清算人時，法院得因主管機關、檢察官或利害關係人之聲請，或依職權，選任清算人（民38）。

2. 清算人之解任

清算中之法人，屬法院監督。法院如認清算人執行職務不當而有必要時，不問係董事充任之清算人，或章程規定、總會決議、法院選任之清算人，均得解除其任務（民39）。

（二）清算事務，即清算人之職務

1. 了結現務（民40 I）

即結束法人解散時已著手而未完成之事務，清算

人應了結之。

2. **收取債權，清償債務（民40Ⅰ）**：即清算人應對於法人之債權及債務，加以清理。關於債權，應請求已屆期之債務人清償，若債權尚未屆期或條件尚未成就者，得以讓與或變價方法收取之，否則應列入剩餘財產，移交於應得者。關於債務，若已屆清償期者，則應即清償；若未屆期者，得拋棄期前利益，提前清償。

3. **移交賸餘財產於應得者（民40Ⅰ）**：法人解散後，除法律另有規定外，於清償債務後，其賸餘財產之歸屬，應依其章程之規定，或總會之決議。但以公益為目的之法人解散時，其賸餘財產不得歸屬於自然人或以營利為目的之團體。如無前項法律或章程之規定或總會之決議時，其賸餘財產歸屬於法人住所所在地之地方自治團體（民44）。

4. **聲請破產**：法人財產不足清償其債務時，清算人應即聲請宣告破產，將事務移交於破產管理人時，其職務即為終了。如清算人不立即聲請宣告破產，法院得處清算人二萬元以上十萬元以下之罰鍰（民41，公司334準用89）。

（三）清算程序

清算之程序，除民法法人通則中有規定外，準用股份有限公司清算之規定（民41），即應準用《公司法》第322條至356條規定辦理。蓋股份有限公司清算之規定，比較詳備。依《公司法》第334條規定準用同法第87條第3項規定之結果，清算人應於六個月內完結清算。清算完結，法人之人格始歸消滅（民40Ⅱ）。

十一、社團

（一）社團之意義

社團者，由人之集合而成之社會組織體，乃以社員為成立基礎之法

人。有以營利為目的之社團,稱為「營利社團」。有以公益為目的之社團,稱為「公益社團」。

(二) 社團之成立

其要件如下:

1. 須有設立人

社團以社員為成立之基礎,自須有設立人。解釋上,設立人至少應有二人以上。

2. 須依據法律,公益社團並須經許可

社團之設立須依據民法之規定,而以營利為目的之社團其取得法人資格,則須依特別法之規定(民45)。以公益為目的之社團,於登記前應得主管機關之許可(民46)。

3. 須訂立章程

設立社團者,應訂定章程(民47)。所謂「章程」,乃規定法人之組織及其他重要事項之規則。章程應記載之事項如下:

(1)**目的**:亦即宗旨,係設立社團的根本理由。

(2)**名稱**:名稱與自然人的姓名相當,以示與其他社團有別。

(3)**董事之人數、任期及任免**:設有監察人者,其人數、任期及任免均應有一定的準則,以便執行。

(4)**總會召集之條件、程序及其決議證明之方法**:總會係指社員大會而言,為社團的最高機關。其召集的條件,如每年召集一次;召集程序,如由董事於若干日以前以書面通知;決議證明的方法,如應作成決議錄,由主席簽名。

(5)**社員之出資**:社團的財產,由於社員的出資,故社員有出資的義務,其出資的數額、方法等,均應詳為記載。

(6)**社員資格之取得與喪失**:社員資格的取得,如入社的條件、程序;社員資格的喪失,如退社或開除的條件、程序等。

(7)訂定章程之年、月、日。

以上七款為章程絕對必要記載事項，欠缺其一，則章程無效。其他關於社團之組織及社團與社員關係之事項，以不違反本法第50條至58條之規定為限，亦得以章程定之（民49），是為任意記載事項。如未經記載，章程仍然有效。但一經記載，該記載事項則發生絕對效力。

4. 須經登記

法人非經向主管機關登記，不得成立（民30），社團自不例外：

(1)**登記之事項**：社團設立時，應登記如下：①目的；②名稱；③主事務所及分事務所；④董事之姓名及住所，設有監察人者，其姓名及住所；⑤財產之總額；⑥應受設立許可者，其許可之年月日；⑦定有出資方法者，其方法；⑧定有代表法人之董事者，其姓名；⑨定有存立時期者，其時期（民48Ⅰ）。

(2)**登記之程序**：社團之登記，由董事向其主事務所及分事務所所在地之主管機關行之，並應附具章程備案（民48Ⅱ）。

(3)**登記之效力**：法人登記後，有應登記之事項而不登記，或已登記之事項有變更而不為變更之登記者，不得以其事項對抗第三人（民31）。

（三）社團之社員

社員者，乃組成社團之構成份子；自然人及法人均得為社團之社員。

1. 社員之取得與喪失

此乃社員與社團間，以發生特定之權利義務關係之依據。

(1)**社員之取得**：其方式有二：①參與設立，設立人於社團成立後，當然取得社員資格。②入社，非設立人，而於社團成立後加入社團者，為社員。

(2)**社員之喪失**：其方式有二：①退社，即社員自動退出社團；民法規定，社員得隨時退社，但章程限定於事務年度終，或經過預告期間

後，始准退社者，不在此限。此項預告期間，不得超過六個月（民54）。②開除，即社員被動退出社團，社團如有正當理由，社團總會可決議開除社員（民50Ⅱ）。

2. 社員之權利與義務

此乃社員對社團所享之權利及所負之義務，為身分權之一種。

(1)社員之權利：分為共益權與自益權。

① 共益權：即社員參與社團事業之權利，包括A.出席權與B.表決權（民52、53）；C.自動召集總會權，即有全體社員十分之一以上之請求，表明會議目的及召集理由，請求召集總會時，董事應召集之（民51Ⅱ）；D.對總會決議撤銷請求權，若總會之召集程序或決議方法，違反法令或章程時，社員得於決議後三個月內請求法院撤銷其決議（民56Ⅰ）。

② 自益權：即社員自己受領社團利益之權利，如對社團設備之利用權，剩餘財產分配請求權，以及盈餘紅利分配請求權。

(2)社員之義務：社員有出資之義務。已退社或開除之社員，對於社團之財產，無請求權。但非公益法人，其章程另有訂定者，不在此限。退社或開除之社員，對於其退社或開除以前應分擔之出資，仍負清償之義務（民55）。

（四）社團之總會

由全體社員所組成，而為社團必要之最高意思機關（民50Ⅰ）。

1. 總會之職權

《民法》第50條第2項規定，下列事項應經總會之決議：(1)變更章程；(2)任免董事及監察人；(3)監督董事及監察人職務之執行；(4)開除社員，但以有正當理由為限。以上四款乃社團總會之專屬職權，此外凡社團之事務，而董事或監察人不能處理之事項，均得由總會決議之。惟社團法人事務之執行機關及代表機關為董事，社團總會僅為法人內部之意思機

關，其決議雖為法人之意思，然欲其實現，仍須董事予以執行，始能發生法律上之效果。

2. 總會之種類

(1)**定期總會**：由董事召集之，每年至少召集一次。董事不為召集時，監察人得召集之（民51Ⅰ）[31]。

(2)**臨時總會**：董事認為必要時，得隨時召集之。「如有全體社員十分之一以上之請求，表明會議目的及召集理由，請求召集時，董事應召集之。」（民51Ⅱ）。「董事受前項之請求後，一個月內不為召集者，得由請求之社員，經法院之許可召集之。」（民51Ⅲ）。此乃防止董事故意不召集而設之救濟方法。

3. 總會之召集

所謂「召集」，乃有召集權人向各社員發出開會之通知。此項通知，除章程另有規定外，應於三十日前對各社員發出，通知內應載明會議目的事項（民51Ⅳ），俾使社員有所準備。但此項通知，發出即生效力（發信主義），雖未到達，亦與召集之合法與否無關。又社團之總會並非常設機關，須經召集權人召集始能集會，社員偶然會合而為之決議，不得謂為社員總會之決議。

4. 總會之決議

決議有拘束全體社員之效力，即為社團法人之意思。《民法》第52條規定：「總會決議，除本法有特別規定外，以出席社員過半數決之。社員有平等之表決權。社員表決權之行使，除章程另有限制外，得以書面授權他人代理為之。但一人僅得代理社員一人。社員對於總會決議事項，因自

---

[31] 依民法規定，關於社團總會之召集，下列敘述，何者正確？（103司律1）　(A)由董事召集之，董事有數人者，除章程另有規定外，取決於全體董事之同意　(B)董事不為召集時，監察人得不經其他監察人同意，單獨召集之　(C)全體社員十分之一以上，表明會議目的及召集理由，得召集之　(D)個別社員經全體社員過半數同意後，得召集之‧‧‧‧‧‧(B)

身利害關係而有損害社團利益之虞時，該社員不得加入表決，亦不得代理他人行使表決權。」[32]本條規定社團總會決議之方法，內容如下：

(1)**決議之種類**：總會之決議可分為二：

① **普通決議**：總會之決議，除民法有特別規定外，以出席社員過半數決之（民52 I）。出席之人數，法無明文，解釋上以有二人以上出席為已足。

② **特別決議**：所謂「特別決議」，即不依前者普通決議方法而為之決議。又可分為：A.變更章程特別決議：即社員變更章程之方法有二：一為召集總會，經全體社員過半數之出席，出席社員四分之三以上之同意。一為不召集總會，而經全體社員三分之二以上書面之同意。但受設立許可之社團，變更章程時，並應得主管機關之許可（民53）。B.解散社團之特別決議：即解散社團，關係重大，必須有全體社員三分之二以上之可決（民57）。

(2)**決議之效力**：決議合法或瑕疵，有不同之效力：

① **合法之決議**：總會為社團之最高機關，為決議時，社員雖有贊成或反對之自由，然決議合法成立後，全體社員不問有無出席，皆有遵守之義務。社團之董事及其他職員，即應遵照辦理，不得違反。

② **瑕疵之決議**：分為A.決議無效[33]，即總會決議之內容違反法令

---

[32] 依民法規定，關於社團總會之決議，下列敘述，何者錯誤？（102律8）　(A)應有全體社員過半數之出席，出席社員過半數之同意　(B)每一社員，不問出資多寡，表決權平等　(C)除章程另有限制外，社員得以書面授權他人代理行使表決權　(D)社員對於總會決議事項，因自身利害關係而有損害社團利益之虞時，該社員不得加入表決，但得代理他人行使表決權……………………………………(D)

[33] 法人社員總會決議之內容違反法令或章程者，下列關於其社員尋求救濟之敘述，何者正確？（106高三財稅1）　(A)社員得提起確認決議之訴，確認該決議為無效，其提起確認之訴的期間，沒有限制　(B)社員得提起撤銷決議之訴，請求法院撤銷該決議，其行使撤銷權的期間，沒有限制　(C)社員得提起確認決議之訴確認該決議為無

或章程者，當然無效（民56Ⅱ）。不必請求法院宣告，以防不法之徒，借社團名義作成違法決議，危害公眾利益。B.決議撤銷，即總會決議之召集程序或決議方法，違反法令或章程者，對該決議在表決時原不同意的社員，得於決議後三個月內請求法院撤銷決議。但出席社員，對召集程序或決議方法，未當場表示異議者，不在此限[34]（民56Ⅰ）。

十二、財團

（一）財團之意義

　　財團者，由財產之集合而成之社會組織體，乃以捐助之特定財產為基礎之法人。財團須依設立人所定之規則，即捐助人之意思運作，但捐助人並非財團之構成分子，捐助之財產，有其公益使用之目的，而非為捐助人謀福利，故均為公益法人。例如基金會與私立學校[35]皆是。

（二）財團之設立

　　其要件如下：

1.須有設立人

　　財團以財產捐助為成立之基礎，自須有捐助人，捐助人即為設立人，僅有一人即可。

效，但必須決議後3個月內為之　　(D)社員得提起撤銷決議之訴，請求法院撤銷該決議，但必須於決議後3個月內為之‧‧‧‧‧‧‧‧‧‧‧‧‧‧‧‧‧‧‧‧‧‧‧‧‧‧‧‧‧‧‧‧‧‧(A)

[34] 民法第56條第1項關於社團總會決議得撤銷之規定，下列敘述，何者錯誤？（102司10）　　(A)撤銷原因，須總會之召集程序或決議方法，違反法令或章程　　(B)撤銷權主體，限於對召集程序或決議方法當場表示異議之社員　　(C)撤銷權行使方式，須以訴訟為之　　(D)撤銷權行使期間，至遲須於決議後1個月內為之‧‧‧‧‧‧‧‧‧‧‧‧‧‧‧‧‧‧(D)

[35] 私立大學是何種團體？（102特三財稅21）　　(A)營利社團　　(B)公益社團　　(C)營利財團　　(D)公益財團‧‧(D)

2. 須依據法律，並須經許可

法人非依本法或其他法律之規定，不得成立（民25），故財團法人之成立須依據法律，並於登記前，應得主管機關之許可（民59）。所謂「主管機關」，係指主管法人目的事業之行政機關，例如文化事業為教育部，慈善事業為內政部。

3. 訂立捐助章程

設立財團者，應訂立捐助章程。但以遺囑捐助者，不在此限（民60Ⅰ）。捐助章程，應訂明法人目的及所捐財產。此兩者為必要記載事項，捐助章程中必須訂明（民60Ⅱ），否則無效。若以遺囑捐助設立財團法人者，如無遺囑執行人時，法院得依主管機關、檢察官或利害關係人之聲請，指定遺囑執行人（民60Ⅲ）。此外，財團之組織及其管理方法，由捐助人以捐助章程或遺囑定之。捐助章程或遺囑所定之組織不完全，或重要之管理不具備者，法院得因主管機關、檢察官或利害關係人之聲請，為必要之處分（民62）。

4. 須經登記

法人非經向主管機關登記，不得成立（民30）。

(1)**登記之事項**：財團設立時，應登記事項如下：①目的；②名稱；③主事務所及分事務所；④財產之總額；⑤受許可之年月日；⑥董事之姓名及住所。設有監察人者，其姓名及住所；⑦定有代表法人之董事者，其姓名；⑧定有存立時期者，其時期（民61Ⅰ）。

(2)**登記之程序**：財團之登記，由董事向其主事務所及分事務所所在地之主管機關行之。並應附具捐助章程或遺囑備案（民61Ⅱ）。

(3)**登記之效力**：財團法人登記後，有應登記之事項而不登記，或已登記之事項有變更而不為變更之登記者，不得以其事項對抗第三人（民31）。

（三）財團之管理

財團無社員總會之組織，捐助人於財團成立後，亦無權變更章程，為維持財團之存續，財團之管理須多受公權力之干預，敘述如下：

1. 變更財團之組織

為維持財團之目的或保存其財產，法院得因捐助人、董事、主管機關、檢察官或利害關係人之聲請，變更其組織（民63）。

2. 宣告董事行為無效

財團董事有違反捐助章程之行為時，法院得因主管機關、檢察官或利害關係人之聲請，宣告其行為無效（民64）。

3. 變更財團之目的

因情事變更，致財團之目的不能達到時，主管機關得斟酌捐助人之意思，變更其目的及其必要之組織，或解散之（民65）。

十三、外國法人

（一）外國法人之意義

即依外國法律成立之法人。其設立人為中國人或外國人，則非所問。

（二）外國法人之立法例

關於本國法人與外國法人區別之立法例，有採：

1. **準則主義**：即依本國法律成立者為本國法人，依外國法律成立者為外國法人。例如美、英、荷等國。我國民法採準則主義（民25，公司4，外人投資3Ⅱ）。
2. **住所地主義**：即法人之主事務所所在地在本國者為本國法人，在外國者為外國法人。例如法國。
3. **控制主義**：即法人之多數社員為本國人者乃本國法人，多數社員為外國人者，為外國法人。例如第一、二次世界大戰期間之法國。

（三）外國法人之認許、登記及撤銷

1. **認許**：即承認外國法人在中國亦為法人之意。並非賦予外國法人之人格或使外國法人變為中國法人。故在外國未成為法人者，不生認許問題。我國《民法總則施行法》第11條規定：「外國法人，除依法律規定外，不認許其成立。」故外國法人欲在我國內取得法人人格，非經我國主管機關加以認許不可。所謂「依法律規定」，主要係指《民法總則施行法》第13條及《公司法》第七章有關外國公司之認許規定。

2. **登記**：即外國法人在我國設事務所，須向主管機關登記，與我國法人應辦之登記手續同（民總施13準用民30、31、48、61之規定）。然外國法人若為公益社團法人或財團法人時，尚應於登記前，取得主管機關之許可（民總施13準用民46、59之規定）；若為營利法人（如公司）時，則依特別法（如公司法）之規定，僅登記即可（民總施13準用民45之規定）。總而言之，外國法人經認許其成立者，尚須在我國設事務所，並辦理設立登記後，始能在我國主張其為外國法人。

3. **撤銷**：外國法人在我國所設之事務所，如其目的或行為有違反法律、公共秩序或善良風俗者，法院得因主管機關、檢察官或利害關係人之請求而撤銷之（民總施14，民36）。

（四）外國法人之權利義務能力

經認許之外國法人，於法令限制內，與同種類之我國法人有同一之權利能力（民總施12 I）。其行為能力及侵權行為能力，亦應為同一之解釋。又「前項外國法人，其服從我國法律之義務，與我國法人同。」（民總施12 II）。故外國法人在我國之行為，不得因其本國法律無規定而免除責任。

（五）未經認許之外國法人

外國法人，未經認許其成立並為設立事務所之登記以前，既非我國法

律上之人格者，自無權利能力可言。但此種外國法人，事實上常有已在我國設置事務所或未設事務所而為法律行為者，為保護其相對人，特承認在此種情形下，該外國法人，對於義務之負擔，亦為法律上之人格者，就該法律行為應與行為人負連帶責任（民總施15）。所謂「行為人」，指以該外國法人名義與他人為負義務之法律行為者而言，該外國法人之董事，如未以該外國法人名義與他人為負義務之法律行為者不包括在內（26上622、26渝上1320）。但未經認許之外國法人，在我國亦享有訴訟之權利（參考1891年國際法學會決議）。

十四、案例研析

> （一）民法上之法人是否指私法人？農田水利會是否為私法人？學校如何？農會如何？

答： (1)**民法上之法人**：公法人與私法人之區別標準，約有六說，但以法律根據說為通說，即以其設立依據之法律為標準，凡依公法而設立者為公法人，依私法設立者為私法人，民法為私法，民法上之法人當然為私法人。

(2)**農田水利會**：依《水利法》第12條第2項規定，農田水利為公法人。

(3)**學校**：公立學校為政府機構之一，但並非法人，雖於訴訟時認其有當事人能力，僅為便利罷了。而私立學校係依據《私立學校法》成立，屬財團法人之性質。

(4)**農會**：依《農會法》第1條規定：「農會以保障農民權益，提高農民知識技能，促進農業現代化，增加生產收益，改善農民生活，發展農村經濟為宗旨。」第12條規定，凡中華民國國民，年滿二十歲，設籍農會組織區域內，實際從事農業之自耕農、佃農、雇農等，均可加入該組織區域之基層農會為會員。由此可知，農

會係以農民為基礎之社團；又係謀農民權益，故為公益社團，屬
於私法人。

（二）甲公司之董事乙，於發送公司貨物品，不慎將爆裂物置於貨車
內，致貨車發動時發生爆炸，傷及行人丙，丙因之住院數月，計
受有損害一百萬元，丙請求甲公司賠償一百萬元，有無理由？

答： 丙向甲公司請求有理由。說明如下：

1. 按《民法》第28條規定：「法人對於其董事或其他有代表權之
   人因執行職務所加於他人之損害，與該行為人連帶負賠償之責
   任。」茲將其要件與責任分述於次：

   (1)**法人侵權行為之要件：**

   ① **須為董事或其他有代表權之人之行為：**所謂「董事」，乃法
      人之代表機關，其行為即法人之行為。「其他有代表權之
      人」，指與董事地位相當而有代表法人之權者，例如法人之
      清算人（民37、38），公司之重整人（公司法290）。

   ② **須為職務上之行為：其標準有二**

      A.在外形上可認為職務上之行為，其行為正當與否，在所不
        問。例如公司之董事發行虛偽之提單。

      B. 與職務有牽連關係之行為，例如董事在商訂契約時詐欺
        對方。若代表權人利用訂約的機會竊取對方財物，或董事
        商洽事務時因衝突而毆傷顧客，則非職務上之行為。

   ③ **具備侵權行為的一般要件：**即法人之代表機關，已構成民法
      第184條第1項故意或過失不法侵害他人權利之要件。

   (2)**法人侵權行為之責任**

   法人機關之行為，一面為法人之行為，一面為自己之行為，故
   法人與行為人對於被害人應負連帶賠償之責任（民28），以保
   護交易之安全及被害人之利益。

2. 本題甲公司之董事乙，於發送公司貨物品，不慎將爆裂物置於貨車內，致貨車發動時發生爆炸，傷及行人丙，則乙身為法人之董事，其行為外形又足以認定為職務上行為，則甲公司應與乙對丙連帶負賠償之責任。

3. 依《民法》第193條第1項之規定：不法侵害他人之身體或健康者，對於被害人因此喪失或減少勞動能力或增加生活上之需要時，應負損害賠償責任。本題丙因乙之傷害住院數月，計受有損害一百萬元，依上開規定，自可向甲請求賠償，故丙之請求為有理由。

第三章 物

一、物之意義
二、物之種類
三、案例研析

一、物之意義

物者，除去人之身體外，須人力所能支配，能獨立成為一體之有體物或自然力，而堪為權利之客體；係指法律上之物，有別於物理上之物。其要件如下：

（一）除去人之身體外

人為權利義務之主體，人之身體為人格所能依附，故人體非法律上之物；身體除自然之身體外，尚含人工填補結合之部分，如義眼、義肢等。人之身體不得充當權義客體而為處分，但：

1. 人身之一部分，由身體分離，已非身體之一部，則得為法律上之物。如毛髮、血液。甚而處分尚未分離身體之一部分，如輸血、剪剃毛髮、施行手術等，若不背公序良俗應認為有效。

2. 生前處分遺體之契約或遺囑，倘不背公序良俗，亦屬有效。如捐贈器官或捐給醫學研究。學者通說認為屍體為物，並為繼承人公同共有，其處置受公序良俗之限制，僅得為保存、祭祀及埋葬等行為，不得為其他處分之標的。若繼承人將屍體售與醫院供解剖實驗研究使用，則有背於公序良俗。

（二）須人力所能支配

人力所能支配，始能為權利之客體；至於能否支配，則以科學技術及社會觀念判斷之，如日月星辰乃人力不能支配者，其非法律上之物。

（三）能獨立成為一體

即能獨立滿足吾人生活需求，而有法律上之價值，如一粒米不能成為法律上之物。

（四）有體物或自然力

有體物即占有一部分空間，而有實體存在，如固體、液體、氣體均為物。自然力即人類感官所能知覺的自然界之作用，如電力、水力、核能等均為物。

二、**物之種類**

（一）不動產與動產

1. **不動產**：即土地及其定著物（民66 I）[1]，茲分述如下：

　(1)**土地**：包括地面及其一定範圍內之上空與地下；土地所有權，除法令有限制外，於其行使有利益之範圍內，及於土地之上下（民773），但地下礦產屬於國家所有（憲143）。又不動產之出產物，尚未分離者，為該不動產之部分（民66 II）[2、3]。如樹木之於土地，

---

[1] 下列何者為不動產？（106司律63）　(A)附著於土地上具獨立經濟價值之無頂蓋鋼筋混凝土造的養魚設備　(B)阿里山森林火車之軌道　(C)露營車　(D)尚未完全竣工、但已足避風雨，可達經濟上使用目的之房屋　(E)農田‧‧‧‧‧‧‧‧‧‧‧‧‧‧‧(A)(B)(D)(E)

[2] 甲誤將乙之秧苗及丙之肥料植、灑在鄰人丁之A地上，致長出纍纍之稻穀。試問：該稻穀之所有權屬於何人？（101律49）　(A)甲　(B)丁　(C)乙丙共有　(D)甲丁共有‧‧‧(B)

[3] 甲誤將乙之種籽、丙之肥料灑在丁之A地上。致長成纍纍稻穗，試問稻穗之所有權歸

稻穀之於稻田，雖於其分離後，均為獨立之動產。然在分離前，為土地之一部分，非法律上獨立之物，而不得獨立為交易之標的[4]。

(2)**定著物**：即固定附著於土地之物，而非土地之構成部分。其具有固定性與附著性，所謂「固定性」，即必持續相當時間，不易移動其位置，如臨時工寮、活動房屋、售票亭、電線桿、拍戲臨時鋪設之輕便軌道、騎樓下之商品攤位則非定著物，其非屬不動產[5]，因其暫時存在且易於移動。所謂「附著性」，即未喪失其獨立性（未成為土地之一部分），而在社會觀念上，具有與土地分離獨立之經濟價值，能獨立供人使用者，如房屋、橋樑、紀念碑、高架道路等。輕便軌道除係臨時敷設者外，凡繼續附著於土地而達其一定經濟上之目的者，應認為不動產（50釋93）[6、7]。

又定著物在我民法上，認為係獨立於土地外之不動產。故基地與土地上之房屋，得分別為交易上之標的[8]。賣地不必賣屋，賣屋非當然賣地。

2. **動產**：《民法》第67條規定：「稱動產者，為前條所稱不動產以外之

屬何人？（102高考財稅15）　(A)甲　(B)乙丙共有　(C)丁　(D)甲丁共有‥‥‥‥‥(C)

4　甲有一筆土地，乙擅自在該土地上遍植樹木。不久，甲將該土地出賣並移轉所有權登記於丙，甲、丙雙方約定，甲保留樹木所有權。其後，甲又將該土地上之樹木出賣於不知情之丁。問：該土地上之樹木，所有權屬於何人？（102司47）　(A)甲　(B)乙　(C)丙　(D)丁‥‥‥‥‥‥‥‥‥‥‥‥‥‥‥‥‥‥‥‥‥‥‥‥‥‥‥‥‥‥‥(C)

5　下列何者為不動產？（101律25）　(A)電線桿　(B)拍戲臨時鋪設之輕便軌道　(C)主結構體已完成，尚未裝潢、接通水電之房屋　(D)騎樓下之商品攤位‥‥‥‥‥(C)

6　甲有一筆土地，出租於乙作為拍戲場景。乙出資提供材料委請丙在土地上鋪設臨時性輕便軌道，供拍戲之用。其後，甲將該土地出賣於丁，並移轉所有權登記於丁。問：該輕便軌道，所有權屬於何人？（101司1）　(A)甲　(B)乙　(C)丙　(D)丁‥‥‥‥(B)

7　有關「物」之說明，下列敘述，何者錯誤？（101律12）　(A)由土地出產物分離所收穫之果實，其所有權不當然歸屬土地所有人　(B)違反法令建造之房屋，只要已足避風雨、可達經濟上使用目的，仍為不動產　(C)臨時鋪設之輕便軌道，因其已固定於土地上，故為定著物　(D)非屬同一人所有之物，不可能發生主物從物關係‥‥‥‥(C)

8　甲在乙之A地上蓋B屋，下列何者為B屋之所有權人？（104高三財稅24）　(A)甲　(B)乙　(C)甲、乙分別共有　(D)甲、以公同共有‥‥‥‥‥‥‥‥‥‥‥‥‥‥(A)

物。」即凡非屬於土地及其定著物者，即為動產，如車馬衣裘均是。

3. **區分實益**：不動產通常在社會上經濟價值恒較動產為大，故為社會制度所重視，因此各國法律皆作相異處置之必要。其區別之實益，呈現於各個法律規定中，如：

(1) **見於債編者**：債權人受領遲延時，如給付物為不動產，債務人始得拋棄其占有（民241）；租賃物為不動產者，其租賃契約期限逾一年者，應以字據訂立之（民422），其因價值之昇降，當事人始得聲請法院增減其租金（民442）。

(2) **見於物權編者**：整個物權規定之關鍵，即在於動產與不動產之不同，例如同屬所有權，但動產與不動產之得喪變更要件，即多不相同，又典權、地上權、農育權、地役權、抵押權僅限於不動產，而質權、留置權則僅限於動產始得成立。又動產以交付為生效要件（民761），而不動產則以登記為生效要件[9]（民758）。

(3) **見於親屬編者**：監護人對受監護人財產之處分，為不動產時，非經法院許可，不生效力[10]（民1101 II）。

(4) **見於其他法律者**：《民事訴訟法》關於裁判之管轄，規定不動產的物權或其分割或其經界涉訟者，專屬不動產所在地（民事訴訟法10）；《強制執行法》關於執行之方法，因動產、不動產而異（強制執行法45、75）；《刑法》上之沒收，原則上以動產為限，如賭資、賭具沒收，賭屋不沒收。

---

[9] 甲為某合法二層樓建築物之起造人，該建物僅門窗尚未裝設及內部裝潢尚未完成，且二樓結構部分亦已完成。甲將該物出售予乙時，應如何移轉財產權？（102司11）(A)以行政上程序申請變更起造人甲為乙即可　(B)甲移轉對該物之占有予乙即可 (C)須由甲辦妥建物所有權第一次登記後，再辦理移轉登記　(D)因該物尚不得單獨成為交易標的，甲乙間買賣契約無效……(C)

[10] 監護人未經法院許可而代理受監護人處分不動產時，其效力為：（102司34）　(A)有效　(B)無效　(C)效力未定　(D)得撤銷……(B)

（二）主物與從物

　　基於兩物在效用上彼此之關係，分為主物與從物。故主物乃從物之相對名詞。

1. **主物**：乃具有獨立效用之物，我民法關於主物之意義無直接規定，僅能於從物之規定上，間接了解從物以外之物，均屬主物。

2. **從物**：依我《民法》第68條第1項規定：「非主物之成分，常助主物之效用，而同屬於一人者，為從物。」[11]其要件為：

(1) **非主物之成分**：物之成分，乃物之構成部分，不能獨立為一物[12]，如窗戶之於房屋，筆心之於原子筆，抽屜之於桌子，蓋子之於茶壺，皆為物之一部分，無主從物之分。從物須非主物之成分，即與主物相獨立之物，始得謂之「從物」。如鑰匙為鎖之從物，不得謂之「成分」。我民法無「從物僅得以動產充之」之規定，故不動產亦得為從物，例如門房之於正屋。

(2) **常助主物之效用**：主物與從物雖係為各別之物，但從物本身並無獨立之效用，而係幫助主物之效用。兩者關係非常密切，如遙控器（從物）之於電視機（主物），則遙控器常助電視之效用。至於輪胎之於汽車，則為汽車之部分，但備胎之於汽車，則居於從物之地位。

(3) **與主物同屬於一人**：主物與從物既係各別之二物，依一物一權原則，當然係兩個所有權[13]，此兩物所有權須同屬一人所有，始得謂之

---

[11] 下列關於從物的敘述，何者錯誤？（106特四財稅2）　　(A)為主物之成分　(B)常助主物的效用　(C)和主物同屬一人　(D)從物為獨立物⋯⋯⋯⋯⋯⋯⋯⋯⋯⋯⋯(A)

[12] 甲有一棟二層樓房屋，出租於乙作為店面使用，以便經由內部樓梯上下聯絡，方便樓下店面貨物補給。其後，乙將該棟房屋第三層增建部分出賣於丙，並交付於丙占有使用，甲亦將該棟房屋出賣於丁，已辦理所有權移轉登記。該棟房屋第三層增建部分，所有權屬於何人？（105司律22）　(A)甲　(B)乙　(C)丙　(D)丁⋯⋯⋯⋯⋯⋯⋯(D)

[13] 下列有關主物與從物之敘述，何者正確？（104司律3）　　(A)為各自獨立之物，有一個所有權　(B)並非各自獨立之物，分別各有其所有權　(C)為各自獨立之物，分別各有其所有權　(D)並非各自獨立之物，有一個所有權⋯⋯⋯⋯⋯⋯⋯⋯⋯⋯⋯(C)

從物。若所有人各別時，仍非從物。

具備上述三種條件，固為從物，但非強行規定，倘交易上有特別習慣，依其習慣（民68Ⅰ但書），例如電視機的天線不視為從物，購電視機者必須另購裝置之天線。

3. **區分實益**：我《民法》第68條第2項規定：「主物之處分，及於從物」，即處分主物時，雖未表明從物在內，但其效力亦當然及於從物，此即法諺「從隨主原則」，是為二者區別之實益。所謂「處分」者，當指法律上之處分，如讓與、租賃、提供擔保等均屬之，此非強行規定，當事人得不適用之。

（三）原物與孳息

基於兩物在產生之關係，分為原物與孳息。

1. **原物**：產生孳息之物。如生蛋之母雞，果實纍纍之果樹，產生利息之本金。

2. **孳息**：由原物產生之收益。分為：

(1) **天然孳息**：《民法》第69條第1項規定：「稱天然孳息者，謂果實、動物之產物，及其他依物之用法所收穫之出產物。」[14]所謂「果實」，指由植物所產生之物，如蔬果、稻米等。所謂「動物之產物」，如牛奶、雞蛋等。所謂「依物之用法」，指依物之主要經濟目的而加以利用，如土地之耕作。所謂「收穫」，乃使出產物與原物分離而收取之意，未收穫者，原物之成分，不能認為孳息。至孳息與原物之分離係出於自然力抑人力，則非所問。所謂「出產物」，為由原物自然生產之物。例如果樹所生果實，礦山所產礦石[15]。

---

[14] 下列何者不是羊的天然孳息？（102特四財稅2）　(A)已排放之羊糞　(B)已剪取之羊毛　(C)已烹飪之羊肉　(D)已汲取之羊乳⋯⋯⋯⋯⋯⋯⋯⋯⋯⋯⋯⋯⋯⋯⋯⋯⋯⋯⋯(C)

[15] 下列何者為天然孳息？（106特四財稅1）　(A)紅利　(B)房屋的租金　(C)存款的利息　(D)礦山的礦物⋯⋯⋯⋯⋯⋯⋯⋯⋯⋯⋯⋯⋯⋯⋯⋯⋯⋯⋯⋯⋯⋯⋯⋯⋯⋯⋯⋯⋯(D)

(2) **法定孳息**：《民法》第69條第2項規定：「稱法定孳息者，謂利息、租金及其他法律關係所得之收益。」所謂「利息」，乃使用本金之代價。所謂「租金」，則為使用租賃物之報酬。所謂「法律關係」，指一切法律關係，包括因契約（例如租賃）及單獨行為（例如以遺囑贈與）、或法律之規定（例如遲延利息）而發生之各種法律關係在內。利息係基於原本，租金係基於原物，因而其他因法律關係所得之收益，亦須因物而產生者始可。如薪資亦為法律關係所得之收益，但其並非基於物而產生，而係基於勞務之所得，故不得謂之法定孳息。所謂「收益」，即以本金供他人利用而得之對價，若為自己利用而得之利益，即非法定孳息。

3. **區分實益**：原物與孳息區別之實益，於其歸屬上見之：

(1) **天然孳息之歸屬**：《民法》第70條第1項規定：「有收取天然孳息權利之人，其權利存續期間內，取得與原物分離之孳息。」[16]何人有收取之權利，應依具體法律關係定之。一般情形下，固屬原物之所有權人，然原物若已設定權利於他人，則該他人有收取之權。例如承租人[17]、農育權人等是。如無收取權，雖原物之孳息為其所培養，亦不能取得之。例如甲在乙之土地內侵權種植，其出產物當然屬於某乙所有（31上952）[18]。又有收取權人僅能於其權利存續期間內，取得天然孳息。若其權利已歸消滅，則不可收取。

---

[16] 關於孳息，下列敘述，何者錯誤？（103特四財稅1）　(A)指原物所產生的收益　(B)分為天然孳息與法定孳息　(C)對於原物施以生產之人，即取得天然孳息收取的權利　(D)將所有物出租給他人使用，所得之租金為法定孳息……………………(C)

[17] 甲有1筆土地，乙擅自在該土地上種植果樹，並澆水施肥。不久，甲先將該土地出租並交付於丙，租期3年，且辦理公證，然後又將該土地出賣並移轉所有權登記於丁。問：何人對果樹上之果實，有收取權？（102律6）　(A)甲　(B)乙　(C)丙　(D)丁
…………………………………………………………………………………………(C)

[18] 甲未經鄰人乙之同意，擅自在乙之A地上興建B屋及C樹。下列敘述，何者正確？（104司律2）　(A)B屋及C樹均屬甲所有　(B)B屋及C樹均屬乙所有　(C)B屋屬甲所有，C樹屬乙所有　(D)B屋屬乙所有，C樹屬甲所有……………………(C)

(2) **法定孳息之歸屬**：《民法》第70條第2項規定：「有收取法定孳息權利之人，按其權利存續期間內之日數，取得其孳息。」所謂有收取法定孳息權利之人，如出租人（得收取租金）、金錢借貸之貸與人（得收取利息）等，又法定孳息乃依一定期間內之法律關係而產生，權利人自僅得於權利存續期間內之日數，取得其孳息。例如甲將款借與乙，年息三千六百元，甲於借出滿八個月時，將債權讓與丙，則甲可取得八個月利息二千四百元，其餘一千二百元應歸丙取得。

（四）融通物與不融通物

　　基於物是否得為交易之標的，分為融通物與不融通物。

1. **融通物**：即得為交易（如買賣、贈與）標的之物。物，原則上為融通物。

2. **不融通物**：即不得為交易標的之物，係基於公益而禁止交易，其交易行為當然無效。可分為三：

   (1) **公有物**：乃國家或其他公法人所有之物，尚分兩種：

   　① **供公務目的所使用之物**：如行政機關辦公廳、軍事設施、軍艦等（國有財產法第4條所稱之公用財產及第5條所列之財產，即屬此之公有物）。此種不得為交易之標的，但其目的若一旦廢止，則可變為融通物。

   　② **供財政目的所使用之物**：如公有林、礦之產物等（國有財產法第4條所稱之非公用財產，即屬此之公有物）。此種得為交易之標的，與一般私人財產同，仍為融通物。

   (2) **公用物**：指供一般大眾使用之物，如公園、道路、河川、車站。

   (3) **禁止物**：即法令禁止作為交易客體之物。包括：

   　① **相對禁止**：即僅禁止流通，如猥褻書刊。

   　② **絕對禁止**：即禁止流通、所有、持有，如鴉片、武器。

3. **區分實益**：若以不融通物為交易之標的者，該法律行為無效。

（五）消費物與非消費物

　　基於物是否能於使用後，再以同一目的之使用，分為消費物與非消費物。

1. **消費物**：即依物之通常使用方法，一經使用，即歸消滅之物，如金錢、食物。
2. **非消費物**：即物使用後，法律上效用仍然存在，如衣服、書籍。
3. **區分實益**：消費物僅可成為「消費借貸」之標的物（民474），例如向銀行貸款，返還非原物。非消費物僅可成為「使用借貸」之標的物（民464），例如借書，返還原物。然若以消費物供非消費之使用者，則該消費物得為使用借貸之標的。例如借用洋酒以供擺飾。

（六）代替物與不代替物

　　基於物得否以同種類、同品質、同數量之物相互代替，分為代替物與不代替物。

1. **代替物**：得以同一種類、品質及數量之物代替者，如金錢、稻米，僅為消費借貸之標的（民474）。
2. **不代替物**：不得以同一種類、品質及數量之物代替者，如土地、房屋、字畫，僅為使用借貸（民464）或租賃（民421）之標的。
3. **區分實益**：代替物得以同種類、同品質、同數量之物互相代替，故在交易上不發生給付不能之問題。反之不代替物則可能發生給付不能之問題。

（七）特定物與不特定物

　　基於物是否由當事人具體指定，分為特定物與不特定物。

1. **特定物**：乃當事人具體指定之物，例如買賣此米五斤，此酒五瓶。
2. **不特定物**：乃當事人僅以種類、品質或數量抽象指示其交易之標的，例如買賣稻米五斤。

3. **區分實益**：特定物之交易，當事人僅能請求或交付該經具體指定之物。若不特定物之交易而不能決定其品質時，債務人應給予中等品質之物（民200Ⅰ）。又物權僅得以特定物為標的，不特定物不得為物權之標的。

（八）可分物與不可分物

基於物的性質或價值是否因分割而變更或減少，分為可分物與不可分物。

1. **可分物**：即物之性質或價值不因分割而變更或減少者，如金錢。
2. **不可分物**：即物之性質或價值因分割而變更或減少者，如汽車、牛馬。
3. **區分實益**：
   (1)在多數人之債，即當事人有多數時，如其標的物為可分物時，則為可分之債（民271）；不可分物時，則為不可分之債（民292）。
   (2)給付標的物為可分物時，得為分期給付（民318）。
   (3)共有物分割時，如為可分物，則以原物分割為原則；如為不可分物，則以變價分割為原則（民824）。

（九）單一物、結合物與集合物

基於物的存在之形態為標準，分為單一物、結合物與集合物。

1. **單一物**：乃形態上自成一獨立體之物，例如牛一條、紀念幣一枚、書一本。
2. **結合物**：亦稱「合成物」，乃由多數單一物結合而成一體之物。此多數單一物結合後，喪失其本身獨立存在之性質。例如房屋一棟、汽車一輛。
3. **集合物**：亦稱「聚合物」，乃由多數單一物或結合物聚集而成，並具有經濟上單一作用之物。然各單一物或結合物仍保有獨立存在之性質。例如牛群、圖書館。

4. **區分實益：**

(1) 便於交易範圍之確定，如為單一物或結合物，其標的以列舉者為限；如為集合物，則包括全體構成部分。

(2) 依一物一權主義，單一物、結合物只能為一個處分之客體；集合物得為一個處分客體，亦得為個別處分之客體。例如工礦財團，因聚集之各個單一物或結合物，仍保有其獨立存在之性質，得為個別抵押權之客體，但亦得為一個抵押權之客體。

三、案例研析

(一) 甲購買乙林園一頃，其中果實均已結實，乙於買賣契約成立並經登記後十日，在該林園收取果實，甲阻止乙，遂涉於訟，該果實究歸甲抑或歸乙所有，試依法斷之。

答：
1. 本題甲向乙購買之林園，自屬不動產之土地。民法既明文規定不動產物權之移轉非經登記，不生效力，則本題甲應於其買受林園土地完成移轉登記之時，業已取得土地所有權。又依《民法》第66條第2項明定，不動產之出產物，尚未分離者，為該不動產之部分，則本題所述果樹及果實，皆該林園不動產之部分，併應隨同土地，於完成土地移轉登記時，改為甲之所有。在所有權之歸屬言，並無可以爭執之處。

2. 但因事實上果實乃屬天然孳息之一種。天然孳息之收取，非必皆由所有權人為之，《民法》第70條規定：「有收取天然孳息權利之人，其權利存續期間，取得與原物分離之孳息。」亦未嘗以所有權人為限。故乙是否另有採取權限，亦應論及。依《民法》第766條規定：「物之成分及天然孳息，於分離後，除法律另有規定外，仍屬於其物之所有人。」為原則，故乙如非有特別約定，或另有權源，應無權於土地移屬於甲以後，復收取果實。

> （二）某甲趁某乙出國，在其土地上種植果樹，果樹生產之果實，某甲有無收取之權利？試說明之。

答： 1. 果樹之果實係屬「天然孳息」，天然孳息於原物分離前，乃屬原物之一部分，而屬於原物之所有人，依《民法》第66條第2項之規定：「不動產之出產物，尚未分離者，為該不動產之部分。」故本題果樹生產之果實若未與原物（乙土地上之果樹）分離，仍屬乙土地（不動產）之部分，應屬乙所有，甲自不得收取。

　　 2. 若果實已分離，則為獨立之物，天然孳息與原物分離，應歸何人所有，立法例有三：

　　　　(1)**生產主義**：即對原物實施生產手段者取得之，亦即由加生產力者收取之，則甲有收取權。

　　　　(2)**原物主義**：即由原物所有人取得之，則甲無收取權，乙有之。

　　　　(3)**分配主義**：由加生產力者與原物所有人，依一定比例分配之。

　　　　依《民法》第766條規定：「物之成分及其天然孳息，於分離後，除法律另有規定外，仍屬於其物之所有人。」觀之，我民法原則上係採原物主義，復依《民法》第70條規定：「有收取天然孳息權利之人，其權利存續期間內，取得與原物分離之天然孳息。」故本題，甲係在乙土地上種植，然甲無收取權利，雖然與原物分離之孳息（果實）為甲所培養，亦不能取得之。而土地所有權人乙始有收取該果實之權利。

> （三）何謂法定孳息、天然孳息？試解答下列問題：
> 1. 甲所有母雞進入鄰宅乙之庭院下蛋，雞蛋所有權屬於何人？
> 2. 甲將乙之汽車租於丙，丙應付之租金，甲有權收取否？
> 3. 甲占乙之土地種植果樹，收穫之果實屬於何人所有？

答： 1. **法定孳息**：《民法》第69條第2項規定：「稱法定孳息者，謂利

息、租金及其他法律關係所得之收益。」所謂「利息」，乃使用原本之代價。所謂「租金」，則為使用租賃物之報酬。所謂「法律關係」，指一切法律關係，包括因契約（例如租賃）及單獨行為（例如遺囑贈與）或法律之規定（例如遲延利息）而發生之各種法律關係在內。利息係基於原本，租金係基於原物，因而其他因法律關係所得之收益，亦須因物而產生者始可。所謂「收益」，即以原本供他人利用而得之對價，若為自己利用而得之利益，即非法定孳息。

2. **天然孳息**：《民法》第69條第1項規定：「稱天然孳息者，謂果實、動物之產物，及其他依物之用法所收穫之出產物。」所謂「果實」，指由植物所產生之物，如蔬果、稻米等。所謂「動物之產物」，如牛奶、雞蛋等。所謂「依物之用法」，指依物之主要經濟目的而加以利用，如土地之耕作。所謂「收穫」，乃使出產物與原物分離而收取之意，未收穫者，原物之成分，不能認為孳息。至孳息與原物之分離係出於自然力抑人力，則非所問。所謂「出產物」，為由原物自然生產之物。例如果樹所生果實，礦山所產礦石。

3. **說明**

   (1)雞蛋所有權屬甲。理由：按雞蛋為動物之產物，依前開說明，為天然孳息。依《民法》第70條第1項之規定，有收取天然孳息權利之人，其權利存續期間內，取得與原物分離之孳息。是以，甲為母雞之所有權人，於其所有權存續期間內，當然取得該母雞所生雞蛋之所有權。

   (2)甲將乙之汽車出租於丙，甲對丙應付之租金，有收取權。理由：①甲與丙間之租賃契約，係屬債權行為（負擔行為），非屬處分行為，不以出租人有處分權為必要，故甲、丙間之租賃契約，仍為有效。甲本於租賃契約，有權收取丙所付之租金。②惟甲係擅自將乙之車出租，乙得知時可向丙依所有物返還請

求權,請求丙返還,對於甲所收取之租金,可依不當得利請求甲交付。

(3)果實屬乙所有。理由:按不動產的出產物在與不動產分離前,為該不動產之部分(民66Ⅱ),因此,在土地上種植之果樹,即為土地的構成部分,屬土地所有人所有。而果實依《民法》第69條第1項規定所示,為天然孳息,即屬有收取天然孳息權利之人所有(民70Ⅰ)。依上述說明得知,甲竊占乙之土地種植果樹,甲並未取得果樹之所有權,故收穫之果實自屬乙所有。

> (四)甲將甲所有,已出租於乙停放車輛之建地一筆,出售於丙,並辦理土地所有權移轉登記於丙,該筆土地上植有楊桃樹一棵,並有甲之父親(已謝世)建造之舊式茅屋一間(未辦理所有權登記),問:
> 1. 茅屋之所有權歸誰所有?
> 2. 楊桃樹之所有權歸誰所有?
> 3. 誰有權收取楊桃樹上之楊桃?

答: 1. 茅屋之所有權歸誰所有,視其性質而定。理由:

(1)《民法》第66條第1項規定:「稱不動產者,謂土地及其定著物。」故若本題之茅屋繼續密切附著於土地,不易移動其所在,依社會交易觀念認為非土地的構成部分,而有獨立之使用價值者,即為土地之定著物,即為獨立之不動產,與其基地即分別為兩個不同之所有權,不因未辦理所有權登記,而影響其本質。故甲出售建地予丙,且辦理所有權移轉登記者,僅限於該建地,並不包括其定著物(即茅屋)在內,茅屋之所有權仍屬甲所有。

(2)若該茅屋僅係臨時搭蓋,暫時存在,且無獨立之使用價值,即

非定著物，即屬土地之成分，因此，該茅屋之所有權即因建地
之出售而移轉，歸丙所有。

2. 楊桃樹之所有權歸丙所有：理由：《民法》第66條第2項規定：
「不動產之出產物，尚未分離者，為該不動產之部分。」而在土
地上種植之果樹，在收穫而與土地分離前，即為土地之構成部
分。因此，本題中之楊桃樹不論種植者為何人，均屬土地所有權
人所有，即現因土地出售移轉予丙，故楊桃樹亦歸丙所有。

3. 楊桃樹上之楊桃收取權人為何人，得分成下列三種情形：依《民
法》第70條第1項之規定：「有收取天然孳息權利之人，其權利存
續期間內，取得與原物分離之孳息。」即何人有收取之權利，應
依具體法律關係定之。

　(1)土地上之楊桃樹如係乙承租甲土地而種植，則楊桃樹成熟時，
　　乙仍為承租人，乙本於土地承租人之身分自有權收取該楊桃。

　(2)土地上之楊桃樹如係屬甲所有，甲本於所有權人有收取權，惟
　　甲既已將土地出售予丙，楊桃樹所有權已歸丙取得，丙即有權
　　收取。

　(3)若甲於出賣土地時，與丙約定保留未與土地分離之樹木，僅將
　　土地所有權讓與丙，即甲對土地之樹木有砍伐或收取果實之權
　　利，則該楊桃之收取權應歸屬甲。

（五）甲將其所有之A車出售於乙，A車上本有甲所有之備胎一只，甲
　　於交車時擬將備胎取出，乙請求甲交付，有無理由？如備胎隨A
　　車交付於乙，乙是否取得備胎所有權？

答： 1. 乙向甲請求備胎之交付，應有理由。說明於下：

　(1)A車與備胎係屬主物與從物之關係：依《民法》第68條第1項規
　　定：「非主物之成分，常助主物之效力，而同屬於一人者，為
　　從物。」備胎乃非A車之成分，且不具有獨立之效用，二者同

屬甲所有,故備胎應為A車之從物。

(2)A車之處分,及於備胎:依《民法》第68條第2項規定:「主物之處分,及於從物」,但交易上有特別習慣者,依其習慣。則交易上並無購車不含備胎之習慣,又主物之處分及從物之規定,並非強行規定,若甲、乙當事人間如有特別約定,購買A車不含備胎,於法並無不可,若無特別規定,則甲出售A車時應包括備胎在內。綜上所述,乙向甲請求交付備胎為有理由。

2. 乙取得備胎之所有權。理由:如前所述,A車與備胎屬主物與從物之關係,主物之處分效力及於從物。故乙既依與甲之買賣契約取得A車(主物)之所有權,自亦取得備胎(從物)之所有權。

第四章　法律行為

第一節　通則

一、法律行為之意義	四、法律行為之標的
二、法律行為之種類	五、案例研析
三、法律行為之要件	

一、法律行為之意義

法律行為者，以意思表示為要素，因意思表示而發生私法上效果之法律事實。茲析述之：

（一）以意思表示為要素

意思表示，乃表意人為使生一定私法上效果而表示其意思於外部之行為。法律行為固以意思表示為要素，未必與意思表示同一觀念。法律行為固亦有由一個意思表示成立者（如同意、承認、撤銷、權利之拋棄、遺囑…等），亦有於一個意思表示之外，須有其他之意思表示者（如各種契約…），更有於意思表示之外，尚須金錢或物之交付者（如借貸、寄託契約）。因此意思表示無非是法律行為最小限度之要素。

（二）因意思表示而發生私法上效果

法律行為所發生之法律上效果，乃行為人所意欲其發生之效果。亦即因行為人之意思表示，而發生之效果，例如買賣（一種契約，亦為一種法律行為）即發生民法（私法）之債權債務之效果。此與其他適法行為及違法行為，逕由法律規定其效果，不問行為人之意思如何者有異。

（三）法律事實

　　所謂「法律事實」，乃發生法律關係之原因，蓋權利之得喪變更，須基於一定之事實，始能發生。「社會事實」非盡能發生法律上之效果，能發生法律上效果之社會事實，稱為「法律事實」。例如約友郊遊，雖係社會事實，然因其在法律上不生任何效力，故非法律事實。法律行為能發生法律上之效果，故為法律事實之一。法律事實之分類，主要者可分為「人之行為」與「自然事件」。

1. **人之行為**：分適法行為與違法行為
　(1)**適法行為**：即適應法律精神而為法律所容許之行為，如：意思表示、意思通知、觀念通知、感情表示。所謂「意思表示」，乃表意人將其欲發生一定私法上效果之意思，予以表示之行為，如欲成立買賣契約，將其意思（要約）向對方表達之行為。所謂「意思通知」，乃不問行為人是否企圖發生效果，因法律規定而當然的發生一定之效果，如請求承認之催告。所謂「觀念通知」，即「事實通知」，乃表示人表示其對於一定事實之認識，如社員總會召集之通知。所謂「感情表示」，如對於通姦之表示宥恕，即不得請求離婚；又如被繼承人對喪失繼承權人之表示宥恕，其繼承權則不喪失。法律行為是以意思表示為要素，因意思表示而發生私法上效果之法律事實。而準法律行為是以意思通知、觀念通知、感情表示為要素，因法律不問當事人之意欲如何，皆使之發生一定之效果，但並非法律行為。除此一點外，皆與法律行為相類似，故準用法律行為之規定，所以有「準法律行為」之稱。
　(2)**違法行為**：違反法律之行為，法律予以制裁，並使發生一定之效果。違法行為在民法上有「侵權行為」與「債務不履行」二種。
2. **自然事件**：亦為法律事實，其發生不由於人之精神作用。
　(1)**關於人者**：如出生、死亡、生死不明、心神喪失、成年等是。
　(2)**關於物者**：如物之出產、滅失、天然孳息之分離、高地自然流至之

水等是。

(3)**其他**：如期日、期間、時效等之時間經過。

二、法律行為之種類

（一）單獨行為、契約行為與共同行為

1.區分標準

　　法律行為，以其所包含意思表示之單複為標準，可分為「單獨行為」與「多方行為」。單獨行為者，亦稱「單方行為」或「一方行為」，乃以一個意思表示為要素之行為，即由當事人一方之意思表示而成立之法律行為。其有相對人者，例如撤銷、承認、債務之免除、抵銷等；其無相對人者，例如債權之拋棄及財團財產之捐助行為[1]、[2]。多方行為者，乃以兩個以上意思表示相結合為要素之行為。因其結合型態之不同，又可分為「契約行為」與「共同行為」二者。前者乃兩個以上之意思表示對立的結合，亦稱「雙方行為」，即以雙方相互意思表示之一致而成立之行為，例如買賣、租賃等。後者乃兩個以上之意思表示平行的結合，即由多數平行意思表示之一致而成立之行為，例如社團章程之訂定。

2.區分實益

　　單獨行為、契約行為與共同行為區分之實益，在法律行為的成立上見之。即單獨行為只須一方意思表示即可成立。而契約行為與共同行為，則須多方意思表示相一致，而後方能成立。例如買賣行為中，一方表示願買，他方表示不願賣，則買賣契約無由成立。又如社團章程之訂定，若設立人中，有人表示不同意者，社團亦無由成立。

---

[1] 甲捐助1,000萬元，成立慈善基金會。甲的捐助行為，其法律性質為何？（101特三財稅21）　(A)物權行為　(B)單獨行為　(C)事實行為　(D)契約行為……………………(B)
[2] 下列何者非屬單獨行為？（106特四財稅4）　(A)收養行為　(B)認領行為　(C)捐助行為　(D)書立遺囑之行為……………………………………………………………(A)

（二）財產行為與身分行為

1. **區分標準**：法律行為，以其發生效力之不同，可分為「財產行為」與「身分行為」。財產行為者，發生財產法上效果之行為。身分行為者，發生身分法上效果之行為。

   (1)**財產行為**：

   ① **債權行為**：乃發生債權法上效果之行為，係以發生債權債務為內容之行為。如買賣、租賃、保證等。

   ② **物權行為**：乃發生物權法上效果之行為，係以直接發生物權之變動為內容之行為。如抵押權之設定、所有權之移轉等。

   ③ **準物權行為**：乃以發生物權以外財產權的直接變更之行為，即行為非以物權為標的，而能直接發生權利之得喪變更，其效力有類於物權行為者。例如無體財產權（專利權、商標權、著作權）或礦業權、漁業權的讓與等，發生與物權行為相同的效果。

   (2)**身分行為**：

   ① **親屬行為**：乃發生親屬法上效果之行為。如結婚、收養、認領等。

   ② **繼承行為**：乃發生繼承法上效果之行為。如繼承之拋棄、遺囑等。

2. **區分實益**：以上區分之實益，在於行為效力上見之。其中尤以債權行為與物權行為之區分，最為重要。債權行為常為物權行為之原因，而物權行為常為債權行為之履行。

（三）要式行為與不要式行為

1. **區分標準**：法律行為，以是否須具備一定之方式為標準，可分為「要式行為」與「不要式行為」。要式行為者，乃須具備一定方式，始能成立之行為。如結婚、離婚、人事保證契約[3]。要式行為又可分為「法定要

---

[3] 下列何者為要式行為？（103高考財稅5）　(A)承攬契約　(B)和解契約　(C)人事保證契約　(D)合夥契約⋯⋯⋯⋯⋯⋯⋯⋯⋯⋯⋯⋯⋯(C)

式行為」與「約定要式行為」二者。前者係因法律之規定而為要式，後者則係當事人約定而為要式。不要式行為者，乃不須履行一定方式即可成立之行為，如無因管理。

2. **區分實益**：依契約自由之原則，法律行為以不要式行為為原則。法定要式行為，如不具備法定方式者，其行為無效（民73）。例如結婚應以書面為之，有二人以上證人之簽名，並應由雙方當事人向戶政機關為結婚之登記（民982）。兩願離婚，應以書面為之，有二人以上證人之簽名並應向戶政機關為離婚之登記（民1050）[4]。收養，應以書面為之，並向法院聲請認可（民1079 I）[5]。不動產物權之取得、設定、喪失及變更者，應以書面為之（民758）。如不具備此等方式者，其行為歸於無效。但法律另有規定者，不在此限（民73但書）。例如不動產租賃期限超過一年者，法律規定應以書面為之。若此項租賃未以書面方式為之，則並非無效，而係視為不定期限租賃（民422）[6、7]。至於約定要式行為，不具備約定之方式者，其效力如何？我民法未設規定。僅於《民法》第166條規定：「契約當事人約定其契約須用一定方式者，在該方式未完成前，推定其契約不成立。」

（四）要因行為與不要因行為（無因行為）

1. **區分標準**：法律行為，以是否得與其原因分離為標準，可分為「要因行為」與「不要因行為」。要因行為者，不得與其原因分離而存在之行

---

[4] 甲男與乙女係夫妻，因感情不睦，遂合意離婚，已立書面並有二人之證人簽名後，乙拒絕辦理離婚登記，其效力如何？（102高考財稅10）　(A)婚姻關係消滅　(B)婚姻關係仍存在　(C)甲可起訴請求乙協同辦理離婚登記　(D)婚姻關係效力未定………(B)

[5] 下列何種行為應以書面為之？（102特三財稅2）　(A)租賃　(B)認領　(C)收養　(D)消費借貸………………………………………………………(C)

[6] 甲租用乙所有之土地興建大樓，雙方約定，租賃期限為四十年。此一約定，效力如何？（101高考財稅4）　(A)有效　(B)無效　(C)縮短為二十年　(D)縮短為三十……(A)

[7] 下列何種法律行為，雖未以書面為之，仍然有效？（103高考財稅4）　(A)法人訂定章程或捐助章程　(B)不動產租賃契約　(C)兩願離婚　(D)票據行為……………(B)

為，如買賣、借貸。不要因行為者，得與其原因分離而存在之行為，如票據行為、物權行為[8]。

2. **區分實益**：債權行為原則上為要因行為，物權行為原則上為不要因行為。不要因行為，如原因不存在，該法律行為仍獨立有效，僅生不當得利返還之問題。而要因行為，如其原因不存在時，則該法律行為即歸無效。法律行為以要因行為為原則，不要因行為為例外。

（五）要物行為[9]與不要物行為

1. **區分標準**：法律行為，以除意思表示外，是否尚須其他現實成分（如標的物之交付）為標準，可分為「要物行為」與「不要物行為」。要物行為者，亦稱「踐成行為」，係以意思表示外，並以物之交付為其成立要件之行為。如寄託、借貸。不要物行為者，亦稱「諾成行為」，只須有意思表示而成立之法律行為，例如買賣、租賃。

2. **區分實益**：要物行為與不要物行為區分之實益，在法律行為之成立上見之。前者須現實交付其標的，而後法律行為方能成立。例如金錢借貸，貸與人若非將金錢現實交付與借用人，不得謂其借貸行為已經成立。後者則只須有意思表示存在，其行為即屬成立。一般法律行為屬之。法律行為以不要物行為為原則，要物行為為例外。

（六）有償行為與無償行為

1. **區分標準**：法律行為，以其有無對價為標準，可分為「有償行為」與「無償行為」。有償行為者，因當事人一方之給付，他方亦須為對待給

8　物權行為之無因性，發生於下列何種場合？（102高考財稅9）　(A)債權行為與物權行為均有效成立之場合　(B)債權行為與物權行為均未有效成立之場合　(C)債權行為有效成立，但物權行為未有效成立之場合　(D)債權行為未有效成立，但物權行為有效成立之場合‥‥‥‥‥‥‥‥‥‥‥‥‥‥‥‥‥‥‥‥‥(D)

9　下列何種法律行為是要物行為？（106司律64）　(A)代物清償　(B)贈與契約　(C)買回權之行使　(D)押租金契約　(E)互易契約‥‥‥‥‥‥‥‥‥‥‥‥‥‥‥‥(A)(C)(D)

付之行為。例如買賣行為，一方交付價金，他方交付標的物，兩相對價。無償行為者，僅當事人一方為給付，他方不必為給付，而無對價之關係。例如贈與，僅贈與人一方須交付贈與物。

2. **區分實益**：有償行為，債務人之義務與責任較重，無償行為則較輕。有償行為準用買賣之規定（民347），無償行為則不得準用之。又債權人為保全其債權，而行使撤銷權時，其要件亦因該行為係有償或無償而有不同（民244）。

（七）主行為與從行為

1. **區分標準**：法律行為，以其相互之關係為標準，可分為「主行為」與「從行為」。主行為者，係可單獨成立之法律行為，例如一般法律行為屬之。從行為者，係以其他法律行為之存在，為其成立之前提的法律行為。例如夫妻財產契約（從行為）以夫妻關係（主行為）存在為前提；保證契約（從行為）以債權契約（主行為）存在為前提。

2. **區分實益**：依「從隨主」之原則，主行為無效或消滅，從行為亦跟隨無效或消滅。例如被保證之債務無效，保證債務亦跟隨無效。

（八）獨立行為與補助行為

1. **區分標準**：法律行為，以是否具有獨立實質為內容，可分為「獨立行為」與「補助行為」。獨立行為者，有獨立實質內容之行為，不須其他法律行為之協助，例如一般法律行為屬之。補助行為者，無獨立實質之內容，乃在促成其他法律行為發生效力，亦稱「附屬行為」。例如法定代理人對限制行為能力人，未經其允許所定契約之承認（民79）；無權處分之有權利人的承認行為（民118）。

2. **區分實益**：原則上一般法律行為均屬獨立行為，若無補助行為，亦發生效力；但例外的有些法律行為若無補助行為，則不能發生效力。

（九）生存行為與死因行為

1. **區分標準**：法律行為，以其效力發生於行為人生前或死後為標準，可分為「生存行為」與「死因行為」。生存行為者，乃行為人生存時即可發生效力之行為，一般法律行為屬之。死因行為者，以行為人死亡為效力發生之原因，亦即行為人死亡後始發生效力之行為，例如遺囑、遺贈及死因贈與。此尤應注意死因行為並非行為人死後所為之行為，仍係生前所為之行為，祇是於行為人死亡後，始生效力。

2. **區分實益**：死因行為既係於行為人死後始發生效力，法律特設規定，以確保當事人之真意。以免行為人死後，利害關係人藉端爭執。

（十）處分行為與負擔行為[10]

1. **區分標準**：法律行為，以其內容不同，可分為「處分行為」與「負擔行為」。處分行為乃直接使權利發生變動的法律行為，主要為物權行為及準物權行為，例如讓與動產所有權（交付物之行為）。負擔行為又稱「義務行為」，乃指雙方約定為一定給付的法律行為，例如一般債權行為均屬之。

2. **區分實益**：負擔行為通常為處分行為的基礎及準備行為，負擔行為經由處分行為而履行。

三、法律行為之要件

　　法律行為之要件，係指法律行為之成立或生效所必不可缺之法律事實，又分為二：

---

[10] 城城於美美生日當天贈送她1份禮物，美美收到後，打開禮物，內有1台CD隨身聽及3張CD。請問城城之贈送及交付的舉動有幾個負擔行為，幾個處分行為？（103特三財稅3）　(A)1個負擔行為，1個處分行為　(B)1個負擔行為，4個處分行為　(C)2個負擔行為，4個處分行為　(D)4個負擔行為，2個處分行為……………………………………(B)

（一）成立要件

法律行為之成立要件，指法律行為之成立所不可缺之要件，可分為「一般成立要件」與「特別成立要件」二者：

1. **一般成立要件**：即一般法律行為所共通之成立要件。依通說，法律行為之一般成立要件有三：即(1)須有當事人[11]；(2)須有標的；(3)須有意思表示。欠缺其一，法律行為即不能成立。

2. **特別成立要件**：即某種法律行為所特有之成立要件。換言之，某種法律行為之成立，除須具備一般成立要件外，尚須具備其他特別要件。例如要式行為之特定方式（如結婚應以書面為之，不動產物權設定、移轉之書面等），要物行為之現實交付等是。欠缺此種特別要件時，該法律行為，即不能成立。

（二）生效要件

法律行為具備成立要件後，其行為即屬成立。然尚須具備生效要件，才能發生效力。法律行為之成立與生效係屬兩事。生效乃成立後之問題，若某法律行為因欠缺成立要件而未成立時，則根本不發生生效與否之問題。生效要件亦可分為一般生效要件與特別生效要件二者：

1. **一般生效要件**：即一般法律行為共通之生效要件。一般生效要件有三，即(1)當事人須有行為能力；(2)標的須適當；(3)意思表示須健全。欠缺任一要件，法律行為之效力即受影響。

2. **特別生效要件**：即某種法律行為所特有之生效要件。例如遺囑，於遺囑人生前即已成立，然必於遺囑人死亡時，始生效力（民1199）。亦即以「遺囑人死亡」為特別生效要件。又例如遺贈，不但須遺贈人死亡始能生效，且須受遺贈人於遺囑發生效力時尚生存始可（民1200）。

---

[11] 某億萬富婆在遺囑中將1200萬元之遺產留給自己之寵物狗。請問依我國法律規定，狗可否接受遺產？（102司12）　(A)可以　(B)不可以　(C)由繼承人決定　(D)由法官決定⋯⋯⋯⋯⋯⋯⋯⋯⋯⋯⋯⋯⋯⋯⋯⋯⋯⋯⋯⋯⋯⋯⋯⋯⋯⋯⋯⋯⋯⋯⋯⋯⋯⋯⋯⋯(B)

四、法律行為之標的

即法律行為之內容。「標的」為法律行為成立要件之一，然標的須適當，法律行為始能生效。所謂「適當」，即指可能、確定與合法。

（一）標的須可能

法律行為之內容須可能實現，才能發生效力。若以不可能實現之事項，為法律行為之標的，則該法律行為無效。所謂「不能」，情形不一：

1. **自始不能與嗣後不能**：前者乃法律行為成立時，即屬不能，例如買賣之汽車於契約成立時已撞毀；後者則係於法律行為成立後，始陷於不能，例如買賣之汽車於契約成立後始撞毀。法律行為之無效者，以自始不能為限，至於嗣後不能乃債務不履行之問題（民226），並不影響法律行為之效力。

2. **主觀不能與客觀不能**：前者乃僅就當事人本身有不能之事由存在，例如以委託無律師資格者充任律師；後者乃非存於當事人本身事由而不能，一般人均屬不能，例如摩西闢海而行、女媧煉石補天。二者原則上法律行為均屬無效。

3. **全部不能與一部不能**：前者乃就法律行為標的之全部，皆屬不能，例如買賣武器槍械；後者就法律行為標的之一部而不能，例如贈與契約贈與黃金打造之匕首與手槍。全部不能，則法律行為全部無效。一部不能者，法律行為原則上全部無效；但除去該部分亦可成立者，則其他部分，仍為有效（民111）。例如約定於債權已屆清償期而未受清償時，抵押物之所有權移屬於抵押權人者，非經登記，不得對抗第三人（民873-1 I），但抵押權設定契約仍屬有效。

4. **永久不能與一時不能**：前者乃就法律行為標的不能之情形，永久無法除去；後者乃此時雖不能，但日後其不能之情形可以除去者。前者法律行為無效；後者法律行為雖亦無效，但預期於不能之情形除去後給付者，該法律行為仍為有效（民246）。

（二）標的須確定

　　法律行為之標的，於其成立時，須自始確定，或可得而確定，否則即無履行之可能，該法律行為則屬無效。例如甲答應贈乙任何東西，因該法律行為之標的不確定，則該法律行為（贈與契約）即無內容，當然無效。所謂「確定」，非必絕對的確定，即依法律之規定，或當事人之意思，或依習慣，或其他一切情事，而為確定。所謂「可得而確定」，例如買賣僅約定依市價，並未說明具體價金數字，此買賣契約亦有效。《民法》第346條第2項規定：「價金約定依市價者，視為標的物清償時清償地之市價。」即屬可得而確定者。

（三）標的須合法[12]

　　即法律行為之內容須合法，包括：

1. **不違反強行規定**：強行規定，即強制或禁止之規定。強制規定，乃法律強制當事人應為一定行為之規定。例如法人應設董事（民27Ⅰ）。禁止規定，乃法律禁止當事人為一定行為之規定。例如能力不得拋棄（民16）、自由不得拋棄（民17Ⅰ）。法律所定強制或禁止之規定，亦曰「強行規定」，乃係基於公益之理由，不問當事人之意思如何，必須適用之法規。故法律行為，違反強制或禁止之規定者無效，但其規定並不以之為無效者，仍屬有效[13]（民71）。例如民法規定，不動產租賃期限

---

[12] 甲將其腳踏車A出賣於乙，約定乙應支付之價金數額為市價的二倍。下列敘述，何者錯誤？（105司律63）　(A)乙聲請法院撤銷時，法院應以暴利為由，以判決撤銷該買賣契約，或將價金減少　(B)該買賣契約因違反公序良俗，無效　(C)甲將乙列為被告，請求法院判令被告乙，應支付約定價金於原告甲時，法院應以情勢變更為由，減少價金　(D)甲請求以支付約定價金，有理由　(E)甲請求乙支付約定價金，因屬權利濫用，法院據此應減少價金，甚或命免支付‥‥‥‥‥‥‥‥‥‥‥‥‥(A)(B)(C)(E)

[13] 甲有一筆土地，出賣於乙。依土地法、平均地權條例、土地稅法規定，土地增值稅應由出賣之土地所有權人繳納，惟甲、乙間卻約定，土地增值稅由乙負責繳納。此一約定，效力如何？（102司13）　(A)有效　(B)無效　(C)得撤銷　(D)經土地增值稅稽徵機關同意後有效‥‥‥‥‥‥‥‥‥‥‥‥‥‥‥‥‥‥‥‥‥‥‥‥‥‥‥‥(A)

超過一年者，應以字據為之，是為強制規定。然違反此規定時，並非該租賃行為無效，而僅係視為不定期限租賃而已（民422）。又如民法規定，買回之期限，不得超過五年，是為禁止規定，然違反之，並非該法律行為（買回）無效，而依據「如約定之期限較長者，縮短為五年」之規定（民380）。法律行為，不直接違反強制或禁止之規定，而以迂迴方法，以達不法目的之行為，稱「脫法行為」。亦即以合法外觀達到非法目的，實質上已違反強行規定之法律行為。例如以折扣或其他方法（例如禮金等名義）逃避禁止高利（民206）之規定。脫法行為實質上既違反強行規定，自屬無效。

2. **不背於公序良俗**：公序良俗，即公共秩序與善良風俗。公共秩序，乃社會生活之公安與公益。善良風俗，乃指國民一般之道德觀念。二者均須依時代精神、環境背景而為認定，並無一定標準。法律行為有背於公共秩序或善良風俗者，無效[14]（民72）。因其違反社會之妥當性，亦即具有反社會性，故屬絕對無效，學說上以「帝王條款」稱之。法律行為違背公共秩序者，例如約定倒車行駛或單輪飆車之契約。法律行為違背善良風俗者，例如約定深夜裸奔或偷窺沐浴之契約。

3. **不屬暴利行為**：即法律行為，係乘他人之急迫、輕率或無經驗，使其為財產上之給付或為給付之約定，依當時情形顯失公平者，法院得因利害關係人之聲請，撤銷其法律行為或減輕其給付（民74Ⅰ）。此種暴利行為，有違公序良俗，本應無效，但涉及社會公益較少，為尊重當事人意思，故不認為當然無效，僅得請求法院撤銷或減輕其給付，以維公平。至所謂「他人」，不以為給付或為給付的約定之本人為限。例如利用其近親之急迫，亦包括在內。又給付不以對於行為人為限，使其對於第

---

[14] 下列敘述，何者非屬違反公序良俗而無效之情形？（101司7）　(A)夫妻間恐婚後有虐待他方情事而預立之離婚契約　(B)甲寄送動物屍體予乙，威嚇乙與其締結之土地買賣契約　(C)交往數年後因故分手之丙、丁，約定分手後一年內不得與第三人論及婚嫁　(D)證人如撤回偽證，即支付一定對價之約定………………………………(B)

三人給付，亦同。例如甲教唆乙給付予丙。所謂「顯失公平」，則應以行為時之社會一般觀念為標準。例如利用買受人之輕率，以五萬元購買價值五千元之貨品；又例如「老鼠會」負責人，為謀取暴利，利用他人之無經驗，約定銷售貨品，使之交付高額金錢。又為期法律關係易早確定，當事人撤銷之聲請，應於法律行為後，一年內為之（民74Ⅱ）。此「一年」稱為「除斥期間」，以保護交易之安全與穩定。

五、案例研析

> （一）甲乙兩人賭博，甲輸乙一萬元，無錢歸還，為防止日後麻煩，故書寫字據時，未載明賭博字據，後甲拒不償付，乙提出告訴，主張甲應償付，試問乙主張是否正確？如何據民法來判本案？

答：1. 乙主張不正確。

2. 《民法》第71條本文規定：「法律行為，違反強制或禁止之規定者，無效。」第72條規定：「法律行為，有背於公共秩序或善良風俗者，無效。」賭博之行為，為刑法所處罰，既為違反禁止規定之行為，又違背公序良俗行為，其行為所生之債務，自不生法律之效力。最高法院44年台上字第421號判例謂：「賭博為法令禁止之行為，其因該行為所生債之關係，原無請求權之可言，除有特別情形外，縱使經雙方同意以清償此項債務之方法而變更為負擔他新債務時，亦屬脫法行為，仍不能因之而取得請求權。」本題甲欠乙一萬元債務，書寫字據雖未載明賭博字樣，但如能證明係賭博所生之債務，該債務應屬無效，乙不得向甲請求。

第二節　行為能力

一、有行為能力人法律行為之效力

二、無行為能力人法律行為之效力

三、限制行為能力人法律行為之效力

四、案例研析

本節所述者，即各種行為能力人，所為法律行為之效力及其方式。

一、有行為能力人法律行為之效力

有行為能力人即具有完全行為能力人，乃指成年人及未成年人而已結婚者。此等人所為法律行為，原則上完全有效。但法律有特別規定者，亦有無效之時，例如雖為有行為能力人，但其意思表示係在無意識或在精神錯亂中所為者，亦屬無效（民75）。又如未成年而已結婚者，雖屬有行為能力人，若當其兩願離婚時，皆尚未滿二十歲，仍應得法定代理人之同意（民1049）。

二、無行為能力人法律行為之效力[15]

無行為能力人，乃指未滿七歲之未成年人及受監護宣告之人。依《民法》第75條前段規定：「無行為能力人所為之意思表示，無效。」意思表示既為無效，以之為要素之法律行為，自亦無效。故無行為能力人，所為

---

[15] 甲原為獨資經營大賣場之負責人，由於年老體衰，判斷能力日漸低下不足處理日常生活事務，乃由其家屬向法院聲請為輔助宣告，並由其子乙出任輔助人。下列敘述何者錯誤？（101司8）　(A)甲未經乙之同意，無法繼續擔任該賣場之負責人　(B)甲之女兒丙為博得老父歡心，購置一棟別墅贈與甲，該行為不須經乙之同意即為有效　(C)甲有感於女兒之孝心，將價值100萬元之鑽戒一只贈與其女兒並交付之，該行為不須經乙之同意即為有效　(D)甲與老友丁出遊泡溫泉共花費5,000元，該行為不須經乙之同意即可有效······(C)

之法律行為皆無效。然若該等人事實上有為法律行為之必要時，依《民法》第76條規定：「無行為能力人由法定代理人代為意思表示，並代受意思表示。」例如無行為能力人欲出賣其財產時，須由法定代理人代為出賣之意思表示。他人承買時，須向該無行為能力人之法定代理人，為承買之意思表示。此所謂「法定代理人」，則為法律規定得為本人為代理行為之人。即未成年人之父母或監護人及受監護宣告之人之監護人（民1086、1098、1113）。但法定代理人得代理者，以財產上之行為為限。身分上之行為，例如訂婚、結婚、收養、認領等，仍不得由法定代理人代為意思表示。如無行為能力人在事實上有為身分上行為之必要時，原則上應以其事實上有無意思能力為斷。又雖非無行為能力人，而其意思表示在無意識或精神錯亂中所為者，亦為無效（民75）。但當事人之一方於結婚時係在無意識或精神錯亂中者，則得於常態回復後六個月內向法院請求撤銷之（民996），並非當然無效，而係得撤銷，是為特別規定。

三、限制行為能力人法律行為之效力[16、17、18]

限制行為能力人，乃指七歲以上之未成年人，而尚未結婚者。限制行為能力人所為法律行為，非如無行為能力人之無效，亦非如完全行為能力人之有效，而係介於二者之間。其意思能力倘不健全，其所為之行為，效果如下：

---

[16] 家境富裕之現年16歲甲獲得工作繁忙之父母之概括允許，得為任何之意思表示及受意思表示。某日，甲前往一家汽車公司，購買台灣限量供應之P公司生產之跑車一輛。試問：此跑車買賣契約效力為何？（102司5）　(A)有效，但得撤銷　(B)有效，且無瑕疵　(C)效力未定　(D)有效，但得解除⋯⋯⋯⋯⋯⋯⋯⋯⋯⋯⋯⋯(C)

[17] 甲係受輔助宣告之人，未經其輔助人同意，與乙訂立買賣汽車契約，該汽車市價80萬元，乙以20萬元出賣予甲，下列敘述，何者正確？（102司7）　(A)甲與乙之汽車買賣契約有效　(B)甲與乙之汽車買賣契約效力未定　(C)甲與乙之汽車買賣契約無效　(D)甲與乙之汽車買賣契約原則無效，惟若經其輔助人承認則溯及生效⋯⋯⋯⋯⋯(B)

[18] 限制行為能力人甲，每月自其父母處獲800元之零用錢，未經父母事先允許，購入一價值3萬元之名牌包，甲以其儲蓄之1000元充作定金，並約定每月攤付800元。此契約之效力如何？（102司48）　(A)有效　(B)無效　(C)無效，但得以補正　(D)效力未定⋯⋯⋯⋯⋯⋯⋯⋯⋯⋯⋯⋯⋯⋯⋯⋯⋯⋯⋯⋯⋯⋯⋯⋯⋯⋯⋯⋯⋯(D)

（一）原則上須得法定代理人之允許[19]

限制行為能力人為意思表示及受意思表示，原則上應得法定代理人之允許，始為有效（民77）。所謂「允許」，即事前同意之義。允許本身亦為意思表示，且為非要式行為及有相對人之單獨行為。故此項允許，得向限制行為能力人或其對之為意思表示之相對人為之。未得允許所為之行為，其效力如次：

1. **單獨行為**：單獨行為，因一方之意思表示而生效力，不問對於其相對人是否有利，為保護限制行為能力人之利益，《民法》第78條規定：「限制行為能力人未得法定代理人之允許，所為之單獨行為，無效。」例如權利之拋棄、債務之免除[20]。

2. **雙方行為（契約）**：限制行為能力人未得法定代理人之允許，所訂之契約，須經法定代理人之承認，始生效力（民79）[21]。所謂「承認」，即事後同意之義。在未經承認前，其契約既非無效，亦非有效，而為效力尚未確定之行為。惟一經承認，則溯及訂約時發生效力。限制行為能力人，於限制原因消滅後，即於其成年或結婚後，承認其訂立之契約者，其契約亦生效力（民81 I）。故此種契約之相對人，在未經承認前，立

---

[19] 甲18歲，因受贈取得A屋之所有權，甲經法定代理人乙之允許，將A屋出租予丙。丙支付租金延遲，甲定相當期限催告丙支付租金。丙於期限內不為支付，甲即對丙為終止租約之意思表示，並將A屋另出租予丁。下列敘述，何者錯誤？（105司律4）（A)甲與丙訂立之租約有效，甲與丁訂立之租約效力未定　(B)甲定相當期限催告丙支付租金之性質為意思通知　(C)甲對丙為終止租約之意思表示，事後因乙之承認而發生效力　(D)甲與丁訂立之租約，事後得因乙之承認而溯及於訂約時發生效力⋯⋯⋯(C)

[20] 未婚之甲在其19歲生日免除18歲同學乙對其所負之債務，其效力如何？（106高三財稅2）　(A)無效　(B)有效　(C)經甲父母承認後有效　(D)經乙父母同意後有效⋯⋯(A)

[21] 現年18歲之甲未得父母（乙及丙）之同意，經丁之聘僱，於週末下午1點至6點負責在丁開設之泡沫紅茶店看店及出賣飲品。下列敘述，何者錯誤？（101律13）　(A)若乙與丙表示反對甲在丁之店裡工作，甲與丁間之契約即為無效　(B)甲雖未滿20歲亦得為代理人，其賣給客人之行為有效，效力直接對丁生效　(C)若乙與丙表示反對甲在丁之店裡工作，甲所為之代理行為即歸於無效。因而，甲之行為即成為無權代理(D)丁得僅對甲為代理權授與之表示⋯⋯⋯⋯⋯⋯⋯⋯⋯⋯⋯⋯⋯⋯⋯⋯⋯(C)

於不確定之地位，為保護其利益，民法特賦予兩種權利：

(1) **催告權**：即契約之相對人得定一個月以上之期限，催告法定代理人或限制原因消滅之限制行為能力人，確答是否承認[22]。如於期限內不為確答者，視為拒絕承認（民80、81Ⅱ）。

(2) **撤回權**：即限制行為能力人所訂立之契約，未經承認前，相對人得撤回之。撤回權為形成權之一種，一經撤回，即確定不生效力。但相對人於訂立契約時，知限制行為能力人未得有允許者，則咎由自取，不得撤回（民82）。

3. **合同行為**：限制行為能力人為合同行為者，其效力究應依民法第78條認為單獨行為無效或依第79條認為契約須經法定代理人之同意始為有效？學者通說認為應分別情形定之。即其他特別法有規定者依其規定（如合作社法等），若無規定，則視其行為之性質而分別處理。即如為多數人捐助或社員總會決議之表決，則應認為單獨行為，逕適用民法第78條認為無效。反之如為多數人共同訂定契約，不論為要約或承諾，則應適用民法第79條之規定，待其法定代理人之承認，始生效力。

（二）例外得為獨立有效之行為

下列情形，限制行為能力人為意思表示及受意思表示，無須得法定代理人之允許或承認，即生效力。

1. 純獲法律上利益之行為

限制行為能力之制度，旨在保護限制行為能力人之利益。故若純獲法律上利益之行為（民77但書）[23]，限制行為能力人無遭受損害之虞，自無

---

[22] 關於限制行為能力人未得法定代理人允許，所訂立之契約，若契約相對人在訂約時，知其未得允許者，則契約相對人得行使何種權利？（101高考財稅3）　(A)得定相當期限，催告法定代理人，確答是否承認　(B)未經承認前，得撤回之　(C)得定一個月以上之期限，催告法定代理人，確答是否承認　(D)經承認後，得撤銷之‧‧‧‧‧‧(C)

[23] 甲為八歲孩童，乙贈與腳踏車給甲，但甲的父母親不同意甲接受贈與。試問：乙贈與甲的契約，效力如何？（101特三財稅20）　(A)有效　(B)無效　(C)效力未定　(D)得撤銷‧‧‧‧‧‧(A)

禁止之必要。例如單純的接受贈與或債務之免除。

2. 日常生活所必需之行為

限制行為能力人,依其年齡及身分,日常生活所必需之行為(民77但書),為避免當事人煩瑣及過分拘束其生活獨立自由之養成,故不論為單獨行為或契約行為,均不須法定代理人允許。例如飲食、乘車、買書等。

3. 使用詐術之行為

限制行為能力人,用詐術使人信其為有行為能力人,或已得法定代理人之允許者,其法律行為為有效(民83)。其立法理由惟恐限制行為能力人年紀尚輕,智慮欠周,特予法定代理人之允許始生效力,以保護之。今限制行為能力人既已自能使用詐術,顯見智慮周詳,自無加以保護之必要,為保護相對人之利益及交易之安全,自應認為其法律行為為有效。但相對人如不欲該行為效力發生,仍可依民法第92條規定撤銷之。又詐術並非指口頭聲明業已成年或已得允許等情事,而係指使用具體的詐欺手段之場合。例如偽造父母之信函,使人信其已得允許或偽造已成年之戶籍謄本。

4. 特定財產之處分

法定代理人允許限制行為能力人處分之財產,限制行為能力人,就該財產有處分之能力(民84)。例如學費、零用錢等[24]。所謂處分,係指移轉財產上權利之行為。此項財產處分之允許,於未成年人未為處分以前,得撤回之。

5. 特定營業之行為

法定代理人允許限制行為能力人獨立營業者,限制行為能力人關於其營業,有行為能力(民85 I)[25]。例如僱用員工、買賣貨物等,均無須再

---

[24] 18歲未婚之甲所為之下列行為,何者有效?(104高三財稅19) (A)擅自對好友免去債務 (B)以零用錢請女友吃套餐 (C)以10萬購得市價50萬之重型機車 (D)逕自丟棄其母所贈之名錶‧‧(B)

[25] 現年18歲之甲向其父母乙丙表示,其決定學習自立更生,欲在夜市擺地攤賣衣服。

得法定代理人之允許。但有不勝任之情形時，法定代理人得將其允許撤銷或限制之（民85Ⅱ前段）。此項撤銷或限制，僅對將來發生效力。且非向營業所所在地之主管機關登記，不得對抗善意第三人（民85Ⅱ但書；商登11、20Ⅰ），以保護交易之安全。

四、案例研析

> （一）甲為限制行為能力人，未得法定代理人允許前，其與有行為能力之乙之下列行為，是否有效？
> 1.甲與乙簽訂買車契約。
> 2.甲以詐術，使乙誤為其已結婚，並有行為能力，而與其簽訂房屋租賃契約。
> 3.乙贈甲汽車一輛。
> 4.乙免除甲之債務。

答：　1. 依《民法》第79條規定：「限制行為能力人未得法定代理人之允許，所訂立之契約，須經法定代理人之承認，始生效力。」在未承認前，法律行為業已成立，但是否生效，尚待法定代理人有所表示（承認或拒絕）而後確立，此種行為，學說稱為「效力未定之法律行為」。日後法定代理人表示承認，即生效力，法定代理人表示拒絕承認，則確定不生效力。故甲與乙簽訂買車契約，在未經承認前，其契約效力未定，惟一經承認，即溯及訂約時發生效力。

　　　2. 依《民法》第83條規定：「限制行為能力人，用詐術使人信其為行為能力人，或已得法定代理人之允許者，其法律行為為有

乙及丙認為甲之想法將有助於甲成長。其2人便同意甲擺地攤賣衣服。試問：甲向服飾中盤商丁購買一批衣服，甲丁間之買賣契約效力為何？（102律5）　(A)自始無效　(B)效力未定　(C)有效，且無瑕疵　(D)有效，但得撤銷⋯⋯⋯⋯⋯⋯⋯⋯⋯(C)

效。」故甲以詐術，使乙誤為其已結婚，並有行為能力，而與其簽訂房屋租賃契約，是為有效之法律行為。

3. 限制行為能力人為意思表示或受意思表示，原則上應得法定代理人之允許，始為有效（民77）。但有例外情形者，無須得法定代理人之允許，如純獲法律上利益之行為，即屬於例外情形，故題中乙贈甲汽車一輛，如屬無負擔之贈與行為，則純為獲取法律上之利益，縱然未得法定代理人之允許，仍為有效，若乙贈甲汽車一輛，為一種有對價關係之行為，則應得法定代理人之同意，始生效力，否則無效。

4. 免除為債之消滅原因之一，此情形與3同，今乙既免除甲之債務，即為限制行為能力人甲純獲法律上利益之行為，故無須得法定代理人之允許，其行為仍生效力。

（二）某甲18歲，高中畢業後賦閒在家，其法定代理人乙為培養其經濟獨立之能力，遂於民國81年元旦允許其獨立開設超級商店，經營文具及雜貨業務。甲經營不善，乙乃於民國81年11月11日撤銷其允許。其後如有顧客丙上門購買雜貨，廠商丁前來推銷新產品並收取營業期間積欠之款項，甲仍照往常出售雜貨、訂購新貨與支付款項，請問各該行為效力如何？

答： 某甲18歲，為已滿7歲以上之未成年人，有限制行為能力。限制行為能力人之意思表示原則上應得到法定代理人之允許，否則其所為之單獨行為無效，所訂立之契約則效力未定（民77～79）。但為使未成年人能夠早日獨立及謀法律關係安定起見，民法第85條第1項規定如法定代理人允許限制行為能力人獨立營業者，關於其營業有行為能力。第2項則規定如該限制行為能力人就其營業有不勝任之情形時，法定代理人得將其允許撤銷或限制之，但不得對抗善意第三人。本題某甲之法定代理人乙既允許某甲為獨立營業，則某甲就其

營業有完全之行為能力，惟某乙已於嗣後（民國81年11月11日）撤銷其允許，則某甲在撤銷後仍為該營業之行為，效力如何？茲分述如下：

1. **出售雜貨之行為**：此行為係發生於某甲被某乙撤銷允許之後之契約行為，其效力如何？應視某丙對此為善意或惡意而定。

   (1)丙為善意：即丙不知某甲已被撤銷允許，此時為保障交易安全起見，民法第85條第2項但書規定，其撤銷不得對抗善意第三人，故某丙可主張此一規定而使其與某甲之出售雜貨契約有完全之效力。

   (2)丙為惡意：若丙為交易時已知甲被撤銷允許，則丙此時便無受保護之必要，甲出售雜貨與丙之行為依民法第79條之規定應屬效力未定，須經乙承認後始生效力。

2. **訂購新貨之行為**：此時仍須視相對人丁係善意或惡意而定，如丁為善意，則可主張甲之訂購新貨行為完全有效。若丁為惡意，則該行為為效力未定，理由同前，茲不再述。

3. **支付款項行為**：甲係支付與丁在營業期間積欠之款項，甲在被法定代理人乙撤銷營業允許之前所有關於營業上之行為能力，只要在此階段所生之關於營業之權利及義務，並不因嗣後的撤銷允許而受影響，此觀《民法》第85條立法理由：「…惟在撤銷或限制以前所已為之行為，則係視為有能力人之行為，不能因其後之撤銷或限制而歸於無效也。」自明。故某甲於本題之支付款項之行為有完全之效力。

（三）甲將超級任天堂電子遊樂器贈與予乙，並已完成交付。試答下列問題：
1.甲乙均未滿18歲，但甲已結婚，甲乙之贈與契約是否有效？
2.甲係受第三人丙之脅迫而將該電子遊樂器贈與予乙，甲乙之贈與契約法律效力如何？

答： 1. 甲乙間之贈與契約有效。理由：

　　(1)甲未滿18歲，係未成年，但已結婚，依《民法》第13條第3項：「未成年人已結婚者，有行為能力。」從而其所為贈與行為有效。

　　(2)乙未滿18歲，且尚未結婚，係限制行為能力人，依《民法》第77條規定，限制行為能力人，為意思表示及受意思表示，原則上應得法定代理人之允許，始為有效。但因受贈與係純獲法律上利益之行為，依同條但書規定，縱未得法定代理人同意仍得為之。是其受甲贈與之契約有效。

　　(3)綜上所述，甲乙贈與契約有效成立。

2. 甲乙間之贈與契約有效，但甲得撤銷該贈與之法律行為，一經甲撤銷，則贈與契約視為自始無效。理由：

　　(1)依《民法》第92第第1項之規定：「因被詐欺或被脅迫而為意思表示者，表意人得撤銷其意思表示。但詐欺係由第三人所為者，以相對人明知其事實或可得而知者為限，始得撤銷之。」從上述之規定可知被脅迫所為之意思表示，不論脅迫行為係相對人或第三人所為，及相對人是否知情，被脅迫之人均得將該意思表示撤銷。又撤銷權之行使須為脅迫終止後一年內或自意思表示後，十年內為之。

　　(2)甲如未撤銷，則甲乙贈與契約有效，反之如甲於除斥期間未經過前行使撤銷權，依《民法》第114條之規定，甲乙間之贈與契約自始無效。

（四）滿20歲之受監護宣告之人甲，於回復清醒時，向乙購得腳踏車騎用，於行駛時，因凝望路旁美女，不慎撞傷行人丙。問：
1.甲購買腳踏車之行為是否有效？
2.甲對丙應否負損害賠償責任？

答：1. 甲購買腳踏車之行為無效。

理由：按受監護宣告之人即自然人對於因精神障礙或其他心智缺陷，致不能為意思表示或受意思表示，或不能辨識其意思表示之效果者，法院得因本人、配偶、四親等內之親屬、最近一年有同居事實之其他親屬、檢察官、主管機關或社會福利機構之聲請，為監護之宣告（民14 I）。受監護宣告之人無行為能力（民15），此項效力係絕對的，任何人均可主張其效力，且對任何人均得主張之。宣告後，受宣告人之精神狀態雖已回復正常，若未經依法撤銷受監護宣告，其行為能力仍無由回復。本題甲為受監護宣告之人，於回復清醒時，仍為無行為能力人，其向乙購買腳踏車之法律行為無效。

2. 甲對丙應負損害賠償責任。

理由：受監護宣告之人為無行為能力人，依民法第187條第1項規定，無行為能力人或限制行為能力人，不法侵害他人之權利者，以行為時有識別能力為限，與其法定代理人連帶負損害賠償責任。本題甲雖為受監護宣告之人，其於回復清醒時，不慎撞傷行人，乃係於有識別能力時，不法侵害他人之權利，是甲應對丙負損害賠償責任。

第三節　意思表示

一、意思表示之意義

　　法律行為以意思表示為要素，而所謂「意思表示」，即表意人將其內心希望發生一定私法上效果之意思，表示於外部之行為。例如甲（表意人）向乙表示（外部之行為），願買賣某處房屋一棟（內心希望發生之私法上效果）。

二、意思表示之成立要件

　　意思表示之成立，依表意人全部過程之分析，須具備下列三要件：

（一）須有效果意思（內部）

　　「效果意思」又稱「法效意思」，即存在於表意人內心，希望發生一定私法上效果之意思。例如甲向乙表示願買賣某處房屋一棟，則在甲內心必有希望發生民法上買賣效果之意思，即給予價金或取得房屋所有權之意思，此即效果意思。意思表示以效果意思為要素，欠缺效果意思，意思表示無由成立，從而法律行為亦無由成立。意思表示之效力，以依表意人所欲者（即效果意思）發生為原則。但為保護交易之安全，亦有使發生當事人所不欲之效果者，例如典權之期間逾三十年者，縮短為三十年（民912）。

（二）須有表示意思（連接）

即表意人有將其內部之效果意思，表示於外部之意思。有時表意人內心雖有效果意思，然而欠缺表示意思，雖外部有表示行為存在，意思表示仍無法成立。例如拍賣場以舉手為應買之意思表示，某甲於拍賣進行中，適見友人某乙，乃舉手招呼，即不得謂已成立應買之意思表示。

（三）須有表示行為（外在）

效果意思存在於表意人之內心，若不發而為外部一定之行為，相對人即無由得知，此外部之行為，即稱為「表示行為」。行為固無一定之方式，以語言或其他動作，例如手語、信函、電報均可。表示行為，須本於自己之意思，若於無意識中為之，或受強制而為之者，即不能認為有效之表示行為。

綜上所述，意思表示之成立要件階段如下：

第一階段：內部之意思——即效果意思，欲引起法律效力之欲望。

第二階段：外部與內部連接——即表示意思，內部之效力意思與表現於外部之行為相聯絡之意思。

第三階段：外部之表示——即表示行為。

三、意思表示之種類

（一）明示的意思表示與默示的意思表示

1. **區分標準**：意思表示，依表示方法之不同，得分為「明示的意思表示」與「默示的意思表示」。前者係以語言、文字或其他常用之方法，直接表示其意思。即意思表示之內容，可從表示行為直接得知者。後者乃以使人推知之方法，間接表示其意思之謂。例如甲男向乙女求婚（明示的意思表示），乙女投以柔情的一瞥（默示的意思表示）。又如甲向旅館以信件訂宿（明示的意思表示），旅館未回信，當天在房間門牌註明甲

（默示的意思表示）。

2. **區分實益**：意思表示不限於明示，默示亦可（民153），但法律有時規定，某種法律行為僅能以明示的意思表示為之者，例如民法第272條規定連帶債務之成立，自不能以默示的意思表示為之。

（二）有相對人的意思表示與無相對人的意思表示

1. **區分標準**：以意思表示有無相對人為標準而為之區分。
2. **區分實益**：有相對人之意思表示，其意思表示自須向相對人為之，於意思表示到達相對人時發生效力[26]。無相對人之意思表示，於表意人為表示行為時，即發生效力。

（三）對話的意思表示與非對話的意思表示

1. **區分標準**：在有相對人的意思表示中，依當事人間是否直接交換意思為標準，分為「對話的意思表示」與「非對話的意思表示」。前者乃當事人間以口頭、電話等方法，互為交換意思。然非必限於「語言」之交通，即旗語、聾啞者之手語，只須當事人能直接交換意思，即為對話。又對話與對面不同，越洋電話中成立買賣，雖隔重洋，仍為對話的意思表示。後者乃以書信、電報等方法，間接交換意思之謂。
2. **區分實益**：對話人為意思表示者，其意思表示，以相對人了解時發生效力（民94）；非對話而為意思表示者，其意思表示以通知達到相對人時，發生效力（民95）。

四、意思表示之不一致

即表意人內部之「意思」與外部之「表示」不合致。意思與表示一

---

[26] 有相對人的意思表示中，下列何者須向不特定之相對人為之？（102高考財稅18）
(A)懸賞廣告　(B)書立遺囑　(C)債務的免除　(D)法律行為的承認‥‥‥‥‥‥(A)

致，始能完全生效，若意思表示不一致時，其效力究竟以內部之意思為準，或以外部表示為準？學說有三種主義：一為意思主義，即以表意人內部之意思為準，保護表意人；二為表示主義，即以表意人外部之表示為準，保護相對人；三為折衷主義，即以意思主義為原則，表示主義為例外，或以表示主義為原則，意思主義為例外。我民法於意思表示不一致之情形，採折衷主義中之表示主義為原則，意思主義為例外。意思表示不一致，依其情形，有為表意人所明知而故意使其不一致者；有為非表意人所明知，而係偶然的不一致者。分述如下：

（一）故意的不一致

意思與表示不一致，出於當事人之故意，其情形有二：

1. **單獨虛偽表示**：亦稱「心中保留」或「非真意表示」。乃表意人故意隱匿內心之效果意思，而為與效果意思相反之表示行為，致意思與表示不一致[27]。例如真意欲出租房子，而故意表示欲買賣房子。此種情形，若採意思主義則買賣無效，若採表示主義則買賣有效。我《民法》第86條規定：「表意人無欲為其意思表示所拘束之意，而為意思表示者，其意思表示，不因之而無效。」[28]上例買賣有效，可知係採表示主義為原則，此乃所以保護相對人之利益，而維護交易之安全。然同條但書規定：「但其情形為相對人所明知者，不在此限。」即相對人若已明知表意人故意為虛偽之表示，自無予保護之必要，則此單獨虛偽表示，仍為

---

[27] 下列何者為甲之單獨虛偽意思表示？（103特四財稅3）　(A)甲以開玩笑之意思向乙表示，欲將價值10萬元之手錶以1千元出售予乙　(B)甲為避免強制執行，與知情之乙就甲所有之不動產訂定買賣契約並為移轉登記　(C)甲受乙脅迫表示，將其價值100萬元財產以10萬元出售予乙　(D)甲受乙詐騙表示，將其價值100萬元財產以10萬元出售予乙‥‥‥‥‥‥‥‥‥‥‥‥‥‥‥‥‥‥‥‥‥‥‥‥‥‥‥‥‥‥(A)

[28] 表意人無欲為其意思表示所拘束之意，而為意思表示者，其意思表示之效力如何？（106特四財稅3）　(A)因表意人原即無使生效力之意思，當然無效　(B)為保護相對人之信賴（交易安全），原則上有效　(C)該情形為相對人可得而知時，無效　(D)經相對人催告而未為確答時，視為有效‥‥‥‥‥‥‥‥‥‥‥‥‥‥‥‥‥‥(B)

無效，是以意思主義為例外。

2. **通謀虛偽表示**：即表意人與相對人通謀，而為虛偽之意思表示。例如債務人為逃避債權人之強制執行，而虛偽的讓與財產（脫產行為）。此種意思表示，乃欲欺罔他人，在當事人間，自屬無效[29]、[30]、[31]。但不得以其無效，對抗善意第三人（民87 I）。申言之，若第三人不知當事人間有通謀虛偽之情事，仍可主張該意思表示為有效。例如甲與乙通謀將土地偽賣於乙，此項買賣，在甲乙間因屬虛偽，自無效力[32]。甲可對乙請求返還該土地，乙不得對甲主張已取得土地之所有權。若乙更將該土地轉賣於丙，則甲可否向丙請求返還，應視丙為善意或惡意而決定。申言之，若丙明知（惡意）甲與乙通謀之情事，則甲可向丙請求返還。反之，若丙為不知（善意），甲既不得以無效對抗丙，因此乙丙間之買賣

---

[29] 下列那一種意思表示，無需撤銷當然無效？（101特四財稅23） (A)通謀虛偽意思表示 (B)被詐欺而為意思表示 (C)因對法律行為性質之認知發生錯誤而為意思表示 (D)因交易上認為重要之當事人資格有錯誤而為意思表示‥‥‥‥‥‥‥‥‥(A)

[30] 甲為避免其債權人乙查封其名下唯一的財產房屋一間，乃與丙為假買賣，並將該屋之所有權移轉登記給丙。下列敘述何者正確？（101特三財稅22） (A)乙得撤銷甲、丙間之買賣行為 (B)買賣已成，且已移轉登記，乙無法再為任何主張 (C)乙仍得對該屋進行查封，因為甲、丙的買賣行為及所有權移轉行為皆為無效 (D)乙不得主張撤銷甲、丙間之買賣行為，因為甲、丙間為信託行為‥‥‥‥‥‥‥‥‥‥‥‥‥‥‥(C)

[31] 甲為了逃避強制執行，將其所有的土地一筆，以通謀虛偽意思表示的方法，移轉登記予乙。某日，乙因車禍逝世，其善意之子丙，於繳納遺產稅之後，並辦妥繼承登記。請問，下列關於該土地所有權的敘述，何者正確？（102特三財稅4） (A)土地所有權屬於丙 (B)土地所有權屬於甲 (C)土地所有權屬於乙 (D)土地所有權屬於甲之債權人‥‥‥‥‥‥‥‥‥‥‥‥‥‥‥‥‥‥‥‥‥‥‥‥‥‥‥‥‥‥‥‥‥(B)

[32] 甲積欠丙債務，為避免其A屋被強制執行，與乙約定假裝做成買賣，並移轉所有權。試問：下列敘述，何者正確？（101高考財稅6） (A)丙得以意思表示撤銷其買賣契約及物權行為 (B)丙得聲請法院撤銷其買賣契約及物權行為 (C)買賣契約及物權行為均無效 (D)只有買賣契約無效‥‥‥‥‥‥‥‥‥‥‥‥‥‥‥(C)

契約依然有效。甲自不得請求丙返還土地[33]、[34]、[35]、[36]。

又虛偽意思表示中隱藏之真正法律行為，又稱「隱藏行為」。例如虛偽的表示為買賣，但實際的真意為贈與，亦即名為買賣實為贈與。其表示之行為，買賣雖屬無效，但其隱藏之行為，則為當事人之真意，贈與仍應認為有效，並適用該項法律行為之規定（民87Ⅱ）[37]。

---

[33] 甲與乙通謀作成所有權之假移轉，將甲所有之G土地移轉登記為乙所有。丙授與代理權予丁，委請丁代為購買土地，丁自己決定代理丙向乙購買G土地，並完成移轉G土地所有權於丙之登記程序。關於甲與乙之通謀虛偽意思表示，丁知悉其情事，惟丙並不知情，下列敘述，何者正確？（101律20）　(A)乙與丙間關於G土地之買賣契約有效；移轉G土地所有權予丙之物權行為無效　(B)乙與丙間關於G土地之買賣契約無效；丙取得G土地之所有權　(C)乙與丙間關於G土地之買賣契約有效；移轉G土地所有權予丙之物權行為效力未定　(D)乙與丙間關於G土地之買賣契約無效；移轉G土地所有權予丙之物權行為無效‥‥‥‥‥‥‥‥‥‥‥‥‥‥‥‥(C)

[34] 甲、乙2人通謀將甲所有之土地虛偽出賣於乙，丙知買賣之存在但不知其為虛偽，而由乙受讓該土地，下列敘述，何者正確？（102律4）　(A)甲得對丙主張其虛偽意思表示無效　(B)丙知買賣之存在，非屬善意，甲得對抗之　(C)丙雖知甲與乙為意思表示，但不知其為虛偽意思表示，丙仍為善意，甲不得對抗之　(D)甲乙間之虛偽意思表示有效‥‥‥‥‥‥‥‥‥‥‥‥‥‥‥‥‥‥‥‥‥‥‥‥‥‥‥(C)

[35] 甲與乙通謀作成所有權之假移轉，將甲所有之G土地移轉登記為乙所有。嗣乙擅自將G土地出賣予丙，並將G土地移轉登記為丙所有，關於甲與乙之通謀虛偽意思表示，丙亦知其情事，下列敘述，何者正確？（104司律4）　(A)乙與丙間關於G土地之買賣契約有效；丙取得G土地之所有權　(B)乙與丙間關於G土地之買賣契約有效；移轉G土地所有權予丙之物權行為效力未定　(C)乙與丙間關於G土地之買賣契約無效；移轉G土地所有權予丙之物權行為無效　(D)乙與丙間關於G土地之買賣契約無效；移轉G土地所有權予丙之物權行為效力未定‥‥‥‥‥‥‥‥(B)

[36] 甲與乙通謀作成所有權之假移轉，將甲所有之G土地移轉登記為乙所有。丙授予代理權予丁，委請丁代為購買土地，丁自己決定代理丙向乙購買G土地，並完成移轉G土地所有權於丙之登記程序。關於甲與乙之通謀虛偽意思表示，丙知悉其情事，惟丁並不知情，下列敘述，何者正確？（106司律3）　(A)乙與丙間關於G土地之買賣契約有效；丙可以取得G土地之所有權　(B)乙與丙間關於G土地之買賣契約有效；移轉G吐利所有權予丙之物權行為效力未定　(C)乙與丙間關於G土地之買賣契約無效；移轉G土地所有權予丙之物權行為無效　(D)乙與丙間關於G土地之買賣契約無效；丙可以取得G土地之所有權‥‥‥‥‥‥‥‥‥‥‥‥‥(A)

[37] 甲欲將其A屋贈與乙，惟為避免繳交贈與稅，甲、乙雙方故意互為非真意的買賣契約。下列敘述，何者錯誤？（104高三財稅21）　(A)買賣契約無效　(B)贈與契約有效　(C)買賣契約涉及通謀虛偽意思表示　(D)甲、乙任何一方均得撤銷意思表示‥‥(D)

（二）無意的不一致

即意思與表示不一致，非出於當事人之故意，而係偶然因素所致者，亦稱「偶然的不一致」，或稱「錯誤的意思表示」。茲述其類型及效力：

1. 類型

(1)**意思表示之內容有錯誤**：《民法》第88條第1項規定：「意思表示之內容有錯誤，或表意人若知其事情即不為意思表示者，表意人得將其意思表示撤銷之。」其中「意思表示之內容有錯誤」即意思表示中所包含內容之各事項，客觀的不正確。又可分為四[38]：

① **關於法律行為性質之錯誤**：例如誤贈與為買賣，誤租賃為借貸。

② **關於當事人之錯誤**：例如欲贈與甲而誤贈與乙。

③ **關於標的物之錯誤**：例如欲買電視機而誤買錄影機[39]。

④ **關於當事人之資格，或物之性質於交易上認為重要者之錯誤**：《民法》第88條第2項規定：「當事人之資格或物之性質，若交易上認為重要者，其錯誤，視為意思表示內容之錯誤。」所謂「當事人之資格」，係指具有學經歷、專長、職業、年齡、性別等；所謂「物之性質」，則指物之品質、數量、年代、真

---

[38] 下列何種法律行為，原則上不得撤銷？（106高三財稅4）　(A)甲誤將真畫當贗品出售給乙，甲之出售行為　(B)甲、乙訂婚後寄出婚禮邀請函，丙購買金項鍊欲送甲、乙結婚禮物，甲、乙卻在婚期前因吵架取消婚禮。丙購買金項鍊之行為　(C)甲、乙成立A款車買賣契約，甲誤將B款車為A款車交付，甲之B款車所有權移轉交付之行為　(D)甲去B銀樓欲買純金項鍊當母親節禮物，也向B銀樓表明要購買純金項鍊當母親節禮物，最後甲買醫療18K項鍊，事後甲發現自己買錯了。甲錯買18K項鍊之行為⋯(B)

[39] 甲出賣房屋予乙，甲要賣的是A屋而乙要買的是B屋，且乙已向甲支付B屋之買賣定金100萬元。關於買賣房屋行為之法律效果，下列敘述何者正確？（102司15）　(A)甲、乙關於買賣A屋之意思表示發生錯誤，關於買賣B屋之契約則有效　(B)甲、乙關於A屋及B屋之買賣契約，均因意思表示不一致而未成立　(C)由於乙已向甲交付定金，故甲、乙關於B屋之買賣契約視為成立　(D)甲、乙關於A屋及B屋之買賣契約不但均已成立且亦已生效⋯⋯⋯⋯⋯⋯⋯⋯⋯⋯⋯⋯⋯⋯⋯(B)

假。例如誤認某甲為博士而聘為大學助理教授（當事人資格之錯誤），誤18K金為純金而為買賣（物之性質之錯誤）。此項錯誤本屬動機錯誤，而與表示之內容無關。但法律為兼顧當事人之利益，遂規定以之與內容錯誤同視。然仍以交易上認為重要者為限。

(2)**表意人若知其情事即不為意思表示之錯誤**：此即因表意人之不知所致之錯誤。例如買賣價款為十萬元，而筆誤為一百萬元。

(3)**傳達錯誤**：亦稱「誤傳」，即意思表示因傳達人或傳達機關傳達不實而生之錯誤（民89），以致造成的意思表示不一致，亦屬無意不一致之一種。例如以使者（傳達人）口傳，誤買賣為贈與，以電報局（傳達機關）譯電，誤千為萬等均是。傳達人或傳達機關將意思表示之內容傳達錯誤，是為「誤傳」；若傳達內容無錯誤，祇是送達錯誤，例如寫給甲之書信，誤投於乙，則為「誤遞」，誤遞對甲之效力，僅意思表示之未達到，不在此之所謂誤傳之內。

(4)**動機錯誤**[40]：動機錯誤乃意思表示緣由之錯誤，致意思與事實不相一致，例如誤信自己失落手錶而購買新錶，或誤信家人生日而訂購蛋糕。動機潛存於人之內心，非他人可得窺知，故動機之錯誤，原則上不影響意思表示之效力，不能撤銷[41]。因動機頗為複雜，若能撤銷，影響法律的安定性與交易的安全性。例如誤認某公司股票將高漲而大量收購，結果大跌，不能撤銷。但表意人若特別表明其動機於相對人時，有時即構成意思表示之內容，如表示某月某日訂購

---

[40] 甲至乙處訂購一個蛋糕，準備隔天幫其女友丙慶祝生日。然而，甲將丙之生日記錯日期。試問：甲之表示屬於下列何種錯誤？（101司12）　(A)表示行為錯誤　(B)傳達錯誤　(C)動機錯誤　(D)表示內容錯誤……………………………………(C)

[41] 甲在乙之銀樓未經詢問乙的意見，自以為一個特定的戒指是純金的，乃指著該特定戒指說：「我要購買這個戒指」。買賣契約成立後，甲持往鑑定，驚覺該戒指竟是鍍金的，乃向乙主張誤買，問該契約效力為何？（102律9）　(A)有效　(B)無效　(C)得撤銷　(D)效力未定……………………………………………………………(A)

祝壽禮物一批為友人祝壽之用，詎於生辰之前該友人竟突然去世，則可撤銷。

2. **效力**

(1) **表意人之撤銷權**：意思表示有錯誤時，並非無效，僅得由表意人將其意思表示撤銷之，但以其錯誤或不知事情，非由表意人自己之過失者為限（民88Ⅰ、89）。此項撤銷權，自意思表示後，經過一年而消滅（民90）。此一年為「除斥期間」。

(2) **表意人之賠償義務**：意思表示因錯誤或誤傳而撤銷時，表意人對於信其意思表示為有效而受損害之相對人或第三人，應負賠償責任，以保交易之安全。但其撤銷之原因（即錯誤之情形），受害人明知或可得而知者（即因過失而不知），則受害人亦與有過失，不得請求表意人賠償（民91）。

五、意思表示之不自由

《民法》第92條第1項規定：「因被詐欺或被脅迫而為意思表示者，表意人得撤銷其意思表示。但詐欺係由第三人所為者，以相對人明知其事實或可得而知者為限，始得撤銷之。」本條規定意思表示不自由，即表意人所為意思表示，非出於其自由意志。此種意思表示，乃他人不法干涉之結果，其效果意思之決定過程，非基於表意人正常之思考而自由決定。亦即指因「被詐欺」或「被脅迫」而為意思表示。茲分述之：

（一）被詐欺而為意思表示[42]

1. **詐欺之意義**：詐欺者，故意以詐術表示虛偽之事實，使他人陷於錯誤而為意思表示。

---

[42] 下列有關詐欺之敘述，何者錯誤？（102高考財稅3）　(A)消極隱匿事實，必須是當事人有告知義務，才會構成詐欺　(B)因詐欺而為意思表示者，因意思不自由為自始無效　(C)由第三人為詐欺行為，以相對人明知或可得而知者，方得撤銷　(D)被詐欺而為意思表示者，得撤銷，但其撤銷不得對抗善意第三人……………………(B)

2. 詐欺之要件

(1) **須詐欺人有詐欺之故意**：即須有使相對人陷於錯誤而為意思表示之故意，但詐欺人無須具有欲得財產上利益或加害他人之故意，此與刑法上詐欺罪有所區別。

(2) **須有詐欺之行為**：即表示虛偽事實之行為，亦即捏造虛偽之事實（如無貨而偽稱為有貨，騙人訂立買賣契約），或隱匿真實之事實（如掩飾貨品瑕疵），防止他人發現錯誤或加強其錯誤之程度，亦為詐欺。但見相對人自己陷於錯誤而不告知者（即沈默），除有告知義務者外，不構成詐欺。

(3) **須表意人陷於錯誤**：若表意人不陷於錯誤，雖有詐欺行為，亦不構成詐欺。

(4) **須表意人因錯誤而為意思表示**：即錯誤與意思表示間須有因果關係。若無因果關係，例如明知化緣者係騙取金錢，而仍給予施捨，不構成詐欺。

3. 詐欺之效力：可分為當事人間之效力及對於第三人之效力[43]。茲分述之：

(1) **當事人間之效力**：因被詐欺而為意思表示者，表意人得撤銷其意思表示。但詐欺係由第三人所為者，以相對人明知其事實或可得而知者為限，始得撤銷之（民92Ⅰ）[44]。可知因被詐欺而為之意思表示，並非當然無效，而屬於一種得撤銷之行為。

---

[43] 甲開設珠寶店，其受僱人乙對丙施以詐欺，致丙誤以假珍珠係真珍珠，因而與假締結珍珠買賣契約，關於乙對丙施以詐欺之情事，甲並不知情，下列敘述，何者正確？（105司律5）　(A)甲與丙之珍珠買賣契約有效，丙得撤銷其意思表示　(B)甲與丙之珍珠買賣契約效力為定，須得到丙之承認始發生效力　(C)甲與丙之珍珠買賣契約無效，但若得到丙之承認則可以溯及發生效力　(D)甲與丙之珍珠買賣契約有效，丙不得撤銷其意思表示‧‧‧‧‧‧‧(A)

[44] 甲受主債務人乙之詐騙，與乙之債權人丙締結保證契約，下列敘述何者正確？（103特三財稅2）　(A)無論丙是否知甲受詐騙，甲當然得撤銷為保證之意思表示　(B)無論丙是否知甲受詐騙，甲皆不得撤銷為保證之意思表示　(C)丙明知或可得而知甲受詐騙時，甲始得撤銷為保證之意思表示　(D)因甲之意思表示受不當影響，該保證契約自始無效‧‧‧‧‧‧‧(C)

①**若施詐欺人是當事人一方**：即該法律行為之相對人所為者，則表
　意人逕得撤銷。

②**若施詐欺人是第三人，不是當事人一方**：則須視表意人之相對人
　是否有過失以為斷，即相對人明知（惡意）其事實或可得而知
　（有過失）者，則表意人始得撤銷之，若相對人不知（善意）或
　無過失時，則表意人不得撤銷之，以保護交易之安全。又如受第
　三人之詐欺而為無相對人之意思表示時，既無應受保護之特定相
　對人，應認表意人得撤銷之。例如受詐欺而為所有權之拋棄。

(2)**對於第三人之效力**：被詐欺而為之意思表示，其撤銷不得以之對抗
善意第三人（民92Ⅱ）。例如甲（施詐欺人）向乙（表意人）誆稱
房屋欲將傾倒，乙竟以為真，而將房屋低價廉賣於丙（相對人），
丙再將房屋轉賣於不知情之丁（善意第三人），若乙丙間之買賣契
約縱能撤銷，亦不得對抗丁，即乙不得向丁請求收回該房屋。

(3)**撤銷權之除斥期間**：表意人因被詐欺而撤銷意思表示，其撤銷應於
發現詐欺後一年內為之；但自意思表示後，經過十年，不得撤銷
（民93）。是為撤銷權之除斥期間，以免表意人若久不行使，則法
律關係永不能確定，影響相對人及利害關係人之權益。此除斥期間
原則上係適用於一般之法律行為，若因被詐欺而結婚者，其撤銷則
須於發現詐欺後，六個月內為之（民997），是乃特別規定。

（二）被脅迫而為意思表示

1. **脅迫之意義**：脅迫者，即不法使他人發生恐怖而為意思表示。
2. **脅迫之要件**
   (1)**須脅迫人有脅迫之故意**：即有意使表意人陷於恐怖而為意思表示。
   　但脅迫人無須具有得財產上利益或加害於他人之意思。此與刑法上
   　「恐嚇取財罪」（刑346）有所區別。
   (2)**須有脅迫之行為**：即使人陷於恐怖之行為。其使人陷於恐怖而告知
   　之「危害」，係屬於被脅迫人本人或他人之生命、身體、自由、名

譽或財產，則非所問。又其行為若屬不能抵抗之暴力行為，則此種意思表示，已非「心理的脅迫」，而為「物理的脅迫」之結果，根本不具備法效意思，在絕對強制之下，恐懼萬狀、失去思考、神智麻木，其意思表示，實係在無意識中或精神錯亂中所為，不啻是純機械反應，無意思表示可言，應逕依《民法》第75條規定認為無效。例如將人擊昏後強執其手使在契約上簽名。故脅迫之行為，僅單純的告知將來危害，而非直接訴諸現實的暴力行為。

(3) **須被脅迫人因其脅迫而發生恐怖**：若表意人不發生恐怖，雖有脅迫行為，亦不構成脅迫。如係利用他人已發生之恐怖，亦不成立脅迫。例如甲即將淹溺，乙索鉅酬，始允救助。

(4) **須被脅迫人因恐怖而為意思表示**：即恐怖與意思表示間須有因果關係。若無因果關係，即表意人縱不受脅迫，亦必為同一之意思表示者，則不構成脅迫。

(5) **須係不法之脅迫**：即其目的或手段為違法。恐嚇出於正當者，則不得謂之脅迫。例如債權人對債務人恐嚇，若不清償，即向法院告訴，則不構成脅迫。

3. 脅迫之效力

(1) **表意人之絕對效力**：即表意人被脅迫而為之意思表示，得撤銷之（民92 I）[45]、[46]、[47]。此項撤銷，祇須當事人以意思表示為之，不須任何方式（58台上1938）。脅迫之撤銷，具有絕對效力，得以之對

---

[45] 甲對乙說：如不贈以別墅乙幢，將告發其走私之事，乙被迫贈送，其行為：
（101律1）　(A)有效　(B)無效　(C)得撤銷　(D)效力未定⋯⋯⋯⋯⋯⋯(C)
[46] 甲受主債務人乙之脅迫，與乙之債權人丙締結保證契約，下列敘述，何者正確？
（102司44）　(A)無論丙是否知悉甲受脅迫，甲當然得撤銷為保證之意思表示
(B)丙明知或可得而知甲受脅迫時，甲始得撤銷為保證之意思表示　(C)無論丙是否知悉甲受脅迫，甲皆不得撤銷為保證之意思表示　(D)因甲之意思表示受不當影響，該保證契約自始無效⋯⋯⋯⋯⋯⋯⋯⋯⋯⋯⋯⋯⋯⋯⋯⋯⋯⋯⋯⋯⋯⋯⋯⋯⋯(A)
[47] 甲脅迫乙將其A畫出售給丙，丙不知甲脅迫乙之事。試問：下列敘述，何者正確？
（102高考財稅22）　(A)乙得撤銷其意思表示　(B)乙與丙之買賣契約無效　(C)丙得撤銷其意思表示　(D)乙及丙均不得撤銷各自的意思表示⋯⋯⋯⋯⋯⋯(A)

抗任何善意第三人。

(2)**撤銷權之除斥期間**：表意人因被脅迫而撤銷意思表示，其撤銷應於
脅迫終止後一年內為之；或自意思表示後，經過十年，即不得撤銷
（民93）。

（三）被脅迫與被詐欺之區別

因脅迫與因詐欺而為意思表示，雖都得撤銷，但兩者效力不同：

1. 因脅迫而為之撤銷，不論脅迫係何人，相對人或第三人所為，表意人均
得撤銷。因被詐欺之撤銷，若由相對人所為，表意人得撤銷，但若由第
三人所為時，以相對人明知或可得而知者為限，始得撤銷之。

2. 因被脅迫之撤銷，得以之對抗善意第三人；因被詐欺之撤銷，則不得以
之對抗善意第三人。所以如此者，蓋脅迫較詐欺之情形嚴重，對於表意
人有特加保護之必要。

3. 脅迫之除斥期間一年，係自脅迫終止時起算；而詐欺之除斥期間亦為一
年，但自發見詐欺起算。兩者起算點不同，但兩者皆是自意思表示後，
經過十年，不得撤銷（民93）[48]。

六、意思表示之生效

即意思表示開始發生效力，而當事人受其約束。意思表示之生效時
期，因有無相對人而不同：

---

[48] 被詐欺或被脅迫而為意思表示者，表意人得撤銷其意思表示。下列關於撤銷意思表
示之期間的敘述，何者正確？（102特三財稅3）　(A)自發見詐欺或脅迫後，1年內為
之。但自意思表示後，經過10年，不得撤銷　(B)自詐欺或脅迫終止後，2年內為之。
但自意思表示後，經過10年，不得撤銷　(C)自發見詐欺或脅迫終止後，1年內為之。
但自意思表示後，經過10年，不得撤銷　(D)自發見詐欺或脅迫終止後，2年內為之。
但自意思表示後，經過10年，不得撤銷⋯⋯⋯⋯⋯⋯⋯⋯⋯⋯⋯⋯⋯(C)

（一）有相對人的意思表示

此又以當事人得否直接交換意思，區別對話或非對話的意思表示：

1. **對話的意思表示**：即可以直接達到相對人之意思表示，例如面對面談話，或以手語，或以電話、旗語等交談皆是。《民法》第94條規定：「對話人為意思表示者，其意思表示，以相對人了解時，發生效力。」[49]即採了解主義。所謂「了解」，以相對人已明瞭表意人所為意思表示之意義。

2. **非對話的意思表示**：即不能直接達於相對人之意思表示。非對話而為意思表示，何時發生效力，立法例有四：

   (1) **表示主義**：亦稱「表白主義」，即表意人一經表示，即發生效力。例如某甲以信函向某乙為買賣某處房屋之意思表示，於該信函寫畢之時，即發生效力。

   (2) **發信主義**：即表意人將其意思表示，向相對人發送，始發生效力。例如信函業已投郵。

   (3) **達到主義**：即表意人之意思表示，已達到相對人支配範圍以內時，始能發生效力。例如郵差已將該信函交於相對人之手，或投入相對人所設置之信箱。

   (4) **了解主義**：即相對人了解該意思表示之意義，始發生效力。如前例，某乙拆閱信函，了解某甲願買賣某處房屋後，某甲之意思表示始發生效力。

   我《民法》第95條第1項本文規定：「非對話而為意思表示者，其意思表示，以通知達到相對人時，發生效力。」第96條規定：「向無行為能

---

[49] 甲過15歲生日，長輩乙擬贈送一部腳踏車以示祝賀與鼓勵，乙未及告訴甲之父親丙，某日於路上遇見甲，就直接向甲表示欲贈與一部腳踏車。試問該贈與要約之意思表示何時生效？（105司律1）　(A)乙發出贈與要約之意思表示，就發生效力　(B)乙要告訴丙才會發生效力　(C)雖然假為限制行為能力人，但甲了解就發生效力　(D)甲為限制行為能力人，並無受意思表示支能力⋯⋯⋯⋯⋯⋯⋯⋯⋯⋯⋯⋯⋯⋯⋯⋯(C)

力人或限制行為能力人為意思表示者，以其通知達到其法定代理人時，發生效力。」[50]即採取達到主義。所謂「達到」，乃指該通知已送達於相對人，使其居於可得而了解之地位。如信函已投入相對人之信箱中，相對人可隨時取閱。故相對人無正當理由而拒絕受領或故不拆閱者，均對達到之效力，不生影響。非對話為意思表示之生效，我民法原則既採達到主義，則於未達到前，意思表示尚未發生效力，自無妨由表意人撤回之。故欲撤回者，其撤回之通知，必須同時或先時到達，始生撤回之效力（民95 I）。達到既為生效要件，故表意人於發出通知後死亡或喪失行為能力，或其行為能力受限制者，其意思表示不因之失其效力（民95 II）[51、52]。如表意人不知相對人之姓名或居所，若非由於自己之過失，得依民事訴訟法公示送達之規定，以公示送達為意思表示之通知（民97）。關於公示送達，則依《民事訴訟法》第149條以下之規定。又民法例外採發信主義，如承諾遲到之通知（民159 I）。

（二）無相對人的意思表示

無相對人之意思表示，何時生效？民法無明文規定。解釋上以意思表示成立之同時發生效力為原則。然有時亦溯及於意思表示前發生效力，如繼承之拋棄（民1175）；有時亦於意思表示後若干日，始發生效力者，如遺囑（民1199）。

---

[50] 在無法定例外之情形下，向限制行為能力人為意思表示者，何時發生效力？（102高考財稅6） (A)意思通知到達限制行為能力人時 (B)限制行為能力人了解意思表示時 (C)意思通知到達其法定代理人時 (D)依商業習慣定之⋯⋯⋯⋯⋯⋯⋯⋯⋯(C)

[51] 甲想購買乙之一間辦公室，遂寫一封要約信給乙，表示願以500萬元購買該辦公室，未料寄信後當晚甲猝逝，該信3天後到達乙處，該要約之效力如何？（105高三財稅2） (A)仍有效 (B)無效 (C)有效，但甲之繼承人仍得撤銷該要約 (D)效力未定，經甲之繼承人承認者有效；拒絕承認者無效⋯⋯⋯⋯⋯⋯⋯⋯⋯⋯(A)

[52] 甲對乙寄出一封掛號信，信中向乙為出賣A別墅之要約（售價新台幣1000萬）。不料，甲剛寄出信後，而信尚未到達乙處時，甲即因故死亡。若翌日該信件到達乙處，甲出賣別墅之要約，其效力如何？（106司律2） (A)有效 (B)無效，但不得對抗乙 (C)效力未定 (D)無效，但不得對抗善意之乙⋯⋯⋯⋯⋯⋯⋯⋯⋯⋯(A)

七、意思表示之解釋

即闡明意思表示之涵義，以確定表意人所為意思表示之真意。意思表示之內容明確無疑者，固為常見，無待於解釋。然其內容含糊不清者，亦非無有，為確定意思表示之效力，則有待於解釋。我《民法》第98條規定：「解釋意思表示，應探求當事人之真意，不得拘泥於所用之辭句。」所謂「當事人之真意」，非指當事人內心真正之效果意思，而係指依據外部行為，所得探知之效果意思。而外部之行為作為解釋之依據時，則不應拘泥於所用之辭句，並應綜觀全文之背景、環境之情事、地方之習俗、商業之常例等，以求正確無誤。例如實際上係設定抵押權，但誤為質權，解釋時仍屬抵押權（28上598）。惟所用文字，業已表示當事人真意，無須別事探求者，即不得反捨文字而更為曲解（17上1118）。

八、案例研析

（一）甲受乙之脅迫將己有之名畫贈與善意之丙，丙轉贈於善意之丁。試問甲對乙、丙、丁主張何種權利？

答：　1. **甲與乙之關係**：《民法》第184條第1項前段規定：「因故意或過失，不法侵害他人之權利者，負損害賠償責任。」乙脅迫甲將名畫贈與丙，乙自屬民法第184條第1項前段之侵權行為，甲得向乙請求損害賠償。

　　　2. **甲與丙之關係**：《民法》第92條第1項本文規定：「因被詐欺或被脅迫而為意思表示者，表意人得撤銷其意思表示。」甲受乙之脅迫而將己有之名畫贈與丙，不問丙為善意或惡意，甲均得撤銷對丙之贈與。《民法》第114條第1項規定：「法律行為經撤銷者，視為自始無效。」甲撤銷對丙之贈與後，甲對丙之贈與為無效，丙受領該名畫，即屬無法律之原因而受利益，致他人受損害，丙應返還甲贈與之名畫（民179）。惟《民法》第182條第1項規定：

「不當得利之受領人,不知無法律上之原因,而其所受之利益已不存在者,免負返還或償還價額之責任。」丙受領名畫係屬善意,且已將該名畫贈與丁,丙已無利益,依民法第182條第1項規定,甲不得向丙請求返還名畫。

3. **甲與丁之關係**:《民法》第183條規定:「不當得利之受領人,以其所受者,無償讓與第三人,而受領人因此免返還義務者,第三人於其所免返還義務之限度內,負返還責任。」丁善意無償受領丙之名畫,使丙免負返還義務,依民法第183條規定,甲得向丁請求返還名畫。

(二)甲脅迫乙將房屋低價售甲,嗣即由甲轉售給丙。問乙能否將被脅迫事實向丙主張權利?是否因丙為善意或惡意而有不同?又乙當時如係因甲詐騙出售,情形有無不同?

答: 1. **乙能將被脅迫事實向丙主張權利**

理由:民法第92條第1項本文規定:「因被詐欺或被脅迫而為意思表示者,表意人得撤銷其意思表示。」第114條第1項規定:「法律行為經撤銷者,視為自始無效。」甲脅迫乙將房屋低價售與甲,乙得依民法第92條第1項本文規定,撤銷與甲間之買賣契約,買賣契約一經撤銷,視為自始無效,此時甲對該房屋即無正當權源,從而其轉售丙之行為,即屬無權處分,依民法第118條第1項規定,無權處分行為未經有權利人乙之同意,不生效力。故乙得將被脅迫事實向丙主張權利。

2. **丙為善意或惡意而有不同**

民法第92條規定表意人對被脅迫而為意思表示之撤銷權,不因第三人為善意或惡意有所不同。易言之,依民法第92條表意人撤銷意思表示,不問第三人為善意或惡意,均得對抗。惟《土地法》第43條規定:「依本法所為之登記,有絕對效力。」本題甲將房

屋轉售於丙，如丙為善意第三人，且就該房屋已為移轉登記，則丙信賴該登記，而取得土地權利，不因登記原因之無效或撤銷，而被追奪（28院1919），亦即丙仍享有土地所有權，乙不得訴請丙塗銷登記，乙所受損害，僅得依民法第184條向甲請求損害賠償或依第179條向甲請求不當得利。反之，如丙為惡意第三人時，則不受土地法之保護，其未取得房屋之權利，乙得訴請丙塗銷登記。

3. 乙若受甲詐騙出售，則情形不同

乙因被詐欺而為意思表示，自得撤銷其意思表示（民92 I）。惟《民法》第92條第2項規定：「被詐欺而為之意思表示，其撤銷不得以之對抗善意第三人。」因此若丙為善意，則乙對甲之撤銷不得對抗丙；若丙為惡意，則乙對甲之撤銷得對抗丙。

（三）甲男已成年，認識年滿17歲之乙女。甲男向乙女詐稱其為留美之法學博士，且為一大企業之協理，乙女信以為真，並得其父之同意口頭答應甲男之訂婚要求。為證明訂婚，二人互換飾物。甲男給乙女鑽戒一枚，值五萬元，乙女回贈甲男白金戒一枚，值五千元。訂婚次日，乙女為準備結婚放棄月薪二萬元之就業機會，且為婚禮，訂做禮服及其他開支有六萬元。乙女因甲男之花言巧語失身於甲男。嗣乙女之父揭穿甲男之謊言，乙女一怒之下，於訂婚後四個月，依法撤銷其與甲男婚約。試問：乙女撤銷婚約後，對甲男得行使何種權利？

答：1. 按民法並無婚約撤銷之明文規定，是依民法總則編上有關撤銷之規定觀之：顯示乙女係因甲男詐稱博士學歷、協理職位而誤信致徵得其父同意訂婚，是甲男顯故意以詐術表示虛偽之事實，使乙女及其父親陷於錯誤而為意思表示，乙女之一方得依民法第92條撤銷與甲男之婚約。又依民法第114條規定法律行為經撤銷者，視為自始無效。當事人知其得撤銷或可得而知者，其法律行為撤銷

時，準用前條之規定，即法律為經撤銷後，當事人應負回復原狀或損害賠償之責。故甲乙婚約撤銷後，乙得本於上開規定向甲請求因婚約而贈與之白金戒指一枚，如甲無法返還該戒指時，乙可改向甲請求五千元之損害賠償。

2. **乙可另依侵權行為要求損害賠償**：《民法》第184條第1項規定：「因故意或過失，不法侵害他人之權利者，負損害賠償責任。」本題甲男施用詐欺，使乙女受損害，故乙女可依侵權行為請求。又第216條規定：「損害賠償，除法律另有規定或契約另有訂定外，應以填補債權人所受損害及所失利益為限。」

   (1)就月薪二萬元就業機會：乃乙女可得預期之利益應可請求，請求之金額以實際上損害為準。

   (2)訂做禮服等開支六萬元及贈予甲之金戒一枚，乃因甲之詐欺行為，所受損害，應可請求。

   (3)乙女失身於甲之部分：依民法第195條之規定，不法侵害他人之身體、健康、名譽、自由、信用、隱私、貞操，或不法侵害其他人格法益而情節重大者，被害人雖非財產上之損害，亦得請求賠償相當之金額。故因甲之詐欺行為，致侵害乙之身體，乙可依上開規定，向甲請求慰撫金。

3. **乙亦可依民法第979條之1請求甲方返還贈與物**：甲男與乙女訂婚，甲男因而取得乙女贈與之白金戒一枚，現乙女撤銷婚約，依民法第979條之1規定，因訂定婚約而為贈與者，婚約無效、解除或撤銷時，當事人之一方，得請求他方返還贈與物。故乙女可請求返還該枚戒指。

（四）甲有一舊汽車欲出售，經其友人介紹認識一中古車行老闆乙，乃授權乙代其出售該汽車，逾數日乙找到買主丙，乃代甲將該車賣給丙並交付之，嗣後甲發現乙並非中古「汽車」行老闆，而是中古「機車」行老闆，對汽車完全外行，所買之價格亦偏低，試問：

1. 甲是否可主張其意思表示錯誤？應向誰主張之？
2. 倘甲主張意思表示錯誤而為撤銷，對乙、丙有何影響？
3. 倘丙因甲、乙撤銷而受損害，應向誰請求損害賠償？其是否可直接向甲請求賠償損害？

答：1. (1)意思表示之錯誤，依《民法》第88條之規定：①意思表示內容之錯誤。②表示行為之錯誤；即表意人若知其情事，則不為意思表示。③當事人資格、物之性質錯誤，且交易認為重要者。此三種錯誤，表意人有撤銷權。今甲有舊汽車欲出售，而委由為汽車完全外行之乙代為處理，此乃對當事人之資格認識錯誤，且交易上足認為重要，故可撤銷之。

　　(2)依《民法》第116條規定：撤銷及承認，應以意思表示為之。如相對人確定者，前項意思表示，應向相對人為之。故甲欲撤銷對乙之授權行為，應以意思表示對相對人為之。又此之相對人，究指何人？尚有以下之爭議：①代理人。②代理人或第三人。③代理人已與第三人為代理行為者，則以第三人為相對人。依我國民法第167條解釋，以B說較為可採。故對授權行為之撤銷，向乙或丙主張均可。

　　2. 撤銷後乙所為之行為為無權代理：代理權授與行為，經撤銷者，視為自始無效（民114Ⅰ），甲所授與乙之代理權亦隨之自始消滅，從而乙以甲之名義與丙訂立之買賣契約，即成為無權代理。無權代理可分為表見代理及狹義無權代理（即表見代理以外之無權代理）。關於表見代理，民法第107條及第169條設有規定。本

題中，甲係撤銷其錯誤之授權行為，與民法第107條及第169條規定要件未盡符合。須注意的是，我國學者史尚寬及洪遜欣先生認為代理權消滅後，無權代理人，有相當理由足以令相對人信賴其有代理權時，亦應類推適用上開規定成立表見代理。故乙係於授權行為撤銷前，與丙為代理行為，為保護相對人利益，應成立表見代理，即甲對於丙應負授權人之責任，從而丙對甲可主張表見代理，對乙、丙而言均不生任何影響。

3. (1)丙可依無權代理之規定對乙請求損害賠償。

　　理由：若丙無法主張表見代理，則依《民法》第110條規定：「無代理權人，以他人之代理人名義所為之法律行為，對於善意之相對人，負損害賠償之責。」乙應對丙負無權代理責任。此一責任依通說見解，乃一擔保責任，不以乙有故意過失為必要，故乙方於為法律行為時雖未預知授權行為得被撤銷，亦不能免除損害賠償責任。惟乙於損害賠償後，復得依民法第91條向甲請求賠償。

(2)丙亦可依民法第91條規定向甲直接請求損害賠償。

　　理由：《民法》第91條規定：「依第八十八條及第八十九條之規定撤銷意思表示時，表意人對於信其意思表示為有效而受損害之相對人或第三人，應負賠償責任。」故丙亦得直接依本條向甲請求損害賠償。

第四節　條件與期限

一、條件
二、期限
三、案例研析

　　條件與期限均為法律行為之附款，其作用在限制法律行為效力之發生或消滅[53]。茲分述如下：

一、條件

（一）條件之意義

　　條件者，即限制法律行為效力之發生或消滅，而以將來客觀不確定之事實，附加於該法律行為之意思表示。申言之：

1. **條件之作用**：在限制法律行為效力。即法律行為已經成立，條件所決定者僅其效力之發生或消滅。例如約定若君出國留學（條件），則贈與千金（法律行為效力發生）。又例如約定若君歸國就業（條件），則停止貸款（法律行為效力消滅）。

2. **條件之內容**：為將來客觀不確定之事實。即事實之發生與否，於行為當時客觀上不能確定。如為過去之事實，當事人主觀上雖不知，然客觀上業已確定者，不得視為條件。

（二）條件之種類

1. **停止條件**：即以將來客觀不確定之事實成就，法律行為始發生效力

---

[53] 甲、乙二人為不動產役權之設定，並約定只要乙為鄰地之所有人，不動產役權即繼續存在，但至少在2010年12月31日以前有效。請問在本約定中：（101司4）　(A)不含條件　(B)只有條件　(C)有兩個條件　(D)期限與條件混合……………………(D)

之條件。附停止條件之法律行為，於條件成就時，發生效力（民99 I）[54、55、56]。例如甲與乙約定：「乙如今年高考及格，贈汽車一輛。」此項贈與的法律行為，雖於約定時即已成立，然必待乙高考及格（條件成就時），其贈與效力始能發生。

2. **解除條件**：即以將來客觀不確定事實之成就，法律行為喪失其效力之條件。附解除條件之法律行為，於條件成就時，失其效力（民99 II）。例如甲與乙約定：「借用房屋，俟乙高考及格時返還。」此項借貸契約於約定時，即已成立生效。然若乙高考及格（條件成就），則其效力消滅，乙須將房屋返還。

（三）條件之成就與不成就

1. **條件之成就**：條件之成就者，乃為條件內容之事實，已經確定實現。在積極條件，為其內容變動之發生；在消極條件，為其內容變動之不發生已確定。例如甲與乙約定，今年高考及格，即贈與鋼筆一支，而乙榮登榜首，故條件為成就，甲應依約贈乙鋼筆一支。條件之是否成就，應順乎自然。若因條件之成就而受不利益之當事人，以不正當行為阻其條件之成就者，法律為杜取巧，乃規定以之視為條件已成就（民101 I），

---

[54] 甲現為大學一年級學生，乙與甲約定，於甲大學畢業時，乙將贈與甲汽車一輛，此項贈與契約所附約款之性質如何？（101司11）　(A)附有終期　(B)附有始期　(C)附有停止條件　(D)附有解除條件⋯⋯⋯⋯⋯⋯⋯⋯⋯⋯⋯⋯⋯⋯⋯⋯⋯⋯⋯⋯(C)

[55] 甲與乙約定，乙今年如能通過律師高考，甲即贈與乙100萬元。下列敘述，何者錯誤？（102司9）　(A)本例為單獨行為之法律關係　(B)本例為附停止條件之法律行為　(C)乙通過今年之律師考試者，甲負有給付乙100萬元之義務　(D)甲與乙得約定，此法律行為之效力於乙通過考試1年後始發生⋯⋯⋯⋯⋯⋯⋯⋯⋯⋯⋯⋯⋯(A)

[56] 下列行為，何者為附停止條件之法律行為？（105高三財稅3）　(A)甲之父親送甲一台iPad，約定每天不能玩電玩超過一小時，否則須將iPad返還給他　(B)甲分期付價買一台冰箱，賣家乙以所有權保留方式移轉所有權給甲，約定甲付完所有價金後取得所有權　(C)甲向乙購買一條項鍊欲送妻，與賣家約定，若妻子不喜歡，將退回項鍊　(D)85歲之甲與乙成立租賃契約，並約定租賃期3年，但若甲死亡，乙須無條件搬出⋯⋯⋯⋯⋯⋯⋯⋯⋯⋯⋯⋯⋯⋯⋯⋯⋯⋯⋯⋯⋯⋯⋯⋯⋯⋯⋯⋯⋯⋯⋯⋯⋯⋯⋯⋯⋯⋯⋯(B)

此即所謂「條件成就之擬制」。例如甲與乙約定：「你如高考及格，贈你鋼筆一隻。」甲惟恐乙高考及格而受不利益，乃偷走乙之准考證，致乙未能應考，此時乙仍可向甲請求鋼筆一隻之贈與。

2. **條件之不成就**：條件之不成就者，乃為條件內容之事實，已經確定不實現。若因條件成就而受利益之當事人，如以不正當行為促其條件之成就者，視為條件不成就（民101Ⅱ），此即所謂「條件不成就之擬制」。例如前例乙考試舞弊以達及格，雖未被發現而僥倖錄取（條件成就），但因係作弊所致，仍視為條件不成就。

（四）條件之效力

1. **條件成就之效力**：附停止條件之法律行為，於條件成就時，發生效力。附解除條件之法律行為，於條件成就時，失其效力。但依當事人之特約，使條件成就之效果，不於條件成就之時發生者，依其特約（民99）。例如甲與乙之約定，於乙出國三個月後，補助乙在國外之生活費用。

2. **條件不成就之效力**：依《民法》第99條第1、2項之反面解釋：附停止條件之法律行為，於條件不成就時，確定不生效力。附解除條件之法律行為，於條件不成就時，法律行為繼續發生效力。

3. **條件成否未定前之效力**：條件成就與否未定前，當事人有因其成就與否而取得權利之期待，亦即學說上所謂「期待權」。此種利益，法律自須加以保障，故《民法》第100條規定：「附條件之法律行為當事人，於條件成否未定前，若有損害相對人因條件成就所應得利益之行為者，負賠償損害之責任。」

（五）不許附條件之法律行為

依私法自治之原則，法律行為原則上得附條件。例外亦有不許附條件

之法律行為者[57]。不許附條件而附加者，其法律行為無效。其種類有二：

1. **因法律之規定而不許附條件者**：如債務之抵銷，原為節省清償之手續，故不得附條件（民335），又如匯票、本票、支票不得附條件（票據2～4）。

2. **因行為之性質而不許附條件者**：例如基於公益之考慮，結婚、離婚[58]、繼承之承認、拋棄等親屬法、繼承法上之行為，均不許附條件。又如基於私益之考慮，撤銷、解除、承認等行為，亦不許附條件。

二、期限

（一）期限之意義

期限者，當事人隨意將法律行為效力之發生或消滅，使繫諸確定的未來事實屆至之附隨條款。期限之性質與作用，均同於條件。所不同者，條件以將來客觀不確定之事實為內容，而期限之內容則為將來確定之事實。例如「明日若晴天」乃條件，而「天放晴時」，則為期限[59]。

（二）期限之種類

1. **始期**：即法律行為開始發生效力之期限。

---

[57] 關於條件，下列敘述，何者錯誤？（106特四財稅6）　(A)基於私法自治原則，所有法律行為皆可附條件　(B)附停止條件之法律行為，於條件成就時，發生效力　(C)附解除條件之法律行為，於條件成就時，失其效力　(D)因條件成就而受利益之當事人，以不正當行為促其條件之成就者，視為條件不成就……………………………(A)

[58] 甲、乙二人為夫妻，婚後不久，雙方預訂離婚協議書，約定一方對他方有虐待、侮辱或不義情事者，雙方同意即刻離婚，絕無異議。甲、乙間之協議，效力如何？（101律15）　(A)有效　(B)無效　(C)得撤銷　(D)經甲、乙承認後有效………………………(B)

[59] 甲與乙約定：「明天若晴天出大太陽，送乙1頂帽子」；另甲與丙約定：「晴天出大太陽時，送丙1頂帽子」。下列敘述，何者正確？（101律18）　(A)甲與乙之約定，附有停止條件；甲與丙之約定，附有終期　(B)甲與乙之約定，附有解除條件；甲與丙之約定，附有終期　(C)甲與乙之約定，附有停止條件；甲與丙之約定，附有始期　(D)甲與乙之約定，附有解除條件；甲與丙之約定，附有始期………………………(C)

2. **終期**：即法律行為失其效力之期限[60]。如訂立租賃契約，約定期限為民國100年1月1日至100年12月31日。則民國100年1月1日為租賃法律行為之始期，同年12月31日為終期。

（三）期限之效力

1. **期限到來時之效力**：期限之到來，即指期限內容之事實已發生。其情形有二：
   (1)**始期屆至之效力**：民法稱始期之到來為屆至。附始期之法律行為，於期限屆至時，發生效力（民102Ⅰ）。例如甲將房屋出租與乙，約定始期自民國106年6月30日起，則租約自該日屆至時，開始發生效力。
   (2)**終期屆滿之效力**：民法稱終期之到來為屆滿。附終期之法律行為，於期限屆滿時，失其效力（民102Ⅱ）。例如上例，約定終期自民國107年7月31日止，則租約自該日屆滿時，失其效力。
2. **期限到來前之效力**：附期限法律行為之當事人，於期限未到來前（始期未屆至、終期未屆滿），有將來可以取得權利之期待權。若於期限未至之時，損害相對人因期限屆至所應得之利益者，應負賠償損害之責任。此與條件成就前之損害賠償同，故準用第100條之規定（民102Ⅲ）。

（四）不許附期限之法律行為

　　依私法自治之原則，法律行為原則上亦得附期限。不得附條件之法律行為，大致亦不容附期限。但兩者範圍並非完全一致。例如票據行為，許附期限而不許附條件，而繼承人之指定則得附條件但不許附期限。

---

[60] 甲與乙成立房屋租賃契約，約定「租期至民國100年12月31日」。下列敘述，何者正確？（101律7）　(A)本例為租賃契約附停止條件　(B)本例為租賃契約附解除條件　(C)本例為租賃契約附始期　(D)本例為租賃契約附終期⋯⋯⋯⋯⋯⋯(D)

三、案例研析

> (一) 甲與乙約定，如乙考試成績在80分以上者，即贈與鋼筆一支，
> 問：乙之考試成績恰為80分時，甲應否贈與鋼筆一支，何故？

答： 此案例乃附停止條件之贈與行為，乙之考試成績恰為80分，則條件
成就，其贈與行為發生效力，甲應依約贈與鋼筆一支，所謂80分以
上者，乃俱連本數計算，故乙成績恰為80分，為條件成就。

> (二) 甲向乙表示如乙本年高考律師及格，甲即贈律師服一套，後乙參
> 加司法官特考及格，則乙是否可以向甲請求履行贈送律師服一
> 套？

答： 甲向乙表示如乙本年高考律師及格，甲即贈送律師服一套，此為附
停止條件之法律行為；換言之，其行為雖已成立，但於條件（乙本
年高考律師及格）成就前，其效力停止。乙雖司法官特考及格，但
與甲乙間約定之條件不同，故乙不可向甲請求履行贈送律師服一
套。

第五節　代理

一、代理之意義

代理者，乃代理人於代理權限內，以本人（被代理人）名義，向第三人為意思表示，或由第三人受意思表示，而其效力直接對本人發生之行為。

二、代理之要件

（一）須本於代理權

代理人須有代理權，並須於代理權之範圍內為之[61]。所謂「代理權」，乃基於法律規定或本人之授與，而生之一種資格權。而代理權之範圍，在法定代理，其範圍應依照法律所規定。在意定代理，自應依本人之授權行為定之。逾越代理權範圍，則為無權代理。

（二）須以本人名義

代理行為須以本人名義為之，即表示因代理行為而取得權利或負擔義

---

[61] 甲授權與乙，由乙代理甲處理催收借款及交易帳款等事宜。在授權範圍不甚明確之情形下，下列何者應歸屬於代理權限範圍？（106司律4）　(A)乙得解除甲與相對人間之原買賣契約　(B)乙得受領相對人代物清償方式所為之給付　(C)乙得接受相對人所為承認債務之意思表示　(D)乙得免除相對人之部分債務……………………………………(C)

務者為本人。學者稱之為「顯名主義」，目的在表明法律關係之當事人，明確區分代理人自己的行為與「為本人」所為之行為。

（三）須代為意思表示或代受意思表示

代理限於為意思表示或受意思表示，故事實行為、侵權行為及感情表示等，均不得代理。法律行為以得代理為原則，但有關身分之行為，重視當事人本身之意思，例外的不許代理，如結婚。故親屬及繼承法上之行為，皆不許代理。

（四）須直接對本人發生效力

代理人係代本人為意思表示或受意思表示，故因該代理行為所發生之效果，自須直接歸屬於本人，而無待於代理人之移轉。

三、代理之種類

（一）法定代理與意定代理

此係以代理權發生原因為區分標準。法定代理者，基於法律之規定而成立之代理，例如父母對於未成年子女之代理、夫妻於日常事務之代理。意定代理者，基於本人之授權而成立之代理，例如甲授權乙代為出售某處房屋一棟。

（二）積極代理與消極代理

此係以代理行為之性質為區分標準。積極代理者，代為意思表示之代理。消極代理者，代受意思表示之代理。

（三）直接代理與間接代理

此係以代理效力之型態為區分標準。直接代理者，代理人以本人名義

所為，而其效力直接對本人發生之代理。例如甲以乙之名義為買賣行為，而使乙直接取得買賣標的物交付請求權及負擔支付價金之義務。間接代理者，代理人以自己之名義所為，而其效力先對代理人自己發生，再由代理人移轉其效力於本人之代理。例如甲代理乙，以自己名義向丙買得汽車一輛，丙將汽車交付於甲，並向甲請求價金，然後甲將該車交乙，並向乙請求該車之價金。此種代理，與代理之本質不符，在法律上不能認為代理，例如行紀（民576）。但其經濟作用有類似代理之處，故曰「經濟代理」。

（四）單獨代理與共同代理

此係以代理人之人數為區分標準。單獨代理者，代理人僅有一人之代理。共同代理者，代理人有兩人以上之代理。

（五）有權代理與無權代理

此係以代理權之有無為區分標準。有權代理者，代理人有正當之權源。無權代理者，即無代理權而以代理人名義自居所為之代理。廣義的無權代理包括「表見代理」與「狹義的無權代理」二者，茲分述如下：

1. 表見代理[62]、[63]

(1) 表見代理之意義

乃屬於廣義無權代理之一種。即無代理權，而有足以令人信其為有

---

[62] 甲之印鑑圖章及支票簿，常交與乙保管，乙擅自以該印鑑圖章簽發支票一張，交付與善意之丙，下列敘述，何者正確？（102司49）　(A)丙得主張成立表見代理，由甲負授權人責任　(B)法院得不待丙之主張，逕行認定本件成立表見代理　(C)法院得不待丙之主張，逕行認定本件係無權代理　(D)丙僅得主張成立表見代理，不得主張成立無權代理‧‧‧‧‧‧‧‧‧‧‧‧‧‧‧‧‧‧‧‧‧‧‧‧‧‧‧‧‧‧‧‧‧‧‧‧‧(A)

[63] 對善意無過失之相對人而言，以下何種情形不成立表見代理？（102律1）　(A)本人將支票、印章交與他人保管，而該他人擅自簽發支票者　(B)他人利用本人交付之印章、印鑑證明、戶口名簿等，以本人名義為逾越本人授權範圍外之其他法律行為者

代理權之事由，遂使本人負授權人責任之代理。《民法》第169條規定：「由自己行為表示以代理權授與他人，或知他人表示為其代理人而不為反對之表示者，對於第三人應負授權人之責任。但第三人明知其無代理權或可得而知者，不在此限。」

(2) 表見代理之要件

　　① 須有可信代理人有代理權之正當理由，即：A.本人由自己行為表示以代理權授與他人，而事實上並無授權關係之存在。例如甲以支票簿及印章交乙保管，而乙擅自簽發支票。B.本人知他人表示為其代理人而不為反對之表示者。例如甲自稱為乙之代理人，乙明知而不表示反對。

　　② 須第三人為善意且無過失，即第三人若明知其無代理權或可得而知者，則亦不得認為表見代理。

(3) 表見代理之效力

　　無權代理人所為之代理行為與本人無涉，但在表見代理之情形，因表見代理人在外表上有足以使人信其為有代理權之理由，且此等理由又係由於本人之行為或縱容所致，為防第三人受不測之損害，法律遂規定本人應負授權人之責任[64]。換言之，本人不得以未經授權為理由，而否認該代理行為之效力。

　　然此僅為保護善意第三人而設，故第三人若明知其無代理權或可得而知者，即不受本條之保護。

2. 狹義的無權代理

　　(1)狹義無權代理之意義：即指表見代理人以外之無權代理，其情形有四，即包括A.不具備表見代理人要件之代理。B.授權行為無效之代理。C.逾越代理權範圍之代理。D.代理權消滅後之代理。

(C)他人持公司印發之支店名片，自稱為公司之營業代理人，公司明知而不為反對之表示者　(D)他人利用本人交付蓋有私章及其經營工廠廠章之空白合約與收據，與相對人簽訂契約並收取定金者‧‧(B)

[64] 依民法規定，有表見代理時，本人對代理行為之相對人應負之責任為：（101特三財稅1）　(A)損害賠償責任　(B)履行責任　(C)侵權行為責任　(D)代負履行責任‧‧‧‧‧(B)

(2)狹義無權代理之效力[65]、[66]、[67]：

① **本人與相對人間之關係**：狹義無權代理，既無代理權，又無使人信其為有代理權之原因，對於本人原應無效。但無權代理僅本人未授與代理權，為保護相對人之利益，並謀交易上之便利，法律特規定為效力未定之行為[68]、[69]。在本人與相對人間之效力，因下列事由而確定：

A.**本人之承認**：無代理權人以代理人之名義所為之法律行為，非經本人承認，對於本人不生效力（民170 I）。承認為有相對人之單獨行為，應向相對人或無權代理人以意思表示為之（民116）。一經承認，如無特別訂立，即溯及為法律行為時發生效力（民115）。

---

[65] 乙將一幅名畫借給甲展覽，甲未經乙之授權，竟以乙之名義，與善意之丙訂立買賣契約，並移轉所有權之意思交付於丙。下列有關無權代理之敘述，何者正確？（104司律63）　(A)甲丙訂立之買賣契約，非經乙承認，其效力不及於乙　(B)乙拒絕承認假丙訂立之買賣契約，甲亦非契約當事人　(C)甲非名畫之所有權人，但丙善意取得該名畫之所有權　(D)丙得定相當期限，催告乙是否承認甲之無權代理行為　(E)乙拒絕承認時，甲對丙應負無過失之損害賠償責任……………………………(A)(B)(D)(E)

[66] 甲自稱係乙之代理人，並以乙之代理人名義與丙訂立買賣契約。下列敘述，何者錯誤？（106特四財稅8）　(A)甲為無權代理人　(B)該買賣契約於甲與丙間有效　(C)該買賣契約未經乙承認前，對乙不生效力　(D)若丙不知甲無代理權限，其於該買賣契約經乙承認前，有撤回權……………………………………………………(B)

[67] 關於無權代理人以本人名義所為之法律行為，下列敘述，何者正確？（105高三財稅8）　(A)該法律行為之當事人係無權代理人與相對人　(B)該法律行為之當事人係本人與相對人　(C)該法律行為絕對無效　(D)該法律行為雖為有效，惟利害關係人得申請法院撤銷之……………………………………………………………(B)

[68] 甲委託乙代售汽車，言明不得低於1百萬元，同時授乙以代理權，如乙用甲之名義以80萬元售出，該行為：（101律19）　(A)有效　(B)無效　(C)得撤銷　(D)效力未定
…………………………………………………………………………………………(D)

[69] 甲將其印章交付於乙，委託乙到郵局代領郵件，嗣乙未得甲之同意，持該印章在丁向丙借款一百萬元之保證書上蓋章，代理甲與丙訂立保證契約，下列敘述，何者正確？（105司律6）　(A)甲與丙之保證契約有效成立　(B)甲與丙之保證契約無效　(C)甲與丙之保證契約是否有效成立，視丙是否為善意而定　(D)甲兩丙之保證契約效力未定
…………………………………………………………………………………………(D)

B.**本人拒絕承認**：即本人表示不補授代理權。一經拒絕，無權代理行為即確定不生效力。

C.**相對人之催告**：無權代理行為，如本人久不承認或拒絕，相對人得定相當期限，催告本人確答是否承認，如本人逾期未為確答者，視為拒絕承認（民170 II）[70]。

D.**相對人之撤回**：無權代理行為，在本人承認前，生效與否，原未確定，故相對人不知其為無代理權者，法律為保護其利益，許於本人承認前撤回之。但為法律行為時明知其無代理權者，則無保護之必要，而不許撤回（民171）。

② **無權代理人與相對人間之關係**：無權代理人所為法律行為，如經本人承認，無權代理人與相對人間，即不發生任何關係；如本人不為承認，對於善意之相對人，應負損害賠償之責（民110）[71]。

③ **無權代理人與本人間之關係**：無權代理人所為之行為，經本人承認者，始對本人發生效力；如本人不承認時，則構成無因管理或侵權行為。

（六）一般代理與特別代理

此係以代理權之範圍為區分標準。一般代理者，即代理權範圍無特定限制之代理，例如甲授乙代為管理處分一切財產之權。特別代理者，即代理權之範圍有特定限制之代理。例如甲授乙代賣某屋之權。

---

[70] 甲以乙之代理人身分向丙購買一批貨物，丙則於事後方知甲並無代理權。下列敘述，何者錯誤？（106特四財稅7） (A)該買賣契約非經乙承認，對乙不生效力 (B)丙得定相當期限，催告乙確答是否承認，如乙逾期未為確答者，視為承認 (C)丙於乙未承認前，得行使撤回權，使該買賣契約歸於無效 (D)乙得於丙未為任何行為前，主動拒絕承認該買賣契約⋯⋯⋯⋯⋯⋯⋯⋯⋯⋯⋯⋯⋯(B)

[71] 善意相對人對於無權代理人之損害賠償請求權之消滅時效期間為：（103特三財稅5） (A)2年 (B)5年 (C)10年 (D)15年⋯⋯⋯⋯⋯⋯⋯⋯⋯⋯⋯⋯⋯⋯⋯⋯⋯⋯(D)

（七）本代理與複代理

此係以代理權有無再代理為區分標準。本代理者，即由代理人自己為法律行為，一般的代理皆是。複代理者，即代理人以自己名義，為本人選任代理人，使其於代理權限內代理本人為代理行為者。我國民法對於複代理未設規定，在某些契約中且明文加以禁止，例如在僱傭契約（民484 I）、委任契約（民537）等。在解釋上，非經本人同意或另有特別約定，不得選任複代理人。

四、代理之發生[72]

（一）意定代理之發生

意定代理係基於本人之授權而發生。茲將有關事項說明如下：

1. **授權行為之本質**：代理權授與之行為（授權行為）[73]，依通說係單獨行為，因本人之授權意思表示而成立，無須得相對人之承諾。

2. **授權行為之方式**：《民法》第167條規定：「代理權係以法律行為授與者，其授與應向代理人或向代理人對之為代理行為之第三人，以意思表示為之。」授權行為係有相對人之單獨行為。其成立雖不必得相對人之同意，然必須向相對人為之，始生效力。此之所謂相對人，依民法第167條規定，為代理人或代理人對之為代理行為之第三人。授權應以意思表示為之，但無須具備一定之方式[74]。

---

[72] 下列有關代理權授與之敘述，何者錯誤？（106特四財稅5）　(A)代理權係以法律行為授與者，其授與得向代理人，以意思表示為之　(B)代理權係依法律行為授與者，其授與得向代理人對之為代理行為之第三人，以意思表示為之　(C)代理授權與數人為共同代理人，無效　(D)代理權得依法律規定或本人之授權而取得……………………(C)

[73] 民法關於代理權授與之規定，下列敘述何者錯誤？（101司13）　(A)代理權之授與僅適用於意定代理　(B)授與代理權應以意思表示為之　(C)限制行為能力人無法定代理人之同意不得授與代理權　(D)代理權授與行為為契約行為……………………(D)

[74] 甲委任乙將其名下一筆不動產所有權移轉給丙，並就此行為授與乙代理權。關於甲對乙之處理權與代理權授與之方式，下列何者正確？（101律9）　(A)二者方式自由，

3. **授權行為之產生**：通說認為授權行為係由基本法律關係（例如委任、僱傭）而生，應從屬於其基本法律關係。故基本法律關係無效或撤銷時，授權行為亦應消滅。

（二）法定代理之發生

法定代理係基於法律之規定而發生。情形如下[75]：

1. 須具有法定身分，或居於法定地位，則於法律上當然成為代理者，如父母為未成年子女之法定代理人（民1086），監護人為受監護人之法定代理人（民1098、1113），夫妻於日常家務，互為代理人（民1003）。
2. 由於機關之處分而發生者，如法院選定之法人清算人（民38），法院指定之遺囑執行人（民1211）等。
3. 由於本人以外之私人行為而發生者，如由親屬會議選定之遺產管理人（民1177）。

五、代理之能力

（一）權利能力

因代理人之代理行為而享受權利負擔義務者為本人，故本人須有權利能力。代理人本身非權利義務之主體，有否權利能力在所不問。例如外國人雖然不能在我國取得土地所有權，其權利能力受到限制，但外國人仍得為我國人之代理人，代理我國人取得土地。

不受任何限制　(B)二者均須以文字為之　(C)僅處理權之授與須以文字為之　(D)僅代理權授與須以文字為之……………………………………………………(B)

[75] 下列未成年人所為之行為，何者無須法定代理人之同意？（104司律69）　(A)16歲的甲男訂立遺囑　(B)17歲的甲男與15歲的乙女訂婚　(C)15歲的甲男於法院未拋棄繼承之書面意思表示　(D)18歲的甲男與16歲的乙女於婚後訂立夫妻共同財產制契約　(E)16歲之甲男與養父母死亡後，向法院聲請許可終止收養關係……………(A)(D)

（二）行為能力

1. **法定代理人之行為能力**：法定代理之旨趣，在保障未成年人之權益，其法定代理人須有完全之行為能力，故未成年人及受監護宣告之人不得為監護人（民1096）。因未成年人及受監護宣告之人之本身尚需要保護人為其代理。

2. **意定代理人之行為能力**：行為能力之制度，乃在保障行為人之利益。代理行為之效果既係歸屬於本人，而與代理人無涉，故意定代理人不須具有完全之行為能力。本人對於代理人之能力是否堪受託付，於授權之時必當查明。若對限制行為能力人授權，可見本人對其能力有相當信任，則基此授權而生代理行為之效果，即代理人所為或所受意思表示之效力，自不因其為限制行為能力人而受影響[76]（民104）。但若代理人為無行為能力人，因其能力有嚴重缺陷，為維護交易之安全，保障本人之利益，故不得為代理人。

（三）意思能力

代理人既係代為意思表示或代受意思表示，自須具有意思能力。故未滿七歲之未成年人及受監護宣告之人均不得為代理人。又代理之情形，事實上為意思表示及受意思表示者，乃為代理人，故因其意思欠缺、被詐欺、被脅迫，或明知其事情或可得而知其事情，致其效力受影響時，其事實之有無，應就代理人決之[77]。但代理人之代理權係以法律行為授與者

---

[76] 甲現年18歲，乙委託甲代其向丙購買電腦，甲同意接受此項委託，並由乙授與甲代理權，甲乃代理乙向丙購買電腦，惟關於甲受乙之委託向丙購買電腦一事，甲之父母親（法定代理人）並不知情。下列敘述，何者正確？（101律14）　(A)甲與乙之委任契約無效，甲代理乙與丙所訂立之電腦買賣契約有效成立　(B)甲與乙之委任契約效力未定，甲代理乙與丙所訂立之電腦買賣契約無效　(C)甲與乙之委任契約有效，甲代理乙與丙所訂立之電腦買賣契約無效　(D)甲與乙之委任契約效力未定，甲代理乙與丙所訂立之電腦買賣契約有效成立……………………………………………(D)

[77] 關於代理，下列敘述何者正確？（102特三財稅5）　(A)代理人之意思表示，因其

（意定代理），其意思表示，如依照本人所指示之意思而為時，其事實之有無，仍應就本人決定之（民105）[78]。

六、代理之限制

（一）法定代理權之限制

法定代理權之範圍及其限制，依法律之規定[79]。

（二）意定代理權之限制

意定代理權之範圍及其限制，有由本人任意所加者，有由法律規定者。分述如次：

1.當事人所加之限制

本人既得任意授權於代理人，自亦得任意對代理權加以限制。惟為免第三人因不知其限制而受不測之損害，故此項代理權之限制不得對抗善意第三人。但第三人因過失而不知其事實者，無予保護之必要，故仍得對抗之（民107）。

意思欠缺，致其效力受影響時，其事實之有無，應就本人決之　(B)代理人之意思表示，因其被詐欺、被脅迫，致其效力受影響時，其事實之有無，應就代理人決之　(C)代理人之意思表示，因明知其事情或可得而知其事情，致其效力受影響時，其事實之有無，應就相對人決之　(D)代理人之代理權係以法律行為授與者，其意思表示，如依照本人所指示之意思而為時，其事實之有無，應就代理人決之⋯⋯⋯⋯⋯(B)

[78] 乙向甲借名畫，為丙所明知，故丙將代理權授予善意之丁，由丁以丙之名義向乙購買名畫，乙以移轉所有權之意思將畫交付給善意之丁。丁如非依照丙所指示之意思，向乙購買該畫。下列敘述，何者正確？（106司律23）　(A)因代理人丁善意，故本人丙善意取得畫之所有權　(B)因代理人丁善意，故丁善意取得畫之所有權　(C)因本人丙惡意，故丙未善意取得畫之所有權　(D)因本人丙惡意，故代理人丁取得畫之所有權⋯⋯⋯⋯⋯⋯⋯⋯⋯⋯⋯⋯⋯⋯⋯⋯⋯⋯⋯⋯⋯⋯⋯⋯⋯⋯⋯⋯⋯⋯⋯⋯⋯⋯⋯⋯⋯⋯(A)

[79] 訂定下列身分契約，何者不須法定代理人之同意？（102司37）　(A)男18歲，與一女訂定婚約　(B)女18歲，與夫訂定夫妻財產契約　(C)男18歲，與父母以外第三人訂定收養契約　(D)女18歲，與夫離婚⋯⋯⋯⋯⋯⋯⋯⋯⋯⋯⋯⋯⋯⋯⋯⋯⋯⋯⋯⋯⋯⋯⋯(B)

2. 雙方代理之禁止

《民法》第106條規定：「代理人非經代理本人之許諾，不得為本人與自己之法律行為，亦不得既為第三人之代理人，而為本人與第三人之法律行為。但其法律行為，係專履行債務者，不在此限。」分述如下：

(1)**雙方代理之意義**：所謂雙方代理者，即代理人代理本人（被代理人）與自己（代理人）為法律行為（又稱自己代理），或代理人同時為雙方當事人之代理人為法律行為（又稱重複代理）。例如甲為乙之代理人，而代理乙又將乙之房屋賣於甲自己，或甲同時為乙、丙之代理人，而代理乙、丙訂立房屋買賣契約。

(2)**雙方代理禁止之理由**：代理人為代理行為時，理應謀本人之利益，庶不背本人之託付。若代理人代理本人與自己為法律行為，或既為第三人之代理人，而為本人與該第三人之法律行為時，難免因利害衝突，為圖利自己或第三人，致生損害於本人之利益。故原則上禁止雙方代理。

(3)**雙方代理禁止之例外**

① **經本人許諾**：雙方代理並非強行規定，自可依當事人之意思，予以變更，若本人既許為雙方代理，法律自無禁止之必要[80]。

② **專為履行債務之行為**：代理行為既係專為履行債務，無利害衝突致生損害於本人之虞，故亦不在禁止之列[81]。

3. 共同代理方式之限制

共同代理者，代理人有數人之代理。換言之，乃數人共同行使一代理權。共同代理之各個代理人並無單獨代理之權限，故其代理行為應共同

---

[80] 甲有一筆土地，授權於乙以甲之名義出賣，丙有意購買一筆土地，亦授權於乙以丙之名義買受。乙乃代理甲、丙二人訂立系爭土地之買賣契約。該土地買賣契約，效力如何？（102司4）　(A)有效　(B)無效　(C)得撤銷　(D)經甲、丙承認後有效⋯⋯⋯⋯(D)

[81] 甲公司有一筆土地，出賣於乙。嗣後乙當選甲公司董事長，乃代表該公司將土地所有權移轉登記於自己名下。甲、乙間移轉該土地所有權之行為，效力如何？（102司3）　(A)有效　(B)無效　(C)得撤銷　(D)經甲承認後有效⋯⋯⋯⋯⋯⋯⋯⋯⋯⋯⋯(A)

為之。但法律另有規定（民556）或本人另有意思表示者，不在此限（民168）。故共同代理，其代理行為非全體代理人共同一致為之者，即構成無權代理。

七、代理之消滅

（一）代理權消滅之原因

1. **共通消滅原因**：
   (1)**本人死亡**：本人死亡後被代理之對象消滅，故無論法定代理或意定代理，其代理關係原則上均歸消滅。又本人之死亡，不限於真實死亡，即死亡宣告亦包括之。
   (2)**代理人死亡**：代理人係為代理本人為法律行為而設，如代理人已死亡則不能代本人為法律行為，且代理權為法律上之一種資格，而非財產上之權利，自不得由繼承人繼承。故代理關係應認為消滅。
   (3)**代理人受監護之宣告**：代理人不能無意思能力，故一經受監護之宣告，無論意定或法定代理，代理關係均因之而消滅。

2. **法定代理之特別消滅原因**：法定代理權係由法律規定而發生，且法定代理以身分關係為基礎，故亦有其特別之消滅原因。
   (1)**當然消滅原因**：如未成年人已成年或已結婚而有行為能力時，法定代理人之代理關係當然消滅。
   (2)**法律規定原因**：例如父母之喪失親權（民1090），監護人之撤退（民1106），遺產管理人之職務終了（民1184）。

3. **意定代理之特別消滅原因**：
   (1)**當然消滅原因**：例如為特定行為而授與之代理權，當該行為完成時，其代理關係當然消滅。又代理權定有存續期間者，其期間之屆滿，代理關係亦歸消滅。
   (2)**法律規定之原因**：
   ①**授權關係之終了**：《民法》第108條第1項規定：「代理權之消

滅，依其所由授與之法律關係定之。」故該法律關係一旦終了，
代理關係均應消滅。例如因委任關係而生之代理權，因委任關係
之終了而消滅。

②　**代理權之撤回**：《民法》第108條第2項規定：「代理權，得於其
所由授與之法律關係存續中撤回之。」代理權經撤回全部或一部
者，即全部或一部消滅。「但依該法律關係之性質不得撤回者，
不在此限」（民108Ⅱ但書）。例如債務人對其抵押權人，授與收
取租金而充利息之代理權，即不得任意撤回。但如果代理權之授
與，未伴有他項法律關係，其撤回當然不受但書規定之限制。

（二）代理權消滅之效力

1. **當事人間之效力**：代理人於代理權消滅後，即無代理權，如再為代理，
應適用關於無權代理之規定。故民法特別明定，意定代理人代理權消滅
或撤回時，代理人須將授權證書交還於授權者，不得留置（民109），
以防濫用。

2. **對於第三人之效力**：代理權之消滅，不得對抗善意第三人，以免第三人
受不利之損害。但第三人因過失而不知其事實者，則仍得以之對抗（民
107）。

八、代理與其他概念之區別

（一）代理與代表之區別[82]

1. **在代理制度上**：代理人與本人是兩個權利主體間的關係，在法律上仍屬

---

[82] 下列關於代理或代表效力之敘述，何者錯誤？（103司律16）　　(A)相對人明知代理人
有獲授權而為本人代理之意思，所為之代理行為，仍得發生代理之效果　　(B)無代表
權之公司董事代表公司所為之法律行為，應屬無效　　(C)商號獨任經理人為清理商號
債務而代理商號為發行票據之行為，屬於有權代理行為　　(D)既為代理人，又為本人
與自己成立履行原有土地買賣契約債務之物權行為，仍得發生代理之效果…………(B)

兩個獨立之人格，是兩個各自而且個別的關係。在代表制度上，代表人與被代表人是一個權利主體間的關係，在法律上則混合為一個人格者（代表人之人格為被代表人所吸收）。在法人組織法上，代表係不可欠缺的制度，如董事為公司的代表。

2. **在代理關係上**：代理人的行為並非本人的行為，僅其效力歸屬於本人而已。在代表關係上，代表係法人的機關，代表的行為即為法人的行為，無所謂效力歸屬的問題。

3. **在代理範圍上**：以法律行為或準法律行為之代理為限。在代表範圍上（如法人之董事），則不以法律行為為限，事實行為或侵權行為，代表亦得為之。

（二）代理與代位之區別

1. 代理權，為代理人以本人名義為意思表示或受意思表示，而使其法律效果直接對本人發生的權能。代位權，乃因債務人怠於行使其權利，致影響於債權人之利益，債權人為保全其債權起見，得以自己名義，行使債務人權利之權。

2. 代理權僅為一資格、能力，而非權利，而代位權是為權利。

3. 代理權以本人名義為之，代位權則以自己名義為之。

（三）代理與使者之區別

1. 代理係代理人自為意思表示，而非代為表示本人已決定的意思表示。而使者則為傳達本人已決定的意思表示，如送達書信電報，在性質上為傳達機關；或表示本人已決定的意思表示，如代為傳言或實施行為，在性質上為表示機關，亦即本人的使用人或執行人。

2. 代理人自為決定意思並表示之，不過須用本人之名義而已，所以代理人必須有意思能力，因其意思表示有無瑕疵，例如有無錯誤、詐欺、脅迫、善意或惡意等情事，應就代理人決定之（民105）。而使者為本人

之手足，居於機械工具之地位，以完成本人之意思表示，乃與本人自為意思表示同。故使者不問有無意思能力均可，因其意思表示有無瑕疵，係就本人決定之。

3. 在不許代理的法律行為，得以使者作為傳達機關或表示機關。

九、案例研析

（一）請依我民法之規定，附理由簡答下列法律事實效力：

　　1.成年人甲授權19歲之乙將其車賣與丙。

　　2.乙將甲寄託於其處所之車，未經甲之允許，以自己名義出售與善意之丙。

　　3.甲乙約明買賣標的物土地之土地增值稅由買受人乙負擔並繳納，但乙因一時缺錢無法依約繳納，由出賣人甲自行繳納。

答：1. **甲授權19歲乙將車賣予丙之買賣契約有效。理由：**

　　(1)甲授權乙賣車予丙之行為，即乙為甲之代理人，按《民法》第103條規定：「代理人於代理權限內，以本人名義所為之意思表示，直接對本人發生效力。」故乙代理甲賣車之行為，效果直接對甲發生。

　　(2)乙雖為19歲，為限制行為能力人，惟依《民法》第104條規定：「代理人所為或所受意思表示之效力，不因其為限制行為能力人而受影響。」故甲丙間之買賣契約效力不因乙僅19歲而受影響。

　　2. **乙為無權處分，丙善意取得該車之所有權。理由：**

　　(1)乙將甲寄託於其處所之車，未經甲之允許，以自己名義出售丙之行為，因乙丙間之買賣行為，屬負擔行為，雖乙為無權利人，仍發生效力，但在該車所有權移轉之物權所有部分，因乙乃無權利人，以自己名義，處分他人權利之標的，為無權處分

行為。又無權處分行為之效力,須經有權利人之承認或無權利人嗣後取得標的物之權利,該處分行為始生效力。本題甲對乙將其車出售丙之行為如未承認,則該車所有權移轉之行為不生物權變動之效力,甲仍為所有權人。

(2)惟依《民法》第801條:「動產之受讓人占有動產,而受關於占有規定之保護者,縱讓與人無移轉所有權之權利,受讓人仍取得其所有權。」又同法第948條規定:「以動產所有權,或其他物權之移轉或設定為目的,而善意受讓該動產之占有者,縱其讓與人無讓與之權利,其占有仍受法律之保護。」乃善意取得之規定,即動產之讓與人縱無讓與之權利,善意受讓人之占有,仍受法律之保護。故本題題示丙為善意第三人,如丙已因乙交付該車,而占有該車,丙得對甲主張善意取得,甲向丙請求返還該車即無理由。

3. **甲得向乙請求返還代繳之土地增值稅。**理由:

(1)依《土地法》第182條規定:「土地所有權之移轉為絕賣者,其增值稅向出賣人徵收之。」此乃稅法上之納稅義務人之規定,並不因當事人之約定而易其主體,惟當事人內部由誰負擔,依當事人私法自治原則,得有效約定之,故本題甲乙之土地買賣就土地增值稅由買受人乙負擔之約定有效,合先敘明。

(2)依甲乙之約定土地增值稅應由乙負擔繳納,現因乙無法繳納,而由甲繳納之情形,甲之繳納行為,在私法契約之約定而言,即屬無法律上之原因,使乙受利益,甲受有損害,且其具有因果關係,是甲可依不當得利向乙請求返還其所繳納土地增值稅。

第六節　無效及撤銷

一、無效
二、撤銷
三、效力未定

一、無效

（一）無效之意義

即法律行為因欠缺生效要件，於法律上自始的、確定的、當然的、絕對的不發生效力。分析言之：

1. **無效係欠缺生效要件**：就過程上言，法律行為須先經成立，而後始能發生效力。無效之法律行為雖已具備行為之成立要件，但因欠缺生效要件，故行為雖事實上存在，終不能發生法律上之效力。
2. **無效係自始無效**：即法律行為成立之時，因欠缺生效要件，致其效力未發生。
3. **無效係確定無效**：即不因其他情事之變更，而變為有效。例如違禁物交易禁令之廢止。
4. **無效係當然無效**：即不待任何人主張或法院之宣告，其行為本身即屬無效。不過當事人若有爭執時，仍得向法院提起確認無效之訴。
5. **無效係絕對無效**：即對任何人均為無效，且任何人均得主張其無效。

（二）無效之種類

1. **自始無效與嗣後無效**：自始無效者，係指法律行為成立時，即有無效之原因而無效者。例如法律行為違反強制或禁止之規定（民71），違背公序良俗之行為（民72）等。嗣後無效者，係指法律行為成立後，效力發

生前，發生無效之原因而歸於無效者。例如買賣成立後，停止條件成就前，其標的物被法律禁止交易。

2. **絕對無效與相對無效**：絕對無效者，係指任何人或對於任何人皆得主張無效者。例如受監護宣告之人之法律行為（民15）。相對無效者，係指特定人或對於特定人不得主張無效者，亦即對一部分人無效，而對其他一部分人仍有效。例如通謀而為虛偽意思表示，其無效不得對抗善意第三人（民87 I）。

3. **全部無效與一部無效**：全部無效者，係指無效之原因，存於法律行為之全部者。一部無效者，係指無效之原因，存於法律行為之一部者。在一部無效時，可能發生無效擴張之問題，《民法》第111條規定：「法律行為之一部分無效者，全部皆為無效。但除去該部分亦可成立者，則其他部分，仍為有效。」依此規定，為維護法律行為之完整性及共同效力，原則上一部無效則使全部歸於無效。例外時，該法律行為之性質、或法律規定、及當事人之意思表示有可分之關係，即除去該部分亦可成立時，則仍可使他部分有效。其情形有二：
   (1)法律行為之內容，質的部分，由數種不同事項拼合而成，其中一項或數項無效，例如一個贈與契約贈與金錢及毒品，其毒品部分無效。
   (2)法律行為之內容，雖屬單一，但其量的一部分超過法律所許可之範圍，因而該超過部分為無效，例如民法第205條規定利率超過週年百分之二十者，債權人對於超過部分之利息無請求權。

（三）無效之效果

1. **無效法律行為之轉換**：無效行為雖不發生法律行為之效力，其他效力則不妨發生。《民法》第112條規定：「無效之法律行為，若具備他法律行為之要件，並因其情形，可認當事人若知其無效，即欲為他法律行為者，其他法律行為，仍為有效。」此即所謂「無效法律行為之轉換」。

蓋以一般人之法律知識有限，有時因誤解或不知法律，致成立無效之法律行為。若該行為具備其他法律行為之要件，且依客觀情事，可認為當事人若知其無效，即欲為他法律行為者，自無禁止其他法律行為效力發生之必要。其情形有二：

(1)**由於法律規定者**：例如密封遺囑未具法定方式，而具備自書遺囑之要件時，有自書遺囑之效力（民1193）。

(2)**由於探求當事人真意者**：例如簽發票據，欠缺法定要件而無效時，仍可視為債權證書者，其借貸契約仍有效。

2. **無效法律行為當事人之責任**：法律行為無效時，不發生當事人預期之效力，而依法律規定發生回復原狀或損害賠償之效果。《民法》第113條規定：「無效法律行為之當事人，於行為當時知其無效，或可得而知者，應負回復原狀或損害賠償之責任。」本條規定之目的在求當事人間之公平合理，以免他方當事人受有不利益。無效法律行為之當事人首先應回復原狀，不能回復時，始得以金錢為賠償（民213、214）。負損害賠償責任者，以惡意或有過失者為限。

二、撤銷

（一）撤銷之意義

撤銷者，乃有撤銷權人行使撤銷權，使法律行為溯及的喪失其效力。撤銷一語，在我民法上有兩種不同之意義，茲分別說明如下：

1. 法律行為之撤銷

(1)**發生溯及的效力**：即法律行為經撤銷後自始無效。又分：

① **須聲請法院者**：如民法第74條（暴利行為）、第244條（詐害行為）規定者。

② **不須聲請法院者**：即以意思表示為之即可之撤銷權；包括以意思表示有瑕疵為原因者，例如民法第88條（錯誤之意思表

示）、第89條（傳達錯誤）、第92條（意思表示之不自由），及不以意思表示有瑕疵為原因者，例如民法第85條（獨立營業之允許）、第165條（懸賞廣告之撤銷）、第408條（贈與之任意撤銷及其例外）、第416條（贈與人之撤銷權）、第417條（繼承人之撤銷權）。

(2)**不發生溯及的效力**：如民法第989條至第997條（結婚之撤銷）。

2. 非法律行為之撤銷

指受監護宣告之撤銷（民14）及法人許可之撤銷（民34）。

通常所謂「撤銷」，係以民法第114條及第116條之規定為依據，亦即法律行為之撤銷，而發生溯及效力，且不須聲請法院者為限，但其他之撤銷除法律有特別規定外，亦可適用此同一之規定，以為補充。

（二）撤銷之原因

意思表示若具有瑕疵之事實，即能加以撤銷，此即撤銷權發生之原因。撤銷原因有下列二種：

1. **一般之撤銷原因**：共通於一般法律行為之撤銷原因，例如錯誤、誤傳、詐欺、脅迫之規定（民88、89、92）。

2. **特別之撤銷原因**：法律就特種法律所規定之撤銷原因，例如《家事事件法》第155條規定：「宣告死亡或撤銷、變更宣告死亡之裁定，利害關係人或檢察官得聲請之。」因此等原因而為撤銷時，如別無特別規定，自仍應適用民法第114條至第116條之通則規定。

（三）撤銷之方式

1. **撤銷權人**：何人有撤銷權，我民法尚無一般規定，而散見於有關係之條文中。茲分列於下：

   (1)**本人**：因意思表示之內容錯誤或意思表示因傳達錯誤或係因被詐欺、被脅迫而為意思表示者，其撤銷權屬於表意人本人（民88、

89、92）。

(2)**代理人**：撤銷既為意思表示之一種，自得由代理人為之。惟原為代理人所代為之行為，如有得撤銷之原因時，其原因事實之有無，雖應就代理人決之（民105），然其撤銷權屬於本人而不屬於代理人。

(3)**繼承人**：本人死亡者，繼承人可繼受被繼承人之撤銷權而行使之。因撤銷權並非專屬於本人之權利。惟撤銷定有除斥期間者，仍應自最初之日起算，不因繼承而更新。

此外，暴利行為之撤銷人為利害關係人（民74），保全程序之撤銷人為表意人之債權人（民244）。

2. **行使之方式**：《民法》第116條規定：「撤銷……應以意思表示為之。如相對人確定者，前項意思表示應向相對人為之。」惟此乃原則，例外有須聲請法院撤銷者，如民法第74條暴利行為之撤銷。

（四）撤銷之效果

1. **自始無效**：《民法》第114條第1項規定：「法律行為經撤銷者，視為自始無效。」亦即撤銷有溯及之效力。申言之，得撤銷之法律行為，於其成立時即已發生效力，但若經有撤銷權人行使其撤銷權，則溯及於行為時，喪失其效力。但例外有不溯及既往者，自撤銷之時起，向後喪失效力，如婚姻之撤銷（民998）。

2. **對抗效力**：撤銷之效果，原則上得對抗第三人，但亦有例外。例如撤銷被詐欺而為之意思表示，不得以之對抗善意第三人（民92Ⅱ）。

3. **賠償責任**：依民法第114條第2項，準用第113條之結果，法律行為經撤銷者，當事人若知其得撤銷或可得而知者，應負回復原狀或損害賠償之責任。

（五）撤銷之消滅

撤銷權既有溯及消滅法律行為效力的作用，故其一日存在，法律行為

即隨時有被消滅的可能，為使法律關係早日確定，並保障交易之安全，所以不能不使其早日消滅。其方法有二：一是從時間上設法，即規定其除斥期間；二是從當事人意思上著想，即設有承認的規定。

1. **除斥期間屆滿**：法律規定撤銷權之除斥期間，不於該期間內行使撤銷權時，其撤銷權即歸消滅。例如意思表示內容有錯誤，或因傳達人或傳達機關傳達不實者，其撤銷權的除斥期間為一年。

2. **承認**：承認是撤銷權人拋棄撤銷權的意思表示，為撤銷的反面行為。承認應於撤銷權存在的時間內為之，對於已經撤銷的行為，不得再為承認，經過撤銷權除斥期間的行為，亦無承認可言。經承認的法律行為，如無特別規定時，溯及法律行為時，發生效力。

三、效力未定

（一）效力未定之意義

所謂「效力未定之法律行為」，指法律行為發生效力與否，尚未確定者而言。無效行為，係自始確定無效。得撤銷之法律行為，則業已生效，經撤銷後，視為自始無效，如不撤銷，即繼續有效。故此二種行為與效力未定之行為，顯不相同。

（二）效力未定之種類

我民法所規定效力未定之法律行為有二：

1. 須得第三人同意之行為

當事人為法律行為，依法須經第三人之同意，而未得其同意時，此項法律行為並非無效，亦非得撤銷，而係效力未定之行為。例如限制行為能力人為契約行為，依法須經法定代理人之同意（民79）；未成年人結婚，

應得其法定代理人之同意（民981）[83]；夫妻兩願離婚者，未成年人，應得法定代理人之同意（民1049但書）。有配偶者被收養時，應得其配偶之同意（民1076）。效力未定之法律行為趨於確定之途有二：

(1)**經承認而確定的發生效力**：承認者，乃事後之同意。須得第三人同意之行為，事先雖未經允許，然若於事後經其承認，即確定的發生效力。承認應以意思表示為之，然並無一定之方式，明示默示均無不可，又承認須向當事人之一方為之。

(2)**經拒絕而確定的不發生效力**：效力未定之法律行為，經有同意權人拒絕同意，即確定的不發生效力。

2. 無權處分之行為[84]

(1)**無權處分之意義**：即無權利人，以自己名義，處分他人權利之標的[85]。所謂「處分」，乃直接使權利發生、變更或消滅之行為。權利之處分須由有權利人為之。若無權利而處分他人之權利標的，且以有權利人之名義為之者，屬於無權代理之行為。

---

[83] 下列何者為效力未定之法律行為？（103特三財稅6）　(A)未成年人未得法定代理人同意結婚　(B)未成年人未得法定代理人同意兩願離婚　(C)未成年人未得法定代理人同意拋棄繼承　(D)債務人與第三人訂立債務承擔契約，未經債權人同意對債權人之效力……………………………………………………………………………(D)

[84] 甲對乙所有之某動產無任何權限，卻仍與丙締結買賣該物之契約。下列敘述，何者正確？（102司8）　(A)如甲係以自己之名義締約又未能履行其義務時，不論甲、丙有無特約，惡意之丙均不得主張甲應負權利瑕疵擔保責任　(B)如乙承認甲、丙間契約，丙即當然取得直接請求甲交付該標的物之權利　(C)甲因繼承而成為該動產之公同共有人時，其他公同共有人仍得拒絕丙請求交付該物　(D)如甲詐稱係乙之代理人而與丙締約，惡意之丙不得催告乙是否承認代理行為……………………(C)

[85] 甲竊取乙之自行車並出賣且交付給不知情之丙。下列敘述，何者錯誤？（102司50）　(A)甲出賣自行車給丙之行為，即為所謂「出賣他人之物」　(B)甲將自行車交付給丙之行為，即為所謂「無權處分」　(C)甲與丙間之買賣契約有效　(D)該自行車係為贓物，故丙無法取得其所有權……………………………………………(D)

(2)無權處分之效力[86、87、88]

① **須經有權利人之承認始生效力**：無權處分之行為本屬無效，但法律為謀實際之便利，故民法第118條第1項規定，若經有權利人之承認，始生效力。

② **無權利人取得標的物之權利者**：無權利人就權利標的物為處分後，因繼承或其他原因取得其權利者，其處分自始有效（民118II前段）。例如甲（子）無處分權而擅將乙（父）所有之輛車出賣與丙，若甲為乙之子，而於處分行為後，因乙（父）死亡而繼承該輛車之所有權，則原為無權處分之買賣行為，均自始有效。但原權利人或第三人已取得之利益，不因此而受影響（同條項但書）。例如甲（無權處分人）於1月1日擅將乙（原權利人）之汽車出賣予丙，但乙仍繼續使用汽車，或借與丁（第三人）使用，甲於3月1日向乙購得該車，則依民法規定，無權處分溯及1月1日生效，如無但書規定，則1月1日至3月1日間，乙（原權利人）或丁（第三人）反而成為無權使用該車，影響其正當之權益，殊不相宜，故《民法》特設但書規定：「原權利人或第三人已取得之利益，不因此而受影響。」

③ **有權利人繼承無權利人者**：無權利人就權利標的物為處分後，有權利人繼承無權利人者，其處分是否有效，雖無明文規定，

---

[86] 甲之古董寄放在乙處。乙未經甲之同意，將該古董出賣並交付給惡意之第三人丙。若甲、乙、丙均已成年，乙交付古董給丙之行為，法律效力為何？（105財稅4）　(A)無效　(B)效力未定　(C)有效　(D)有效，但有瑕疵……………………………(B)

[87] 下列關於民法第118條無權處分行為效力之敘述，何者正確？（105司律3）　(A)經有權利人之承認，溯及行為時發生效力　(B)經有權利人之承認，於承認時發生效力　(C)無權處分人於處分後，取得其權利者，自取得權力時起有效　(D)無權處分之規定，對於債權行為及物權行為均有適用……………………………(A)

[88] 甲有一輛名貴之腳踏車，寄託在乙家；詎料，乙竟以乙的名義，將該車賣給丙，乙、丙訂立買賣契約後，乙以移轉所有權之意思，將該腳踏車交付給善意之丙。下列敘述，何者正確？（106高三財稅18）　(A)乙出賣他人之物，買賣契約無效　(B)乙、丙之買賣契約經甲承認始生效　(C)甲不因乙無權處分而喪失所有權……………………………(D)

　　　然在繼承人就被繼承人之債務負無限責任時，實具有第118條第2項同一之法律理由，應類推解釋，認為有效（29上1405）。

④ **數處分牴觸時之效力**：無權利人就權利標的物所為數處分相牴觸時，如於處分後取得權利者，以其最初之處分為有效（民118Ⅲ）[89]。故最初之處分行為之相對人，得主張其後之處分為無效。但權利人承認時，則得不依處分行為之先後，任意指定某一處分為有效。

---

[89] 甲有一輛機車，其子乙將甲之機車賣給知情之丙，乙丙於民國100年1月1日簽訂買賣契約，同時簽訂租賃契約以代交付。嗣後，乙又將甲之同一部機車賣給知情之丁，乙丁於民國100年2月2日簽訂買賣契約，同時簽訂租賃契約以代交付。甲於民國100年3月3日死亡，乙是甲之唯一繼承人。請問何人於何時取得機車之所有權？（101司3）
(A)丙於民國100年1月1日取得機車之所有權　(B)丙於民國100年3月3日取得機車之所有權　(C)丁於民國100年2月2日取得機車之所有權　(D)丁於民國100年3月3日取得機車之所有權‧‧‧(A)

第五章　期日及期間

一、期日及期間之意義

　　時間是重要的法律事實，時間的經過與許多法律行為的得喪變更，有密切不可分的關係。期日與期間統稱為「時間」，然兩者並不相同。凡不可分或視為不可分之時間，稱為「期日」，亦可謂期日是時間上之「點」，為時間之靜態，如民國82年10月31日出生。從一定期日至另一定期日，則為「期間」，亦可稱期間為時間上之「線」，乃時間之動態。如自民國82年10月31日至97年10月31日為消滅時效期間（民125）。期間必有一定之長度，其開始之時，稱為「起算之時」，或「起算點」，其終止之時，稱為「終了之時」或「終止點」，由起算點至終止點，則稱為「期間之經過」。

二、期日及期間之作用

　　為求法律效力的確定性與安定性，期日與期間的作用如下：

（一）定權利能力之始期與終期，例如人的出生、死亡（民6）。

（二）定推定事實及法律上假設之時期，例如失蹤期間（民8）。

（三）定權利取得或消滅之時期，例如取得時效期間（民768以下），消滅時效期間（民125以下）。

（四）定有效為某行為之最終時期，例如除斥期間（民74、90、93）、拋棄繼承期間（民1174）、專利權期間（專利52），著作權期間（著

作30）。

（五）其他在憲法、刑法、行政法上亦有重要功用，例如立法委員任期期間（憲65），有期徒刑期間（刑33），行政訴訟提起再審期間（行訴276）等等。

三、期日及期間之計算方法

期日及期間之計算對於權利之關係影響甚大，不能不設一準則性之規定。《民法》第119條規定：「法令、審判或法律行為所定之期日及期間，除有特別訂定外，其計算依本章之規定。」

（一）所謂「除有特別訂定外」

有些法律關於期日期間之規定，不適用本章規定的計算方法。例如《中央法規標準法》第13條規定：「法規明定自公布或發布日施行者，自公布或發布之日起算至第三日起發生效力。」應將法規公布或發布之當日算入（釋161），自不適用《民法》第120條第2項「始日不算入」之規定。

（二）所謂「依本章之規定」

1. **曆法計算法**：曆法計算法即係依國曆所定之日、星期、月、年以為計算之方法。稱「日」，是指自午夜零時至午後十二時，非指二十四小時；稱「星期」，是指自星期一至星期日，非指七日；稱「月」，是指自該月1日至該月末日，非指三十日；稱「年」，是指自元月1日（元旦）至12月31日（除夕），非指三百六十五日。其中月有大小，年有平閏，其日數長短均照曆法定之。《民法》第123條第1項規定：「稱月或年者，依曆計算。」即指曆法計算法。

2. **自然計算法**：即依實際時間以為計算之方法。一日算足二十四小時，一週算足七日，一月算足三十日，一年算足三百六十五日，故月不分大

小，年不分平閏，均依此標準計算。我《民法》第123條第2項規定：
「月或年非連續計算者，每月為三十日，每年為三百六十五日。」即指
自然計算法。所謂「非連續計算者」，指期間起算後中間有間斷，而後
再接續計算。例如建築工程，約定六個月的工作天，即真正的工作天
一百八十日，扣除其中不能工作的雨天、例假日等等。

　　我民法對於連續之期間，採曆法計算法。對於非連續之期間則採自然
計算法。

四、期間之起算點與終止點

（一）起算點

1. **凡以時定期間者，即時起算（民120 I）**：即照自然計算法即時起算至
   所定時間終止點為止。例如約定本日上午八時起三小時之內給付，應自
   八時開始，計算至十一時為止。

2. **以日、星期、月、年定期間者，其始日不算入（民120 II）**：例如自星
   期三起一週，星期三不算入，而自星期四起計算至下星期三；又如6月
   8日約定於十天內給付，則6月8日不算入，自6月9日起算，連續計算至
   6月18日止。民法第120條之「始日」，係指「法律行為的當日」，與
   第121條之「始日」，係指「星期一、每月一日或元旦」，兩者涵義不
   同。

（二）終止點[1]

1. 以日、星期、月或年定期間者，以期間末日之終止，為期間之終止（民

---

[1] 民法第120條第2項規定：「以日、星期、月或年定期間者，其始日不算入。」、第
121條第1項規定：「以日、星期、月或年定期間者，以期間末日之終止，為期間之終
止。」，租賃關係言明民國99年6月1日起租，租期一年。請問此一租賃關係何時終
了？（101司10）　(A)100年6月1日　(B)100年6月2日　(C)100年5月30日　(D)100年5
月31日 ··(D)

121Ⅰ）。例如自星期一、每月一日或元旦起算，應計算至星期日、每月最後一日或除夕午後十二時為期間之終止。

2. 期間不以星期、月或年之始日起算者，以最後之星期、月或年與起算日相當日之前一日，為期間之末日（民121Ⅱ）。例如自星期二起一星期，應自星期三起算（始日不算入），以下星期三（相當日）之前一日即星期二為期間之末日。但以月或年定期間，於最後之月無相當日者，以其月之末日，為期間之末日（民121Ⅱ但書）。例如定二個月期間，自12月31日起算，則其最後之月為翌年2月，但2月無31日，則以2月之末日（28日或29日）為期間之末日。

3. 期日或期間終止點之延長，即於一定期日或期間內，應為意思表示或給付者，其期日或期間之末日，為星期日、紀念日或其他休息日時，以其休息日之次日代之（民122）。如次日亦為紀念日或其他休息日，則再以其次日代之。現週休二日，但此等休息日在期間中，而非期間末日者，不得予以扣除（30抗287）。

五、年齡之計算法

年齡之計算，與法律關係密切，我現行民法係採週年計算法。即自出生之日起算足一年為一歲，週年計算法為各國通用的計算方法。《民法》第124條第1項規定：「年齡自出生之日起算」，故不適用一般期間始日不算入的規定。若出生之月日無從確定時，我民法採取中數，推定其為7月1日出生。知其出生之月而不知其出生之日者，推定其為該月15日出生（民124Ⅱ）。既為推定，有反證時，自可推翻，以實際出生日為準。

六、年齡之適用在法律上的效果[2]

年齡	法律效果
出生	因出生而取得權利能力（民6）。
7歲	（一）未滿7歲為無行為能力人（民13 I） （二）7歲以上未滿20歲為限制行為能力人（民13 II）。
12歲	稱少年者，謂12歲以上18歲未滿之人（少年事件處理法2）。
14歲	（一）未滿14歲者無刑事責任能力（刑法18）。 （二）14歲以上18歲未滿得減輕其刑（刑法18）
15歲	女有訂婚能力（民973）。
16歲	（一）女有結婚能力（民980）。 （二）有遺囑能力（民1186）。 （三）14歲以上未滿16歲之男女為性交者，處7年以下有期徒刑；對於14歲以上未滿16歲之男女為猥褻之行為者，處3年以下有期徒刑（刑法227）。
17歲	男有訂婚能力（民973）。
18歲	（一）男有結婚能力（民980）。 （二）未滿18歲犯罪者，不得處死刑或無期徒刑，本刑為死刑或無期徒刑者，減輕其刑（刑法63）。
20歲	（一）滿20歲為成年（民12）。 （二）年滿20歲者有選舉權（憲法130）。
23歲	年滿23歲者有被選舉權（憲法130）。
26歲	鄉（鎮、市）長、區長候選人須年滿26歲（公職人員選舉罷免法24）。
30歲	縣（市）長候選人須年滿30歲（公職人員選舉罷免法34）。
40歲	年滿40歲者，得被選為總統或副總統（憲法45）。
80歲	（一）失蹤人為80歲以上者，得於失蹤滿三年後，為死亡之宣告（民8 II）。 （二）滿80歲人之行為得減輕其刑（刑法18）。又不得處死刑或無期徒刑，本刑為死刑或無期徒刑者，減輕其刑（刑法63）。
死亡	人之權利能力，終於死亡（民6）。

[2] 下列關於民法行為能力的敘述，何者正確？（101特四財稅25）　(A)女性必須年滿20歲，才有結婚能力　(B)必須年滿20歲，才有遺囑能力　(C)男性必須年滿17歲，才有訂婚約之能力　(D)12歲以下之兒童，均無行為能力……………………(C)

七、案例研析

(一) 甲於96年12月26日向乙借用六法全書一本，言明於一個月為期間，期間之末日為何日？何故？

答：
1. 《民法》第120條第2項規定：「以日、星期、月或年定期間者，其始日不算入。」本題甲於106年12月26日向乙借用六法全書一本，言明一個月為期間，即106年12月26日為始日，且係以月定期間者，依民法第120條第2項規定，始日不算入，應以106年12月27日為起算日。

2. 《民法》第121條第2項規定：「期間不以星期、月或年之始日起算者，以最後之星期、月或年與起算日相當日之前一日，為期間之末日。」本題106年12月27日為起算日，107年1月27日為與起算日相當之日。依民法第121條第2項本文規定，其期間之末日應為107年1月26日。

　　106、12、26　　始日不算入
　　106、12、27　　起算日

　　　　期間一個月

　　107、1、27　　相當日
　　107、1、26　　前一日（期間之末日）

(二) 甲於7月7日下午向乙借書，言明期間三個月。其末日為何日？設末日為星期日而次日又為國定假日者，以何日為末日？

答：甲於7月7日下午借書，言明三個月，其三個月之起算點，依《民

法》第120條第2項之規定：「以日、星期、月或年定期間者，其始日不算入。」故於7月8日起算三個月，又期間之終止依《民法》第121條第2項之規定：「期間不以星期、月或年之始日起算者，以最後之星期、月或年與起算日相當日之前一日，為期間之末日。」故本題甲之起算日為7月8日與起算日相當為10月8日，其前一日為7日，故甲於10月7日為期間之末日，但如期間之末日為星期日、紀念日或其他休息日時，以其休算日之次日代之（民122），故如末日為星期日，以次日代之，次日又為假日時，再以次日代之。

（三）82年10月31日出生之人，何日成年？

答：　依《民法》第12條規定：「滿二十歲為成年」，成年人有行為能力。至於行為能力之年齡，依《民法》第124條第1項規定：「年齡自出生之日起算」，此與計算月或年其始日不算入之情形不同（民120），所謂自出生之日起算者，乃連始日算入，因人之權利能力始於出生，故年齡亦自出生之日起算，以滿足一年為一歲，即採用「週年計算法」。故民國82年10月31日出生，算至102年10月30日為滿20歲為成年。

第六章　消滅時效

一、消滅時效之意義

即有權利之人不行使其權利之狀態，繼續達一定之期間，遂致喪失其請求權之制度。茲分別說明如下：

（一）消滅時效須經一定期間而完成

消滅時效以經過一定之期間，為其成立要件。依民法規定，一般期間為十五年，特別期間為五年及二年（民125～127）。

（二）消滅時效須繼續不行使其權利

民法第125條至第127條所規定之「因不行使而消滅」，即權利人對於其權利，有得行使權利之狀態，而繼續於一定期間內不行使，即為消滅時效之完成。

（三）消滅時效須時效完成而消滅其請求權

所謂消滅其請求權，僅消滅權利之請求權，與權利之存在，並無影響。

二、消滅時效之立法理由

法律所以設消滅時效之制度，其主要理由如下：

（一）在權利上睡眠者，法律不宜長期保護

法律之所以保護權利人之權利，必以權利人實欲行使為前提。若有權利而不行使，且此狀態繼續達一定之期間（學者稱為「在權利上睡眠」），其不重視權利之情形甚明，法律自無予保護之必要。

（二）尊重現存秩序，維護社會交易安全

權利人不行使權利之狀態既然存續於相當期間，一般人對此狀態產生相當信任，從而發生新的交易。若允許權利人再行使其權利，勢必推翻新交易之效力。故消滅時效之設，亦所以維護交易之安全。

（三）簡化法律關係，避免舉證困難

行使權利人須證明其權利之存在，此項舉證責任常因時間經過而陷於困難。法律為避免舉證不易，滋擾必多，故有消滅時效之設。

三、消滅時效之客體

《民法》第125條規定：「請求權因……不行使而消滅……」，第126條規定：「利息、紅利……及其他……定期給付債權，其各期給付請求權，因……不行使而消滅。」，第127條規定：「左列各款請求權，因二年間不行使而消滅……」，可見消滅時效之客體為請求權。惟並不以由債權所生之請求權為限。茲分別說明如下：

（一）債權的請求權

因債權而生之請求權，得為消滅時效之客體，例如買賣、承攬、借貸……等債權關係所生的請求權。

（二）物權的請求權[1]

因物權而生之請求權，亦稱為「物上請求權」，主要指民法第767條所定所有物返還請求權、妨害除去請求權、及妨害防止請求權三種。原則上亦得為消滅時效之客體。惟已登記不動產所有人之所有物返還請求權及妨害除去請求權，不得為消滅時效之客體[2]（釋107[3]、[4]、164），以維護土

---

[1] 甲偷竊乙之名貴珍珠項鍊一條，收藏於保險箱內，經過17年後，乙始得知甲偷竊其項鍊之情事，下列敘述，何者為正確？（102司2）　(A)乙喪失該項鍊之所有權，其請求甲返還該項鍊之回復請求權已因消滅時效完成而消滅　(B)乙未喪失該項鍊之所有權，其請求甲返還該項鍊之回復請求權不因消滅時效完成而消滅　(C)乙喪失該項鍊之所有權，其請求甲返還該項鍊之回復請求權不因消滅時效完成而消滅　(D)乙未喪失該項鍊之所有權，其請求甲返還該項鍊之回復請求權已因消滅時效完成而消滅⋯⋯⋯⋯⋯⋯⋯⋯⋯⋯⋯⋯⋯⋯⋯⋯⋯⋯(D)

[2] 乙有A房屋及B房屋，A房屋已辦妥所有權登記，B房屋未辦妥所有權登記。甲無權占用A房屋及B房屋，經過18年後，乙請求甲返還A房屋及B房屋，下列敘述，何者正確？（102司1）　(A)乙請求甲返還A房屋及B房屋之回復請求權，均已因消滅時效完成而消滅　(B)乙請求甲返還A房屋及B房屋之回復請求權，均無消滅時效規定之適用　(C)乙請求甲返還A房屋之回復請求權，無消滅時效規定之適用；至於請求甲返還B房屋之回復請求權，則有消滅時效規定之適用，且因消滅時效完成而消滅　(D)乙請求甲返還A房屋之回復請求權，有消滅時效規定之適用，且已因消滅時效完成而消滅，至於請求甲返還B房屋之回復請求權，則無消滅時效規定之適用⋯⋯⋯⋯⋯⋯⋯⋯⋯⋯(C)

[3] 甲與乙訂立買賣契約，向乙購買一宗土地，乙將土地交付甲，但未辦理所有權移轉登記。經過15年後，乙請求甲返還土地。下列敘述，何者正確？（105高三財稅5）　(A)乙仍是土地之所有權人，甲非土地之所有權人，故乙得請求甲返還土地之占有　(B)乙每年必須繳納地價稅，甲則不必繳納地價稅，故甲應將土地之占有返還與乙　(C)甲占有土地係乙本於買賣關係所為之交付，具有正當權源，乙不得請求甲返還　(D)甲對乙之土地所有權移轉登記請求權，已罹於消滅時效，應由甲、乙另行協議⋯⋯⋯⋯⋯⋯⋯⋯⋯⋯⋯⋯⋯⋯⋯⋯⋯⋯⋯⋯⋯⋯⋯⋯⋯⋯⋯⋯⋯⋯⋯⋯⋯(C)

[4] 甲將登記在其名下之土地一宗，出售與乙，並已依雙方買賣契約之約定，將該土地交付乙使用，但迄未依約辦理所有權之移轉登記，十六年後，甲過世。繼承人丙辦理繼承登記時，發現該地為乙占用，乃本於所有權請求其交還。下列敘述，何者正確？（105司律32）　(A)乙占有之土地係甲基於雙方買賣契約關係所交付，具有正當權源，但因乙之土地所有權移轉登記請求權已罹於消滅時效，故係無權占有土地　(B)乙占有之土地係甲基於雙方買賣契約關係所交付，具有正當權源，乙之土地所有權移轉登記請求權雖已罹於消滅時效，但非無權占有土地　(C)乙占有之土地係甲基於雙方買賣契約關係所交付，屬債權關係之占有，不得執以對抗丙，故為無權占有土地　(D)乙之占有已完成所有權取得時效，故非無權占有⋯⋯⋯⋯⋯⋯⋯⋯(B)

地法第43條所定登記的絕對效力及情理之平。

（三）非財產權的請求權

非財產權（人身權）的請求權，在性質上可分為非財產關係的請求權，及以財產利益為內容的請求權。前者如人格權受侵害時除去侵害請求權（民18），夫妻同居請求權（民1001），此與公序良俗有關，不因時效經過而消滅；後者如人格權或姓名權受侵害時之財產上損害賠償請求權（民18、19、195），判決離婚時贍養費各期請求權（民1057），此與一般請求權並無不同，自得為消滅時效之客體。

四、消滅時效之期間

消滅時效以權利不行使之狀態，繼續達一定期間為必要。此一定之期間，我民法規定者如下：

（一）長期消滅時效期間

指一般消滅時效期間。依民法第125條規定：「請求權，因十五年間不行使而消滅。但法律所定期間較短者，依其規定。」故消滅時效之一般期間為十五年，除法律設有較短期間者外，均應適用一般時效期間的規定。

（二）短期消滅時效期間

我民法所定短期消滅時效期間，可分為下列兩種：

1. 五年短期時效

利息、紅利、租金[5]、[6]、贍養費、退職金及其他一年或不及一年之定

---

[5] 甲向乙租屋，月租金一萬元，請問租金之請求權時效為多少年？（103高考財稅8）
　(A)2年　(B)5年　(C)10年　(D)15年⋯⋯⋯⋯⋯⋯⋯⋯⋯⋯⋯⋯⋯⋯⋯⋯⋯⋯(B)
[6] 甲無權占有乙所有土地，乙擬依不當得利之法則，向甲請求返還相當於租金之不當利

期給付債權，其各期給付請求權，因五年間不行使而消滅（民126）。本條為有關定期給付債權的時效，同時採例示規定及概括規定。所謂概括規定，即「其他一年或不及一年之定期給付債權」，指與利息等同一性質及基於一定法律關係，每期給付相隔一年或一年以下者，如各季終身定期金（民732）或每年股息（25院1476），始適用本條較短時效的規定。至普通債權之定有給付期間，或以一定債權分作數期給付者，不包括在內（24院1227）。

2. 二年短期時效

依《民法》第127條規定，下列各款請求權，因二年間不行使而消滅：

(1)旅店、飲食店及娛樂場之住宿費、飲食費、座費、消費物之代價及其墊款。

(2)運送費及運送人所墊之款。在運送上所生滯延費，實質上仍為運送之對價，自應包括在內（51台上1940）。

(3)以租賃動產為營業者之租價。若以租賃不動產為營業，或租賃動產而非以之為營業者，其租金請求權仍應適用《民法》第126條規定之五年時效期間。

(4)醫師、藥師、看護生之診費、藥費、報酬及其墊款。

(5)律師、會計師、公證人之報酬及其墊款。

(6)律師、會計師、公證人所收當事人物件之交還。若當事人基於物件的「物上請求權」，請求返還，則不適用本款之規定。

益。該返還利益請求權之消滅時效為何？（106司律7）　(A)15年　(B)5年　(C)2年　(D)1年··(B)

(7)技師、承攬人之報酬[7]、[8]及其墊款。

(8)商人、製造人、手工業人所供給之商品及產物之代價[9]、[10]、[11]。本款所謂「商人」，指一切販賣商品之人，即實質上之商人（52台上75）。所謂「代價」，係指商人自己供給商品或產物代價的請求權，至於因墊款而生償還請求權，則適用第125條一般時效的規定（62台上1381）。又請求商人、製造人、手工業人交付出賣標的物之請求權，不在本款範圍之內，其消滅時效，仍應適用第125條之

---

[7] 下列何種情形，適用民法第127條規定之兩年短期消滅時效期間？（101司48）　(A)服裝公司承攬製作西服一套，對於西服定作人之報酬請求權　(B)承攬人完成之工作物有瑕疵，定作人定期限請求承攬人修補之修補請求權　(C)電腦供應商出賣平板電腦一部，買受人對於該供應商之電腦交付請求權　(D)建築商出賣房屋一棟，建商對於買受人之買賣價金請求權……………………………………………………………………(A)

[8] 甲欠乙承攬裝潢費2萬元於西元2013年1月5日清償期屆至，乙於同年2月1日請求甲清償，甲未為清償，乙未於6個月內起訴。乙對甲之承攬裝潢費請求權何時消滅時效完成？（103特四財稅2）　(A)2015年1月31日　(B)2015年1月4日　(C)2018年1月4日(D)2028年1月4日……………………………………………………………………………………(B)

[9] 甲到乙所開設之服飾店選購衣服，最後選中1件外套，售價為1萬元。於付款時，甲發現其身上只帶8千元。然而乙對甲表示，不足之2千元可以下次再付，外套可先帶回家。甲則表示，當晚即會帶2千元來付清價款。然而，當晚甲未回到乙之服飾店。經過6年後，乙在高鐵車上巧遇甲，且乙請求甲付清2千元。下列敘述何者正確？（102律2）　(A)乙之請求權時效為2年，所以乙之請求權已消滅　(B)乙之請求權時效為15年，甲不得為任何抗辯　(C)乙之請求權時效為5年，所以甲得拒絕給付2千元　(D)乙之請求權時效為2年，所以甲得拒絕給付2千元…………………………………………………………(D)

[10] 商人甲出售電腦給乙，約定民國99年5月5日支付價金，但乙一直未支付，甲於100年4月4日請求乙支付價金，乙於100年6月6日承認債務。試問：關於價金請求權之消滅時效，何時完成？（103高考財稅6）　(A)101年5月5日　(B)101年11月5日　(C)102年4月4日　(D)102年6月6日…………………………………………………………………………(D)

[11] 甲公司經營汽車租賃，為A車、B車與C車之所有人。甲出租A車於乙，租金每月2萬元。丙公司經營汽車修理，甲委託丙公司修理B車。甲公司出賣且移轉C車所有權於丁，價金120萬元，並約定：丁得分24期付款，每期5萬元，2年內繳清；利息共7萬2千元，每期3千元。下列敘述，何者錯誤？（105司律7）　(A)甲公司對丁的每期價金情求權，其消滅時效期間為5年　(B)甲公司對乙的租金請求權，其消滅時效期間為2年　(C)丙公司對甲公司的修繕報酬請求權滅時效期間為2年　(D)甲公司對丁的每期利息請求權，其消滅時效期間為5年……………………………………………………………(A)

規定（31上1205、41台上559）。

（三）特別消滅時效期間

除上述各種請求權外，民法對於具有特殊性質之請求權，另有特別消滅時效期間之規定，如第197條、第456條、第473條、第514條、第563條、第611條、第623條、第963條、第1109條、第1146條等是。

期間	內容與參考法條
15年	請求權一般消滅時效期間（民125）。
10年	侵權行為所生損害賠償請求權（民197Ⅰ），繼承回復請求權（民1146）。
5年	請求權短期消滅時效期間（民126）。
3年	指示證券領取人等，對於被指示人因承擔所生之請求權（民717），對匯票承兌人及本票發票人之權利（票據22Ⅰ前段）。
2年	請求權短期消滅時效期間（民127），侵權行為所生損害賠償請求權（民197Ⅰ），租賃契約所生之請求權（民456），保險契約所生權利（保險65），船舶碰撞所生之請求權（海商99），國家賠償事件請求權（國賠8）。
1年	定作人的瑕疵修補請求權及修補費用償還請求權（民514），違反同業競爭禁止之損害賠償請求權（民563Ⅱ），寄託契約的報酬請求權（民601-2），占有人的占有物上請求權（民962），追索權時效（票據22），貨物受領權利人之損害賠償請求權（海商56Ⅱ），共同海損債權之時效（海商125）。
6個月	貸與人的賠償請求權及取回權（民473），旅店或場所主人的損害賠償請求權（民611），匯票本票背書人的追索權（票據22Ⅲ）。
4個月	支票執票人的追索權（票據22Ⅱ後段）。
2個月	支票背書人的追索權（票據22Ⅲ後段），違反同業競爭禁止之損害賠償請求權（民563Ⅱ）。

五、消滅時效之起算點

消滅時效期間必須有起算點，否則無法計算時效期間，故《民法》第128條規定：「消滅時效，自請求權可行使時起算。以不行為為目的之請求權，自為行為時起算。」茲略述如下：

（一）以作為為目的之請求權

以作為為目的之請求權，其時效期間自請求權可行使時起算。所謂「可行使時」，係指權利人行使請求權在法律上無障礙時而言。請求權人因疾病或其他事實上之障礙不能行使請求權者，其時效之進行，不因此而受影響。

1. 請求權定有清償期者，於期限屆滿時起，即可行使，其消滅時效，應自期限屆滿時起算（29上1489、33上3541）。
2. 債權未定清償期者，債權人得隨時請求清償，其消滅時效，應自債權成立時起算（28上1760）。
3. 附停止條件或始期的請求權，自條件成就時或期限屆至時起算。
4. 所有物返還請求權之消滅時效，應自相對人實行占有之時起算（37上7367）。

（二）以不作為為目的之請求權

「不作為」亦得為給付之內容（民199Ⅲ），以不作為為目的之請求權，於債務人有違反行為時，開始進行（民128後段）。例如甲與乙約定，乙不得在其所有土地建屋，於乙違約建屋時，甲之請求權，始可行使。

六、消滅時效之中斷

（一）中斷之意義

消滅時效之中斷者，乃於時效期間進行中，因為一定事由的發生，遂使已經進行之期間歸於無效，必待其事實終止以後而重新起算新時效之謂。消滅時效之基礎為權利人不行使其權利，若於時效進行中，權利人有行使或相當於行使之事由發生，自無使已進行之時效期間繼續存在之理由，此時效中斷之所由設也。

（二）中斷之事由

依民法規定，消滅時效因下列各種事由而中斷：

1. **請求**：即請求權之行使，亦即請求權人行使其權利之意思表示。若債務人對於債權人之請求，予以承認，時效即因請求而確定中斷。如債務人不為承認或拒絕承認，債權人亦未於請求後六個月內起訴，視為不中斷（民130）。即時效仍從原開始之時起，繼續進行，與未經中斷同。依特別法規定，時效期間短於六個月者，不能適用第130條規定，如支票之背書人或執票人對前手追索權的時效期間為二個月或四個月，背書人或執票人為請求（提示）後，時效即告中斷，並重新起算，如背書人或執票人未另行起訴，則時效期間分別於二個月或四個月後消滅，不發生第130條適用問題。

2. **承認**：即義務人對權利人承認其權利之存在。承認，僅因債務人一方之行為而成立，明示默示均可。例如義務人對於金錢債權，為利息的支付或提供擔保品，均為承認的證明，時效期間的進行，即自付利息或提供之時起而中斷。時效因承認而中斷，有確定之效力，權利人不必再有起訴等行為，故無「視為不中斷」之規定。但時效完成後之承認，僅能認為時效利益之默示拋棄。

3. **起訴**：起訴為訴訟上行使權利之行為，亦為中斷時效原因之一。所謂起訴，專指提起民事訴訟，包括本訴、反訴或附帶民事訴訟在內，不包含刑事訴訟及行政訴訟。惟時效因起訴而中斷者，若請求權人撤回其訴，或因不合法而受駁回之裁判，其裁判確定者，視為不中斷（民131）。

4. **與起訴有同一效力之事項**：請求法院協助行使權利的方式頗多，依第129條第2項規定，下列事項，雖不以起訴方式為之，但與起訴有同一效力。

   (1) **依督促程序聲請發支付命令**：依《民事訴訟法》第508條規定：「債權人之請求，以給付金錢或其他代替物或有價證券之一定數量為標的者，得聲請法院依督促程序發支付命令。」債權人聲請發支付命

令，即行使權利之行為，時效應自聲請狀提出於法院時起中斷。但《民法》第132條規定：「時效因聲請發支付命令而中斷者，若撤回聲請，或受駁回之裁判，或支付命令失其效力時，視為不中斷。」故時效視為不中斷的情形有三：A.聲請人自行撤回聲請者，等於自始未為聲請；B.因聲請不合規定或請求無理由，經法院以裁定駁回者（民訴513），其聲請不再有效；C.支付命令於發出後三個月內不能送達於債務人（民訴515），或債務人對於支付命令於法定期間二十日提出異議者（民訴519），則支付命令失其效力，不能再發生中斷消滅時效的效力，已中斷的時效視為不中斷。

(2) **聲請調解或提付仲裁**：所謂「聲請調解」，包括依民事訴訟法所為之調解，及依其他法律（如耕地三七五減租條例、勞資爭議處理法、鄉鎮市調解條例）所為調解、調處在內（48台上722、48台上936）。所謂「提付仲裁」，即當事人間之爭議，已依契約或法律（如仲裁法、勞資爭議處理法、證券交易法）規定進行仲裁判斷，與法院的確定判決有同一之效力。聲請調解或提付仲裁，均為權利之行使，時效自應中斷。但《民法》第133條規定：「時效因聲請調解或提付仲裁而中斷者，若調解之聲請經撤回、被駁回、調解不成立或仲裁之請求經撤回、仲裁不能達成判斷時，視為不中斷。」故本條時效視為不中斷情形有五：①權利人聲請調解後，自行撤回者，視為未聲請調解（民訴425）。②法院認調解之聲請有法定各款情形之一者，例如因票據發生爭執之情形，得逕以裁定駁回之（民訴406），調解之聲請被駁回時，時效視為不中斷。③在調解程序中，當事人兩造或一造於期日不到場者，法院得視為調解不成立（民訴420），以及實際調解不成立，均視為時效不中斷。④提付仲裁後撤回仲裁之請求。⑤仲裁不能達成判斷時。

(3) **申報和解債權或破產債權**：債務人不能清償債務時，在有破產聲請前，得向法院聲請和解（破產6Ⅰ）。債權人於法院許可債務人依破產法所為和解之聲請，或於宣告破產後，申報其債權之行為（破產

12、65 I ⑤）。此均係權利之行使，時效自應中斷。但《民法》第134條規定：「時效因申報和解債權或破產債權而中斷者，若債權人撤回其申報時，視為不中斷。」蓋撤回申報與未申報相同，債權人即不再有行使權利的意思，時效自應視為不中斷。

(4) **告知訴訟**：即當事人於訴訟繫屬中，將訴訟告知因自己敗訴而有法律上利害關係之第三人（民訴65），如丙主張甲向乙所購之車為其所有，訴請甲交還時，甲告知乙。告知訴訟，其行使權利之意思，業已表明，應認時效為中斷。但《民法》第135條規定：「時效因告知訴訟而中斷者，若於訴訟終結後，六個月內不起訴，視為不中斷。」蓋告知訴訟，無論被告知人（乙）參加訴訟與否，若告知人（甲）敗訴時，則告知人與被告知人之間的買賣權義關係（權利的瑕疵擔保），並不因該訴訟（甲丙訴訟）的終結而解決。故買受人（甲）對出賣人（乙），應於原訴訟（甲丙訴訟）終結後六個月內起訴，請求出賣人履行擔保義務，未於六個月內起訴，時效則視為不中斷。

(5) **開始執行行為或聲請強制執行**：所謂「開始執行行為」，指法院依職權對假扣押、假處分或假執行的裁判所為之強制執行。所謂「聲請強制執行」，指其他依債權人聲請而開始的強制執行。二者皆以公權力使權利實現之處分，時效自應因之而中斷。時效中斷時期，若依職權開始執行行為者，自法院將裁判正本移付於執行處時起中斷；若依聲請為強制執行者，自債權人提出民事強制執行聲請狀及證明文件於法院時起中斷（強執5、6）。惟時效因開始執行行為而中斷者，若因權利人之聲請或法律上要件之欠缺，而撤銷其執行處分時，視為不中斷（民136 I ）。時效因聲請強制執行而中斷者，若撤回其聲請或其聲請被駁回時，亦視為不中斷（民136 II ）。

（三）中斷之效力

1. 對於時之效力

《民法》第137條第1項規定：「時效中斷者，自中斷之事由終止時，重行起算。」例如租金請求權的時效期間為五年，於經過四年後經債務人「承認」而中斷，已經過的四年期間歸於無效，五年時效期間重新起算。又同條第2項規定：「因起訴而中斷之時效，自受確定判決，或因其他方法訴訟終結時，重行起算。」如前例，若因債權人起訴而中斷，涉訟兩年，在此兩年內時效不進行，須訴訟確定判決後，重新開始起算五年時效。而與起訴有同一效力之事由（民129Ⅱ），則於各該程序終結時，重新起算。故：

(1)中斷事由發生前，已經過之時效期間，全歸無效。

(2)中斷時效事由存續之期間，時效不進行。

(3)自中斷之事由終止時起，時效重新開始進行。

時效中斷事由終止後，重行起算期間，原則上以原有的時效期間為準，但《民法》第137條第3項規定：「經確定判決或其他與確定判決有同一效力之執行名義所確定之請求權，其原有消滅時效期間不滿五年者，因中斷而重行起算之時效期間為五年。」是為短期時效的延長，此項規定係民法修正時所增列者，其修正理由為：「按法律規定短期消滅時效，係以避免舉證困難為主要目的，如請求權經法院判決確定，或和解、調解成立者，其實體權利義務關係，業已確定，不再發生舉證問題，為保護債權人合法利益，以免此種債權人明知債務人無清償能力，仍須不斷請求強制執行或為其他中斷時效之行為，並為求其與強制執行法第4條第3項相呼應，爰增訂本條第3項，以延長時效期間為五年（參考德國民法第218條、日本民法第174條之2）。」

2. 對於人之效力

中斷時效事由，均基於當事人之行為而生，其效力自為相對的而非絕對的。故《民法》第138條規定：「時效中斷，以當事人、繼承人、受

讓人之間為限，始有效力。」但亦有例外，例如債權人向主債務人請求履行及為其他中斷時效之行為時，對於保證人亦生效力（民747）；又連帶債權人中之一人為給付之請求者，為他債權人之利益，亦生效力（民285）。

七、消滅時效之不完成

（一）不完成之意義

消滅時效之不完成者，乃於時效期間即將完成之際，因有請求權無法或不便行使之事由發生，法律遂使本應完成之時效暫緩完成，俾權利人得於其事由終止後一定期間內，從容行使其權利。消滅時效制度，原為怠於行使權利者而設，然如在時效期間終止時，因外部之障礙，致權利人不能行使權利，或難於行使權利，而亦任時效期間之完成，則因時效而受不利益之權利人，殊為不利，故我民法設消滅時效不完成之制度，以資救濟。

（二）不完成之事由

消滅時效不完成之事由有五：

1. **因事變之不完成**：《民法》第139條規定：「時效之期間終止時，因天災或其他不可避之事變，致不能中斷其時效者，自其妨礙事由消滅時起，一個月內，其時效不完成。」所謂「不可避之事變」，是指水災、火災、風災、地震、戰亂等人力不能抗拒的意外災害，依社會一般觀念認定；例如權利人突然罹患重病或車禍受傷等個人因素，亦可認為是事變。

2. **因繼承之不完成**：《民法》第140條規定：「屬於繼承財產之權利或對於繼承財產之權利，自繼承人確定或管理人選定或破產之宣告時起，六個月內，其時效不完成。」故必須有下列三種情況之一，始有本條之適用：

(1)繼承人不確定;或

(2)繼承人有無不明,尚未由親屬會議選定遺產管理人;或

(3)因遺產不足清償債務,而有破產法第59條所列情形,尚未經法院宣告破產管理人者。

3. **因能力之不完成**:《民法》第141條規定:「無行為能力人或限制行為能力人之權利,於時效期間終止前六個月內,若無法定代理人者,自其成為行為能力人或其法定代理人就職時起,六個月內,其時效不完成。」無行為能力人或限制行為能力人若無法定代理人,則不能有效行使權利或中斷時效,對未成年人,極為不利,故使其時效暫不完成。未成年人成為行為能力人或法定代理人就職後,其障礙事由即告消失,為使行為能力人或法定代理人有相當時間行使權利或中斷時效,特別規定在六個月內時效不完成。

4. **因監護之不完成**:《民法》第142條規定:「無行為能力人或限制行為能力人,對於其法定代理人之權利,於代理關係消滅後一年內,其時效不完成。」代理關係存續中,無行為能力或限制行為能力人,即不能自己行使其權利;如代理關係消滅後,已成為行為能力人,固能行使其權利,但對其法定代理人,因情感關係,自不便驟然行使,故法律特使其時效一年內不完成。如代理關係消滅後,仍未成為行為能力人,且無新任的法定代理人,則宜適用第141條規定,自其成為行為能力人或其新法定代理人就職時起,其時效六個月內不完成。

5. **因婚姻之不完成**:《民法》第143條規定:「夫對於妻或妻對於夫之權利,於婚姻關係消滅後一年內,其時效不完成。」夫對妻或妻對夫權利的消滅時效,在婚姻關係存續中暫停進行,至婚姻關係消滅後一年內,其時效不完成。蓋婚姻存續中,其行使權利,往往忽略;而婚姻關係消滅時,或許舊情未泯,亦不便驟然行使,故法律特別規定,於婚姻關係消滅後,一年期間,使雙方有足夠時間行使權利。

（三）不完成之效果

1. **對於時的效力**：消滅時效發生不完成之事由時，已進行之期間仍屬有效，不完成事由存續中，時效期間停止進行，而於事由終止後，尚有一定之期間（如前述之一個月、六個月、一年）可以行使其權利。惟若經過此一定之期間仍不行使時，則時效仍將完成。

2. **對於人的效力**：時效不完成的障礙事由並非基於權利人的個人關係，而係客觀上有窒礙難行的事實，因此時效不完成對於任何人均有效力，具有絕對性。

八、消滅時效之完成

（一）消滅時效完成之立法例

消滅時效完成後在法律上發生何種效果，學說與立法例並不一致，歸納約有三種主義：

1. **權利消滅主義**：消滅時效完成後，權利之本身，歸於消滅。日本民法採之。

2. **訴權消滅主義**：消滅時效完成後，權利之本身，依然存在，不過其訴權歸於消滅。蘇俄、法國民法採之。

3. **抗辯權發生主義**：消滅時效完成後，不論權利之本身或其訴權，均不消滅。僅債務人取得阻止債權人行使其權利之抗辯權。德國民法採之。

我國民法究採何說，學者看法並不一致，通說採抗辯權發生主義；我國實務判解，認我民法係採抗辯權發生主義（29上1195、29上867、32上1992，31院2424）。依《民法》第144條規定：「時效完成後，債務人得拒絕給付。請求權已經時效消滅，債務人仍為履行之給付者，不得以不知時效為理由，請求返還；其以契約承諾該債務或提出擔保者亦同。」據此觀之，時效雖經完成，其基本債權尚未消滅，倘債務人仍為履行之給付者，在債權人方面原非不當得利，故不得以不知時效為理由，而請求返

還。換言之,時效完成後之債權、訴權均未消滅,只是債務人依法取得對抗債權人之抗辯權而已[12]。

(二)消滅時效完成之效力[13]

其效力可分四方面:

1. 消滅時效及於債務人之效力

(1)**債務人得拒絕給付**:《民法》第144條第1項規定:「時效完成後,債務人得拒絕給付。」消滅時效完成之效力,並非請求權當然消滅,而祗是債務人發生拒絕給付抗辯權。

(2)**債務人已為給付不得請求返還**:《民法》第144條第2項規定:「請求權已經時效消滅,債務人仍為履行之給付者,不得以不知時效為理由,請求返還。其以契約承認該債務或提出擔保者亦同。」所謂「承認」,必須當事人雙方以契約約定,但不限於書面契約。所謂「提出擔保」,不論為物的擔保或人的擔保,只要擔保確實,均具有效力。

2. 消滅時效及於債權人之效力

(1)**債權人得行使擔保權利**:消滅時效完成後,債權人得就債務人之擔保物行使權利。例如某請求權曾以抵押權、質權或留置權為擔保,該請求權雖經時效消滅,債權人仍得就債務人所提供之抵押物、質物或留置物取償(民145 I)。在社會觀念上,債權人通常對於擔保物有高度信賴,不急於行使權利,為顧及社會實況及債權人心

---

[12] 關於消滅時效,下列敘述,何者錯誤?(101律11) (A)其客體為請求權,完成後時效,債務人得拒絕給付 (B)時效完成後,債務人得拒絕給付,法院得依職權以之為裁判之資料 (C)時效完成後,債務人得拒絕給付,法院不得依職權以之為裁判之資料 (D)其客體為請求權,時效完成後,債權人得本諸債權而受領給付......(B)

[13] 甲於民國78年1月1日借乙新台幣100萬元,並以乙的A屋設定普通抵押權約定一年後返還借款,之後甲出國至94年才返國。下列敘述,何者為錯誤?(103高考財稅22)
(A)甲的債權消滅時效已完成 (B)甲仍然可以行使對A屋的抵押權 (C)甲不可起訴請求乙償還借款 (D)乙可以行使抗辯權......(C)

態，並增強擔保物權的效力，特別規定仍得就擔保物取償。但《民法》第880條對抵押權部分規定：「以抵押權擔保之債權，其請求權已因時效而消滅，如抵押權人於消滅時效完成後，五年間不實行其抵押權者，其抵押權消滅。」限制抵押權人必須於時效完成後五年內實行其抵押權。

(2)**債權人得行使擔保權利之限制**：經時效完成，債權人雖仍得行使其擔保權利，但利息及其他定期給付之各期給付請求權，即使有物上擔保權，仍因時效完成而消滅者，債權人不得就擔保物取償（民145Ⅱ）[14]。因其時效期間較短，宜迅速請求履行，早日結束法律關係。

3. 消滅時效及於從權利之效力

《民法》第146條規定：「主權利因時效消滅者，其效力及於從權利。但法律有特別規定者，不在此限。」依此規定，原則上從權利與主權利，均為時效完成後效力所及的範圍。但法律有特別規定者，時效完成之效力不及於從權利，如《民法》第145條第1項之規定：「以抵押權、質權或留置權擔保之請求權，雖經時效消滅，債權人仍得就其抵押物、質物或留置物取償。」是為擔保物權不因時效而消滅[15]、[16]。

---

[14] 下列關於消滅時效制度之敘述，何者錯誤？（103司律6）　(A)請求權罹於消滅時效時，債權本身並未消滅，故擔保該債權之抵押權，不會隨之同時消滅　(B)甲承攬乙之工程一件，約定建築材料由甲提供，契約總價金為5億元，則甲對乙之價金請求權之消滅時效期間為2年　(C)甲有未辦理登記之房屋一棟，乙無權占有達15年以上時，即使甲向乙請求返還房屋，乙得拒絕返還　(D)利息請求權之效減時效為5年，如設有抵押權為擔保，且經登記，則於罹於時效後之5年內，仍得就其抵押物取償………(D)

[15] 甲向乙借款新台幣50萬，以自有房屋設定抵押，言明1年後還款，惟屆期甲未還款，至18年後乙始想到仍有此債權，乃向甲追討，問下列敘述何者正確？（102高考財稅5）　(A)欠錢還錢乃天經地義之事，甲應設法返還，無抗辯權　(B)甲可以行使抗辯權，拒絕返還，乙亦不可就該抵押物行使權利　(C)甲雖可行使抗辯權，但乙仍可就其抵押物，行使權利　(D)乙對甲之債權因時效經過而自動歸於消滅，毋待甲行使抗辯權………(C)

[16] 下列何種權利不得因時效而取得？（102高考財稅7）　(A)留置權　(B)地上權　(C)著作財產權　(D)典權………(A)

4. **時效期間加減及利益拋棄之禁止**

(1)**不得以法律行為加減時效期間**：時效期間的長短為時效的核心，是故禁止當事人以法律行為加長或減短時效期間，以免時效制度失其意義。故《民法》第147條前段規定：「時效期間，不得以法律行為加長或減短之。」此為禁止規定，當事人約定加長或減短時效期間者，其約定無效（民71）。

(2)**不得預先拋棄時效利益**：時效制度有關公益，且債務人可能受到債權人經濟上或心理上的壓力而同意拋棄時效利益，造成不公正後果。故《民法》第147條後段規定：「不得預先拋棄時效之利益」，此亦為禁止規定，債務人縱然預先拋棄，其拋棄無效。但債務人於時效完成後仍得拋棄其拒絕給付之抗辯權，而不享受時效之利益。如於時效進行中，拋棄已經過之期間的利益，應視為承認，有中斷時效之效力。

九、概念比較

（一）時效中斷與時效不完成之區別

1. **二者相同之點**

(1)**目的相同**：均為保護因時效進行而受到不利益之當事人。

(2)**作用相同**：均為時效之障礙。

2. **二者相異之點**

(1) **事由不同**

①消滅時效中斷，乃由於當事人之行為。我民法規定有八，即：A.請求；B.承認；C.起訴；D.依督促程序，聲請發支付命令；E.聲請調解或提付仲裁；F.申報和解債權或破產債權；G.告知訴訟；H.開始執行行為或聲請強制執行（民129）。

②消滅時效不完成，乃由於當事人行為以外之事實。我民法規定有

五，即：A.因事變之不完成；B.因繼承關係之不完成；C.因能力關係之不完成；D.因監護關係之不完成；E.因婚姻關係之不完成（民139～143）。

(2) 效力不同

　　① 消滅時效中斷，效力係相對的（對人的）。中斷事由終止重行起算，已經過期間歸於無效。

　　② 消滅時效不完成，效力係絕對的（對事的）。停止前已進行之期間仍有效，停止事由終止後，合併計算。

（二）消滅時效與除斥期間之區別

　　「消滅時效」者，乃因權利人不行使其權利，所造成之無權利狀態，繼續達一定之期間時，遂致其請求權消滅之制度。「除斥期間」者，乃指法律對於某種權利所預定之存續期間，有權利而不於此項預定期間內行使，該權利即行消滅之制度。例如表意人對於錯誤之意思表示之撤銷權，因一年間不行使而消滅（民90）。換言之，除掉排斥有瑕疵原因的法律行為之存續期間。除斥期間與消滅時效之主要區別如下：

1. **客體不同**：消滅時效客體為請求權，避免權利人怠於行使權利，時效期間經過，債務人得拒絕履行；除斥期間客體為形成權（主要為撤銷權），以排除有瑕疵原因的法律行為，除斥期間經過，形成權歸於消滅，法律行為確定有效。

2. **延長不同**：消滅時效期間內，由於障礙事由的發生，有中斷或不完成的問題，故期間可延長；除斥期間係預定的存續期間，不發生中斷或不完成的問題，故期間不能延長，為不變期間。

3. **起算不同**：消滅時效自請求權可行使時起算。以不行為為目的之請求權，自為行為時起算（民128）；除斥期間則自權利成立時起算，例如暴利行為的撤銷應自法律行為時起算（民74）。

4. **適用不同**：消滅時效完成後，非經當事人援用，法院不得依職權作為裁判的依據；除斥期間經過後，當事人縱不援用，法院也得依職權作為裁判的資料。

5. **拋棄不同**：消滅時效完成後當事人得拋棄時效的利益，使時效完成的效力歸於無效；除斥期間經過後，形成權當然消滅，無利益的拋棄。

6. **期間不同**：消滅時效的一般期間為十五年，另有其他短期時效；除斥期間通常較消滅時效為短，最長期除斥期間不超過十年（民93）。

（三）消滅時效與取得時效之區別

消滅時效者，權利人在法定期間內可行使其權利而不行使，期間過後，義務人得拒絕其請求。取得時效者，無權利人依法於一定期間繼續行使他人之權利，因而取得該權利者。消滅時效與取得時效之主要區別如下：

1. **二者相同之點**：消滅時效與取得時效，均必先有一種事實之存在，且此種事實狀態之存在均須繼續達於一定之期間。而法律規定時效制度之存在，均係為保持社會生活之現狀，避免舉證上之困難。

2. **二者相異之點**：

   (1) **期間之差異**：消滅時效之期間有三種，即長期、短期與特別消滅時效期間；而取得時效之期間，因動產、不動產而異，動產為五年，不動產有二十年及十年之分。

   (2) **登記之差異**：消滅時效無登記問題；而取得時效不動產部分，限於他人未經登記者為限。

   (3) **客體之差異**：消滅時效以請求權為其客體，其中包括債權、物權、非財產權的請求權等；而取得時效之客體，僅限於動產、未經登記不動產之物權。

   (4) **內容之差異**：消滅時效以不行使為其行為之內容；而取得時效，必須以所有之意思、和平、繼續或公然占有為行為之內容。

   (5) **效力之差異**：依民法第144條規定，時效完成後債務人得拒絕給付，即採抗辯權發生主義；而取得時效完成後，在動產方面取得其所有權，在不動產方面，得請求登記為所有人。

十、案例研析

> （一）甲以其債務人乙欠其債款之請求，已於民國99年6月底罹時效消滅，而於100年7月1日聲請就乙之抵押物實行取償債款十萬元以及利息五萬元。乙則以該抵押權已隨主債權罹於時效而消滅，甲不得請求實行抵押權取償。問乙之主張有無理由？

答： 1. 就債款十萬元部分：依《民法》第145條第1項之規定：「以抵押權、質權或留置權擔保之請求權，雖經時效消滅，債權人仍得就其抵押物、質物或留置物取償。」又實行此抵押權之時效，依《民法》第880條之規定：「以抵押權擔保之債權，其請求權已因時效而消滅，如抵押權人，於消滅時效完成後，五年間不實行其抵押權者，其抵押權消滅。」是故甲於100年7月1日聲請就乙之抵押物實行取償債款十萬元，並未逾時效，乙之主張為無理由。

2. 就利息五萬元部分：依《民法》第145條第2項之規定：「前項規定，於利息及其他定期給付之各期給付請求權，經時效消滅者，不適用之。」故利息不適用第145條第1項之規定，乙主張利息五萬元已罹時效消滅，為有理由。

3. 結論：甲僅得就債款十萬元取償，至於利息五萬元，乙得拒絕給付。

> （二）乙欠甲一萬元，約定須付利息，由乙以手錶交甲作為擔保。嗣消滅時效完成，乙拒絕清償。甲則拍賣該手錶，得款一萬二千元，以抵償本息。是否合法？

答： 甲拍賣乙之手錶，得款一萬二千元，以抵償本息，其中一萬元為債款，二千元為利息，茲分別解之：

1. **就債款一萬元部分**：乙欠甲一萬元，是甲對乙有一萬元之債權請求權，並約定須付利息，由乙以手錶交甲作為擔保。依《民法》

第146條規定：「主權利因時效消滅者，其效力及於從權利。但法律有特別規定者，不在此限。」所謂法律有特別規定，係指同法第145條第1項規定：「以抵押權、質權或留置權擔保之請求權，雖經時效消滅，債權人仍得就其抵押物、質物或留置物取償。」乙欠甲一萬元，嗣消滅時效完成，乙拒絕清償。甲則拍賣該手錶，是甲實行動產質權，依前開規定甲自得就該質物取償，甲拍賣結果得款一萬二千元，僅得抵償本金一萬元。

2. 就利息二千元部分：依《民法》第145條第2項規定：「前項規定，於利息及其他定期給付之各期給付請求權，經時效消滅者，不適用之。」故利息二千元請求權，甲不得就質物取償。惟請求權雖消滅時效完成，債務人亦僅得拒絕給付而已（民144），非債權人之請求權消滅，是為抗辯權發生主義，因而乙對利息之部分，須向甲抗辯。

（三）甲出租A地於乙（A地為耕地），越十四年有半，未請求甲交付A地，乙亦未交付任何租金，坐令甲在A地上種植果樹，嗣發現消滅時效在即，出而行使租賃物交付請求權，請求甲交付土地供乙耕作，其結果如何？

答： 1. 甲將耕地A租予乙，甲乙間成立耕地租賃契約。按租賃契約乃當事人約定一方以物租與他方使用收益，他方支付租金之契約。另耕地租賃契約依耕地三七五減租條例第5條規定，耕地租佃期間，不得少於六年，其原約定租期超過六年者，依其原約定。最長之期間則仍適用民法第449條不得逾二十年之規定。

2. 本題乙於十四年半時，發現消滅時效在即，出而行使租賃物交付請求權，請求甲交付土地供乙耕作。吾人以為，乙之請求有無理由，應視甲乙間之租賃契約是否仍在租賃期間內。

(1)仍在租賃期間者：乙本於租賃契約可向甲請求交付耕地。

(2)租期屆滿者：依民法第125條規定，請求權因十五年間不行使而消滅，而租賃物交付請求權並無消滅時間之特別規定，是以，乙租賃物交付請求權，應適用一般之消滅時效期間十五年，惟依《民法》第450條第1項規定：租賃定有期限者，其租賃關係於期限屆滿時消滅。此乃租賃契約之性質使然，故如甲乙之租賃契約已因期限屆滿而消滅，乙即不得向甲請求交付租賃物。

(四) 甲向乙買賣房屋一棟，交清價款後已接管使用，但一直未辦理所有權移轉登記。後來赴美經商，十六年後返國，發現乙已於十年前死亡，該屋現由乙之繼承人丙居住。丙知乙將該屋出售與甲之事，並已依法辦畢繼承登記。請問甲得否請求丙協同辦理所有權移轉登記或直接請求丙交還該屋？

答：1. **甲向丙請求協同辦理所有權移轉登記，如經丙為消滅時效之抗辯，甲之請求即無理由。說明如下：**

甲向乙買賣房屋一棟，雖已接管使用，惟未辦理所有權移轉登記，依《民法》第758條規定：「不動產物權，依法律行為而取得、設定、喪失及變更者，非經登記，不生效力。」是甲尚未取得該屋所有權，茲乙於十年前死亡，且丙依法已辦畢繼承登記，丙即繼承乙對甲之房屋所有權移轉登記債務，但因甲係逾十五年後之第十六年始對丙請求，丙得依《民法》第125條規定，主張甲之請求權已逾十五年時效而消滅，且此抗辯權不因丙係於十年前才繼承而有異，甲之請求即無理由。

2. **甲向丙請求交還該屋，如甲係於丙居住一年內向丙請求，則甲之請求有理由。說明如下：**

甲向乙受房屋，因甲已交清價款由乙點交使用，則甲占有該房屋係依買賣契約而占有，為有權占有，應受《民法》第962條規

定：「占有人，其占有被侵奪者，得請求返還其占有物。」之保護，故甲可本於上開該占有之物上請求權請求丙交還房屋。但依同法第963條規定：占有人之物上請求權自侵奪或妨害占有，或危險發生後，一年間不行使而消滅。第128條規定：消滅時效，自請求權可行使時起算。故甲必須於丙居住該房屋之一年內，向丙請求交還房屋，逾期丙得以消滅時效為由，拒絕交還。

第七章　權利之行使

一、權利行使之意義

　　權利之行使者，即權利之主體或有行使權者，實現其權利內容之正當行為。一切權利之行使雖均屬於行為，但每因權利種類之不同，而其行使之行為亦異。有法律行為者，如依撤銷權而撤銷；有準法律行為者，如依催告權而為催告；有事實行為者，如依所有權而使用其所有物；凡此皆係權利行使之行為。有權利而不依正當方式行使，不生行使權利之效果；有權利而不於一定期間行使，則因時效期間、除斥期間或法定期間之經過，而發生抗辯權或失權的結果。

二、權利行使之原則

　　在權利本位及契約自由的傳統思想下，權利為個人所專有，其行使具有充分的自由，他人固然不得加以干涉，法律也不得加以限制。近世法律在權利社會化與權利相對化的思潮下，其保護私權，固在保障個人之利益，但亦在維持社會秩序，及增進公共之福利。因而個人行使其權利，即不能罔顧團體之利益，而恣意為之，以破壞共同生活之協調。故各國法律莫不對權利之行使，設有相當之原則，我民法總則編修正時設有禁止違反公益原則，禁止權利濫用原則，以及符合誠實信用原則（民148），俾符合現代之立法精神。

（一）禁止違反公益原則

《民法》第148條第1項前段規定：「權利之行使，不得違反公共利益。」所謂「公共利益」，指國家或社會之利益。權利人於法令限制範圍內，雖可自由行使其權利，惟不得違反公共利益。否則即與「公益重於私益」及「權利社會化」之精神不符，其行為亦因違背禁止規定而無效（民71前段）。例如公眾通行道路為私人所有者，其所有人不得在道路上起造房屋，妨礙公眾通行（44判11、71判771）。

（二）禁止權利濫用原則

所謂「權利濫用」，指權利人行使權利，違反法律賦與權利之本旨，因而法律上遂不承認其行使權利之行為。權利之濫用，不受法律之保護，《民法》第148條第1項後段規定：「權利之行使，不得以損害他人為主要目的。」行使權利，是否以損害他人為主要目的，應依具體情形及一般觀念決定之。若權利人行使權利之結果，有損人不利己，或利己極微而損人極大等情形時，即為以損害他人為主要目的（53台上1543），應屬無效。但權利人行使權利，雖足使他人喪失利益，然非專以損害他人為主要目的者，則仍屬有效（45台上105）。民法有關權利濫用之規定如侵權行為（民184）、同時履行抗辯權之濫用（民264）、拒絕一部清償之濫用（民318）、相鄰關係之濫用（民774以下）、親權之濫用（民1090）等。權利人濫用權利時，不發生正當行使權利所應發生的法律效果（無效），同時可能發生其他法律效果：

1. 不生應有之效果，如濫用解除契約權，不生解除契約之效果。
2. 侵害行為損害賠償責任（民184）。
3. 請求預防，如煤煙、瓦斯等向相鄰地之過度侵入（民793）。
4. 剝奪其權利，如剝奪親權（民1090）。

（三）符合誠實信用原則

　　權利人行使權利之方法，如法律無規定，當事人間亦無約定，必須有一適當之標準，以為解決準則。《民法》第148條第2項規定：「行使權利，履行義務，應依誠實及信用方法。」是即所謂「誠實信用之原則」。誠實信用原則為法律倫理價值的崇高表現，係近代民法，甚至係全部法律領域的最高指導原則，學者常稱之為「帝王條款」[1]。故此一原則，為社會生活之基礎及交易發達之根本，不容違背。是否符合此一原則，則應斟酌各種情事，公平衡量當事人雙方之利益定之。誠信原則是公平正義的象徵，對於法律的倫理性與當事人間利益的均衡性，具有促進與調節的作用，其具有下列三項功能：

1. 為解釋補充或評價法律行為之準則

　　(1)法律行為以意思表示為基礎，意思表示不明確時應依解釋方法闡明認定之，因此應探求當事人的真意，亦即應依誠信原則，合理探求意思表示的真正含意，而不能拘泥於所用的辭句（民98）。

　　(2)以誠信原則為準則，衡量並評價當事人間的法律行為，提高法律行為的倫理價值，追求實質的正義。使形式合法而造成對方過於嚴酷的法律行為，得以合理化。例如居間固以契約因其媒介而成立時為限，始得請求報酬，但委任人為避免支付報酬，故意拒絕媒介就緒之契約，再由自己與相對人訂立同一內容之契約者，依誠信原則仍應支付報酬（58台上2929）。

2. 為解釋或補充法律的準則

　　(1)法律條文通常為抽象的規定，適用在具體案件時應以解釋方式加以闡明確定，是為「法律的解釋」。解釋法律的方法很多，但必須以誠信原則為最高準則，以免誤失。

---

[1] 下列何者，為民法學說上所稱之「帝王條款」？（102特四財稅4）　(A)正當防衛 (B)衡平原則　(C)誠信原則　(D)情事變更原則⋯⋯⋯⋯⋯⋯⋯⋯⋯⋯⋯⋯(C)

(2)法律規定有欠缺或不完備時，必須以補充的方式發現法律、填補法律缺陷，成為公平裁判之基礎，是為「法律的補充」，補充法律亦應以誠信原則為最高準則。

3. 為制定或修訂法律的準則

(1)法律是公平正義與誠信原則的表現，立法機關在制定或修訂法律時，應遵循誠信原則，以誠信原則為指針制定良法。

(2)法律有些部分已將誠信原則納為其條文之內容，是為「誠信原則的具體化」。例如在雙務契約，他方當事人已為部分給付，依其情形如拒絕自己之給付，有違背誠實及信用方法者，不得拒絕自己之給付（民264Ⅱ）。

三、權利行使之保護

「有權利就有救濟」，可分為「公力救濟」與「自力救濟」兩種。權利遭受他人不法侵害或不克行使時，法律必須加以保護。當事人應訴請公權力，由司法機關依法定程序排除侵害或實現權利，此種制度稱為「公力救濟」。但因國家機關並不普遍，且救濟有一定程序，在情況急迫時，可能緩不濟急。如完全禁止權利人自行排除不法侵害，勢將難以維持社會秩序與符合公平正義，因此法律例外允許權利人的「自力救濟」，以補公力救濟之不足。我國民法規定自力救濟有「自衛行為」與「自助行為」。

自衛行為在民法上不負民事責任，在刑法上不負刑事責任。其免責理由有「主觀說」與「客觀說」：主觀說認為當緊急之際，人之行為失其自由意思，故能阻止違法；客觀說又分為兩說，「權利行為說」認為保護自己權利之行為，「非常行為說」認為值緊急之際，難待公力干預，只好容許自力救濟。

自衛行為係對於侵害權利行為所為的自我防衛行為，又可分為「正當防衛」與「緊急避難」兩種。自助行為則係情況急迫時，為保護自己權利所為自我幫助行為。

（一）正當防衛

1. 正當防衛之意義

對於現時不法之侵害，為防衛自己或他人之權利所為之行為，不負損害賠償之責。但已逾越必要程度者，仍應負相當賠償之責（民149）。

2. 正當防衛之要件

(1) **須為不法之侵害**：正當防衛，以有侵害為其成立之前提，並以不法之侵害為限。所謂不法之侵害，指無違法之阻卻而言，若對於適法的侵害，如權利之行使（父母懲戒子女）或職務之執行（市政府拆除違章建築、警察拘捕人犯），以及正當防衛、自助行為，均不得為正當防衛行為。但緊急避難，雖非「不法」，然被害者無容受侵害之義務，仍得為正當防衛行為。所謂「不法」，乃指法令所不允許者，不必侵害行為構成犯罪為必要，侵害人有無過失及責任能力，在所不問，故精神病人所為的侵害行為，可實施正當防衛。所謂「侵害」，乃特定之人對於他人權利所加之攻擊行為。故對於動物之單純侵害所為之自衛行為，乃緊急避難而非正當防衛。

(2) **須為現時之侵害**：即侵害行為已經著手或正在實施而尚未完畢，應依具體情形決定之。例如竊盜正偷取財物或流氓正毆打鄰人為現時侵害，若已離開現場則否。對於業已過去或尚未發生之侵害，皆得請求公力救濟，不得為正當防衛。

(3) **須為防衛自己或他人權利**：即須以防衛自己或他人之權利為目的，權利之種類及範圍，則無限制，不論為公權或私權均包括在內。

(4) **須為必要之行為**：即為使自己或他人權利免受侵害之必要行為，否則，即屬防衛過當。至是否必要，應就具體情事，依客觀標準決之。例如甲以木棍打乙，乙竟先開槍殺甲，乃防衛過當。

3. 正當防衛之效果

(1) **對於侵害人**：實施正當防衛行為，對於侵害人反擊所造成的侵害，

不負損害賠償責任，但已逾越必要程度者，無論有無過失，仍應負相當賠償之責（民149）。

(2)**對於第三人**：實施正當防衛行為，為防衛侵害人的不法侵害而毀損第三人的所有物時，除構成緊急避難，依緊急避難原則處理外，防衛人應對第三人負損害賠償責任。

（二）緊急避難

1. 緊急避難之意義

因避免自己或他人生命、身體、自由或財產上急迫之危險，所為之行為，不負損害賠償之責。但以避免危險所必要，並未逾越危險所能致之損害程度為限。前項情形，其危險之發生，如行為人有責任者，應負損害賠償之責（民150）。

2. 緊急避難之要件

(1)**須有急迫之危險**：所謂「急迫」，即現時之意。所謂「危險」，指足以發生危害之情形。緊急避難，以有急迫危險存在為必要。至其發生之原因是否人為，則非所問，但不包括他人合法行為所引起之危險在內。

(2)**須為避免自己或他人生命、身體、自由或財產上急迫之危險**：即得以緊急避難行為保全之法益，以生命、身體、自由、財產為限。其他權利，不包括在內，以免範圍過濫，損害第三人利益過鉅。

(3)**須為避免危險所必要之行為**：即於其權利猝遇危難之際，非侵害他人法益，別無救護之途（24上2669）。例如因躲避肇事之汽車，而撞毀攤販之商品。避難行為有無必要，應依危險情況、避難方式、對避難人及第三人所生損害，全盤觀察。通說認為，避難行為必須捨此之外，別無其他方法可採，始為必要，在學理上稱為「必要的原則」。

(4)**須未逾越危險所能致之損害程度**：緊急避難不能逾越危險所能致之

損害程度（此點與刑法不同），即指避難行為加於他人的損害，必須少於或等於危險所能產生的損害，逾越此程度即為過當避難，此種情形學理上稱為「權衡的原則」。是否逾越，則應就具體情事，依客觀標準決之。

(5)**須危險之發生非由於行為人有責任**：所謂「有責任」，指因行為人的行為而引發危險；至於行為人有無故意過失，則非所問。

3. 緊急避難之效果

緊急避難的主要效果為阻卻違法，避難人因緊急避難對於他人所造成的損害，在民法上不構成侵權行為，不負損害賠償責任（民150 I）。但有下列情形者，仍須負賠償之責：

(1)**避難過當者**：即因避難行為所加於他人之損害，已逾越危險所能致之損害程度者，例如火災中因搶救財產，而踏傷小孩，此際仍應負賠償責任。

(2)**危險之發生，行為人有責任者**：此種情形，仍應負損害賠償之責（民150 II）。例如挑逗鄰居飼養的狼犬，引起狼犬追逐，在危險中將該犬擊斃；此時行為人雖得為緊急避難，但應負損害賠償責任。

（三）自助行為[2]

1. 自助行為之意義

所謂「自助行為」，指權利人為保護自己權利，於不及受法院或其他

---

[2] 甲對乙有五百萬元債權，惟其返還請求權已罹於消滅時效，甲在飛機場見乙欲乘飛機出國，乃以乙未償還五百萬元為由，而對乙施以拘束並扣留其行李，乙強力反擊將甲打傷並取回行李。下列敘述，何者正確？（101司2）　(A)甲可以主張成立自助行為；乙可以主張成立正當防衛　(B)甲可以主張成立自助行為；乙不可以主張成立正當防衛　(C)甲不可以主張成立自助行為；乙可以主張成立正當防衛　(D)甲不可以主張成立自助行為；乙不可以主張成立正當防衛⋯⋯⋯⋯⋯⋯⋯⋯(C)

有關機關援助之際，對於他人之自由或財產施以拘束、押收或毀損之行為（民151）。

2. 自助行為之要件

(1)**須為保護自己權利**：即以保護自己之權利為限。所謂「權利」，係指「請求權」，且在性質上適於強制執行者為限，包括債權、物權及身分的請求權，如請求交出子女（強執128Ⅲ）；不適於強制執行者，如婚約履行請求權（民975）、夫妻同居請求權（民1001，強執128Ⅱ）等，則不得為自助行為。

(2)**須時機急迫不及受法院或其他有關機關援助**：所謂「時機急迫」，即指非於其時為之，則請求權不得實行或其實行顯有困難（民151但書）。是否具備此等情事，應就各種情形，依客觀標準以為決定。所謂「其他有關機關」，指派出所、警察局、機場航警，海關港警等有權阻止逃亡的機關，至於鄉鎮區公所等一般行政機關或業務機關，則不包括在內。

(3)**須對於他人之自由或財產施以拘束、押收或毀損**：即自助行為之對象，以他人之自由及財產為限。自助行為之種類，亦以拘束、押收或毀損為限。所稱「他人」，指義務人；所稱「拘束」，乃對自由而言。係防止義務人逃匿之方法。所謂「押收、毀損」，係對財產而言，乃防止權利標的，或可供執行之財產隱匿或滅失之方法。惟所謂「押收」，不以直接實施為限，請求法院以外之有關機關，停止義務人之處分行為，亦包括在內。例如請求土地登記機關，暫時停止債務人不動產物權之移轉或設定登記（43.3.13內地字第39322號函、46.11.29台內地字第125342號函）。

3. 自助行為之效果

(1)**行為人不負損害賠償責任**：自助行為，即為法之所許，自不負損害賠償責任（民151）。

(2)**行為人應即聲請法院援助**：自助行為，乃權宜措施，影響義務人

利益至鉅。故行為人為自助行為後，須即時向法院聲請處理（民152 I），即須立即聲請法院對於押收之財產，實施假扣押，或對於拘束其自由之債務人，實施管收（院3503）。此項聲請，如被駁回，足證無實施自助行為之必要，應即釋放債務人或將財產返還義務人，並賠償其損害；如聲請遲延者，對於義務人因而發生之損害，亦應負損害賠償之責（民152 II）。此行為人不論有無過失，均應負賠償之責，以保障義務人的自由、財產，免於隨時受權利人的侵害。

四、概念比較

（一）自衛行為與自助行為之區別

1. 自衛行為與自助行為，俱屬私法救濟範圍，但自衛行為多出於被動的；而自助行為，則係積極的，主動的妨害他人自由及財產，故在法律上之限制，較自衛行為為嚴。
2. 自衛行為，得為保護自己或他人之權益而實施防衛或避難；自助行為，則純以保護自己之權利為目的。
3. 自衛行為，行為之種類無限制；自助行為，則以對於義務人之自由或財產施以拘束、押收或毀損為限。
4. 自衛行為，行為後無須聲請法院處理；自助行為除毀損財產外，若拘束他人自由或押收他人財產者，行為後須即時向法院聲請處理。

（二）正當防衛與緊急避難之區別

1. **原因不同**：正當防衛，為排除他人現時不法之侵害；緊急避難，為避免急迫之危險，此項危險，不以人之行為所引起者為限。
2. **目的不同**：正當防衛，以保護一切權利之免於受害為目的；緊急避難，則以避免生命、身體、自由、財產等之急迫危險為目的。

3. **性質不同**：正當防衛，係一種權利行為，可阻卻違法性，是「正對不正」的關係；緊急避難，係一種放任行為，是「不正對不正」的關係。

4. **相對人不同**：正當防衛，係對於侵害者實施反擊行為；緊急避難，得對於加害者及第三者實施避難行為。

5. **過當標準不同**：正當防衛所欲避免之損害，並無限制大於或小於所加於他人之損害；緊急避難所欲避免之損害，則不得大於所加於他人之損害。逾越此程度，即為「過當」。

五、案例研析

> 甲騎車超速，衝向河邊，因避免危險於急轉彎時，撞傷行人乙；應否負損害賠償之責？

答： 1. 依《民法》第150條規定：「因避免自己或他人生命、身體、自由、或財產上急迫之危險所為之行為，不負損害賠償之責。但以避免危險所必要，並未逾越危險所能致之損害程度者為限。前項情形，其危險之發生，如行為人有責任者，應負損害賠償之責。」故緊急避難其要件有：

(1)須有急迫之危險；

(2)須為避免自己或他人生命、身體、自由或財產上急迫之危險；

(3)須為避免危險所必要之行為；

(4)須未逾越危險所能致之損害程度；

(5)須危險之發生非由於行為人有責任。

因此須符合上列要件，始屬合法之緊急避難，避難人所為之行為，不負損害賠償責任。

2. 但該條第2項規定：「危險之發生，如行為人有責任者，應負損害賠償之責。」所謂「有責任」，指因行為人（避難人）的行為而引發危險，至於行為人有無故意過失，則非所問；此時行為人雖

得為緊急避難，但應負損害賠償責任。

3. 本題甲騎車超速，衝向河邊，因避免危險於急轉彎時，撞傷行人乙，是甲對危險之發生有責任，因其超速而引發危險，故甲對乙應負損害賠償之責任。

附錄一 民法總則條文

1. 中華民國18年5月23日國民政府制定公布總則編全文152條；並自中華民國18年10月10日施行
2. 中華民國71年1月4日總統令修正公布第8、14、18、20、24、27、28、30、32～36、38、42～44、46～48、50～53、56、58～65、85、118、129、131～134、136、137、148、151、152條條文；並自中華民國72年1月1日施行
3. 中華民國97年5月23日總統華總一義字第09700059171號令修正公布第14、15、22條條文；增訂第15-1、15-2條條文；第14～15-2條修正條文，自公布後一年六個月（98年11月23日）施行；第22條修正條文施行日期，以命令定之
4. 中華民國97年10月22日總統華總一義字第09700216301號令公布第22條修正條文定自98年1月1日施行

☆大法官會議解釋，△司法院解釋，◎判例

第一章 法例

第1條 （民事之適用順序）
　　民事，法律所未規定者，依習慣，無習慣者，依法理。

△依民法第1條之規定，須法律無規定者，始適用習慣，解除契約，按照同法第258條規定，應向他方當事人以意思表示為之，如新校長對於教員未經表示解約，則雖有以不另發聘書為默示解約之習慣，亦不生解約之效力。（25院1410）

◎習慣法之成立，須以多年慣行之事實及普通一般人之確信心為其基礎。（17上613）

◎付款人於承兌後應負付款之責，固為票據法第49條第1項所明定，然如執票人不能以背書之連續證明其權利，依同法第34條第1項之規定，仍不得請求付款，縱令該地方有此項與成文法相牴觸之習慣，亦不能認為有法之效力。（21上2037）

◎民事法律所未規定者方依習慣，承租人未得出租人承諾，將租賃物全部轉租於他人者，出租人得終止契約，法律既有明文規定，當事人自無主張應依相反習慣之餘地。（21上3253）

◎依民法第1條前段之規定，習慣固僅就法律所未規定之事項有補充之效力，惟法律於其有規定之事項明定另有習慣時，不適用其規定者，此項習慣即因法律之特別規定，而有優先之效力。民法第207條第2項既明定前項規定，如商業上另有習慣者不適用之，則商

業上得將利息滾入原本再生利息之習慣，自應優先於同條第1項之規定而適用之，不容再執民法第1條前段所定之一般原則，以排斥其適用。（26渝上946）

◎民法第915條第1項但書所稱之習慣，固有優先於成文法之效力，惟此係指限制典權人將典物轉典或出租於他人之習慣而言，並不包含轉典得不以書面為之之習慣在內，轉典為不動產物權之設定，依民法第760條之規定應以書面為之，縱有相反之習慣，亦無法之效力。（28上1078）

◎債權人所得請求之遲延利息，如無高於法定利率之約定利率，依民法第233條第1項之規定，祇能依法定利率計算，縱令該地方另有一種習慣上所認之利率，但除當事人有以此項習慣，為其法律行為內容之意思者，其利率即為約定利率外，依民法第1條之規定，仍不得反於法律之規定，以此為計算遲延利息之標準。（28上1977）

◎被上訴人因票載付款人拒絕承兌，業經請求當地商會作成拒絕證書，按照票據法第82條規定，原得對於發票之上訴人行使追索權，縱令該處商場有與此項成文法相反之習慣，亦不能認為有法之效力。（28上559）

◎不動產物權之移轉或設定，應以書面為之，民法第760條設有明文規定，縱令當地移轉不動產所有權確有交付老契以代訂立書面之習慣，依民法第1條之規定，亦無適用之餘地。（29上1513）

◎婚約應由男女當事人自行訂定，民法第972條定有明文，依民法第1條之規定，雖有得由雙方父母於其年幼時為之訂定婚約之習慣，亦無法之效力。（29上618）

◎上訴人所主張該地習慣訂立文契無須證人簽名一節，不知民法第1條規定，民事法律所未規定者依習慣，兩願離婚之書面應有證人二人以上之簽名，為民法第1050條所明定，該條又未定有先從習慣之特則，縱使該地確有此項習慣，亦無適用之餘地。（31上1554）

◎民法第760條規定不動產物權之移轉或設定，應以書面為之，上訴人自訴某甲轉賣訟爭地時，並未另立契據，原審認為不生物權移轉之效力，於法自無不合，茲上訴人稱臨洮地方習慣，原業主或利害關係人或繼承人等，由買受人贖回出賣產業時，果雙方意思一致者，則將原立契照返還於出賣之一方為已足，並不以另立契據為必要等情，縱令所稱屬實，亦不能反於法律明文，認此項習慣為有法之效力。（31上2665）

◎依不定期限租用耕地之契約，出租人收回自耕時得終止之，土地法第180條第3款定有明文，自不得以地方有利於承租人之習慣，而排斥其適用。（32上6039）

◎未定給付期之議單買賣，買方至比期（每月15及月底）不交款，賣方得通知買方取銷議單，縱為臨川縣之商業習慣，但與民法第254條之規定不無抵觸，除當事人於訂約時有作為契約內容之意思者，應依其習慣外，自無民法第1條所稱習慣之效力。（32上796）

◎習慣僅於法律無明文規定時有補充之效力，公同共有物之處分及其他權利之行使，除由公同關係所由規定之法律或契約另有規定外，應得公同共有人全體之同意，為民法第828條第2項所明定。縱如原判決所稱該地習慣，嘗產值理，有代表公同共有人全體處分嘗產之權，苟非當事人有以此為其契約內容之意思，得認其公同關係所由規定之契約已另有規定，在民法施行以後殊無適用之餘地，原判決僅以該地有此習慣，即認被上訴人之買受為有效，其法律上之見解實有違誤。（37上6809）

◎(一)台灣關於祭祀公業之制度，雖有歷來不問是否具備社團法人或財團法人之法定要

件，均得視為法人之習慣，然此種習慣自台灣光復民法施行後，其適用應受民法第1條規定之限制，僅就法律所未規定者有補充之效力，法人非依民法或其他法律之規定不得成立，在民法施行前，亦須具有財團及以公益為目的社團之性質而有獨立之財產者，始得視為法人，民法第25條及民法總則施行法第6條第1項，既設有明文規定，自無適用與此相反之習慣，認其祭祀公業為法人之餘地。（39台上364）備註：**本則判例(一)於民國97年8月12日經最高法院97年度第2次民事庭會議決議自97年7月1日起不再援用，並於97年9月12日由最高法院依據最高法院判例選編及變更實施要點第9點規定以台資字第0970000748號公告之。不再援用理由：本則判例與祭祀公業條例之規定不符。**

◎按因私法上法律行為而成立之法律關係，非以民法（實質民法）有明文規定者為限，苟法律行為之內容，並不違反公序良俗或強行規定，即應賦予法律上之效力，如當事人本此法律行為成立之法律關係起訴請求保護其權利，法院不得以法無明文規定而拒絕裁判。所謂信託行為，係指委託人授與受託人超過經濟目的之權利，而僅許可其於經濟目的範圍內行使權利之法律行為而言，就外部關係言，受託人固有行使超過委託人所授與之權利，就委託人與受託人之內部關係言，受託人仍應受委託人所授與權利範圍之限制。信託關係係因委託人信賴受託人代其行使權利而成立。應認委託人有隨時終止信託契約之權利。（66台再42）備註：**本則判例於民國91年10月1日經最高法院91年度第12次民事庭會議決議不再援用，並於91年10月31日由最高法院依據最高法院判例選編及變更實施要點第9點規定以（91）台資字第00696號公告之。不再援用理由：85年1月26日信託法已公布施行。**

◎受託人因受信託土地被政府徵收，除所得之補償費仍為受託財產外，受託人因徵收可自政府獲配之其他期待權，及由期待權所得之財產，亦為信託財產。至受託人因配得財產所支出之金錢，為信託人於終止信託關係，請求返還信託物時之如何償還問題。尚不能因此謂該財產非信託財產。（76台上2062）

第2條　（適用習慣之限制）
　民事所適用之習慣，以不背於公共秩序或善良風俗者為限。

◎習慣法則應以一般人所共信不害公益為要件，否則縱屬舊有習慣，亦難認為有法的效力。（17上691）
◎親房攔產之習慣，不惟舊律有明文禁止，且足長親房把持掯勒之風，于社會經濟毫無實益，不能認為有法之效力。（18上1346）
◎賣產應先儘親房之習慣，有背於公共秩序，不能認有法之效力。（19上1710）
◎賣產應先問親房之習慣，有背於公共秩序，不認為有法之效力。（30上131）
◎現行法上並無認不動產之近鄰有先買權之規定，即使有此習慣，亦於經濟之流通、地方之發達，均有障礙，不能予以法之效力。（30上191）

> **第3條　（簽名蓋章符號之效力）**
> 依法律之規定，有使用文字之必要者，得不由本人自寫，但必須親自簽名。
> 如有用印章代簽名者，其蓋章與簽名生同等之效力。
> 如以指印、十字或其他符號代簽名者，在文件上，經二人簽名證明，亦與簽名生同等之效力。

△訂立移轉或設定不動產物權之書面，以十字代簽名者，依民法第3條第3項，既以經二人在該書面上簽名證明，為與簽名生同等效力之要件，則證明者二人，亦僅簽十字時，立書面人之以十字代簽名，自不能與簽名生同等之效力，惟法律行為法定方式之欠缺，並非不許補正，一經補正，該法律行為即為有效。（28院1909）

◎消費借貸契約之訂立，法律上並無應以書面為之之規定，民法第3條第1項所謂依法律之規定有使用文字之必要者，即不包含消費借貸契約之訂立在內。（27上3240）

◎養父母與養子女之關係，依民法第1080條固得由雙方以書面終止之，但所謂雙方既指養父母與養子女而言，則同意終止之書面，自須由養父母與養子女，依民法第3條之規定作成之，始生效力。（28上1723）

◎保留買回權利之買賣契約，或將已買受之標的物，賣與原所有人之再買賣契約，或其再買賣之預約，均屬債權契約，一經當事人互相表示意思一致，即為成立，縱令當事人約定須經原代筆人批註老契，亦於此項約定方式完成時成立，並無民法第3條之適用。（30上2328）

◎不動產物權之移轉或設定，應以書面為之，此項書面得不由本人自寫，但必須親自簽名或蓋章，其以指印，十字或其他符號代簽名者，應經二人簽名證明，否則法定方式有欠缺，依法不生效力。（31上3256）

◎民法第3條第3項規定之適用，以依法律之規定有使用文字之必要者為限，本件兩造所訂和解契約，本不以訂立書面為必要，自難以和約內僅有某甲一人簽名，即指為不生效力。（31上692）

◎民法總則施行前所為法律行為，雖依當時法例有以書面為之之必要者，依民法總則施行法第1條之規定，亦不適用民法總則之規定，自不得以該項書面未備民法第3條所定之方式，而謂無效。（33上5034）

◎在票據上記載禁止背書轉讓者，必由為此記載之債務人簽名或蓋章，始生禁止背書轉讓之效力，此就票據法第30條第2項及第3項各規定觀之甚明（依同法第144條規定，各該項規定準用於支票），未經簽名或蓋章者，不知其係何人為禁止背書轉讓之記載，亦與票據為文義證券之意義不符。本件支票背面雖有「禁止背書轉讓」之記載，但卻未經為此記載者簽名或蓋章，尚難謂可生禁止背書轉讓之效力。支票為文義證券（形式證券），不允債務人以其他立證方法變更或補充其文義。（68台上3779）

> **第4條　（文字）**
> 關於一定之數量，同時以文字及號碼表示者，其文字與號碼有不符合時，如法院不能決定何者為當事人之原意，應以文字為準。

第5條 （最低額）

關於一定之數量，以文字或號碼為數次之表示者，其表示有不符合時，如法院不能決定何者為當事人之原意，應以最低額為準。

第二章 人

第一節 自然人

第6條 （權利能力之始期及終期）

人之權利能力，始於出生，終於死亡。

◎人之權利能力終於死亡，其權利義務因死亡而開始繼承，由繼承人承受，故關於遺產之法律行為，自當由繼承人為之，被繼承人生前委任之代理人，依民法第550條之規定，其委任關係，除契約另有訂定，或因委任事務之性質不能消滅者外，自應歸於消滅。（51台上2813）

◎土地法所稱之權利人，係指民法第6條及第26條規定之自然人及法人而言，非法人之團體，設有代表人或管理人者，依民事訴訟法第40條第3項規定，固有當事人能力，但在實體法上並無權利能力。（68台抗82）

第7條 （胎兒之權利能力）

胎兒以將來非死產者為限，關於其個人利益之保護，視為既已出生。

◎不法侵害他人致死者，被害人之子女得請求賠償相當數額之慰撫金，又胎兒以將來非死產者為限，關於其個人利益之保護，視為既已出生，民法第194條、第7條定有明文，慰撫金之數額如何始為相當，應酌量一切情形定之，但不得以子女為胎兒或年幼為不予賠償或減低賠償之依據。（66台上2759）

第8條 （死亡宣告）

失蹤人失蹤滿七年後，法院得因利害關係人或檢察官之聲請，為死亡之宣告。

失蹤人為八十歲以上者，得於失蹤滿三年後，為死亡之宣告。

失蹤人為遭遇特別災難者，得於特別災難終了滿一年後，為死亡之宣告。

△遺產稅徵收機關，非民法第8條第1項所稱之利害關係人，不得為死亡宣告之聲請。（35院解3230）

第9條 （死亡時間之推定）

受死亡宣告者，以判決內所確定死亡之時，推定其為死亡。

前項死亡之時，應為前條各項所定期間最後日終止之時。但有反證者，不在此限。

◎民法第9條第1項規定受死亡宣告者，以判決內所確定死亡之時，推定其為死亡。所謂推定，並無擬制效力，自得由法律上利害關係人提出反證以推翻之。（51台上1732）

第10條 （失蹤人財產之管理）

失蹤人失蹤後，未受死亡宣告前，其財產之管理，依非訟事件法之規定。

△以失蹤人為被告提起產權上之訴訟時，由失蹤人之財產管理人代為訴訟行為，在外多年音訊不通之人，自可認為失蹤人。（36院解3445）

第11條 （同時死亡）

二人以上同時遇難，不能證明其死亡之先後時，推定其為同時死亡。

第12條 （成年）

滿二十歲為成年。

第13條 （未成年人之行為能力）

未滿七歲之未成年人，無行為能力；滿七歲以上之未成年人，有限制行為能力。

未成年人已結婚者，有行為能力。

△未成年之婦女已結婚者有行為能力，不因夫之死亡而隨同喪失，其有和誘之者，不能成立犯罪。（20院467或468）

△不達法定結婚年齡而結婚者，在未依法撤銷以前，應認為有行為能力。（24院1282）

△民法第1210條所定不得執行遺囑之人，稱為未成年人，禁治產人，而不稱為無行為能力人，是關於未成年人，顯係專年齡上加以限制，故未成年人雖因結婚而有行為能力，仍應依該規定，不得為遺囑執行。（26院1628）

第14條　（受監護之宣告及撤銷）

對於因精神障礙或其他心智缺陷，致不能為意思表示或受意思表示，或不能辨識其意思表示之效果者，法院得因本人、配偶、四親等內之親屬、最近一年有同居事實之其他親屬、檢察官、主管機關或社會福利機構之聲請，為監護之宣告。

受監護之原因消滅時，法院應依前項聲請權人之聲請，撤銷其宣告。

法院對於監護之聲請，認為未達第一項之程度者，得依第十五條之一第一項規定，為輔助之宣告。

受監護之原因消滅，而仍有輔助之必要者，法院得依第十五條之一第一項規定，變更為輔助之宣告。

◎上訴人提出之證明書，雖證明被上訴人於五十四年間曾患有精神病症，但不能證明被上訴人於和解時，係無意識或有精神錯亂之情形，且被上訴人又未受禁治產之宣告，難認和解有無效之原因。（58台上3653）備註：本則判例於民國97年12月2日經最高法院97年度第3次民事庭會議決定判例加註，並於98年1月5日由最高法院依據最高法院判例選編及變更實施要點第9點規定以台資字第0980000001號公告之。決定：本則判例保留，並加註：「依民法總則施行法第四條之一規定，修正民法第十四條、第十五條自民國九十八年十一月二十三日施行。本則判例內容所載禁治產人改稱為受監護宣告之人；未受禁治產之宣告改稱未受監護之宣告。」

第15條　（受監護宣告之效力）

受監護宣告之人，無行為能力。

第15條之1　（受輔助宣告之內容）

對於因精神障礙或其他心智缺陷，致其為意思表示或受意思表示，或辨識其意思表示效果之能力，顯有不足者，法院得因本人、配偶、四親等內之親屬、最近一年有同居事實之其他親屬、檢察官、主管機關或社會福利機構之聲請，為輔助之宣告。

受輔助之原因消滅時，法院應依前項聲請權人之聲請，撤銷其宣告。

受輔助宣告之人有受監護之必要者，法院得依第十四條第一項規定，變更為監護之宣告。

第15條之2　（受輔助宣告之效力）

受輔助宣告之人為下列行為時，應經輔助人同意。但純獲法律上利益，或依其年齡及身分、日常生活所必需者，不在此限：

一、為獨資、合夥營業或為法人之負責人。

二、為消費借貸、消費寄託、保證、贈與或信託。

三、為訴訟行為。

四、為和解、調解、調處或簽訂仲裁契約。

五、為不動產、船舶、航空器、汽車或其他重要財產之處分、設定負擔、買賣、租賃或借貸。

六、為遺產分割、遺贈、拋棄繼承權或其他相關權利。

七、法院依前條聲請權人或輔助人之聲請，所指定之其他行為。

第七十八條至第八十三條規定，於未依前項規定得輔助人同意之情形，準用之。

第八十五條規定，於輔助人同意受輔助宣告之人為第一項第一款行為時，準用之。

第一項所列應經同意之行為，無損害受輔助宣告之人利益之虞，而輔助人仍不為同意時，受輔助宣告之人得逕行聲請法院許可後為之。

第16條　（私權之保護）

權利能力及行為能力，不得拋棄。

第17條　（自由之保護）

自由不得拋棄。

自由之限制，以不背於公共秩序或善良風俗者為限。

第18條　（人格權之保護）

人格權受侵害時，得請求法院除去其侵害；有受侵害之虞時，得請求防止之。

前項情形，以法律有特別規定者為限，得請求損害賠償或慰撫金。

◎兩造為同族，其族規並無對於其族人可以記過，及如何情形不得充當祠首之訂定，既為上訴人所不爭，則上訴人等以被上訴人管理祠穀有折耗情事，且以被上訴人不服理論，即於祠簿內載明記大過一次，世不許接充祠首字樣，顯係非法侵害被上訴人之人格權，

原判決依被上訴人之聲明判定此項記載應予除去，按之民法第18條第1項之規定自無不合。（33上3826）

◎被上訴人與某甲間之婚姻關係，既因某甲之死亡而消滅，即得自由改嫁。茲被上訴人因上訴人有阻其改嫁情事，訴請命上訴人任其自由改嫁勿加干涉，第一審如其聲明而為判決，原法院判予維持均無不合。（33上6335）

第19條　（姓名權之保護）
姓名權受侵害者，得請求法院除去其侵害，並得請求損害賠償。

◎(一)已經註冊之商號，如有他人冒用或故用類似之商號，為不正之競爭者，該號商人得呈請禁止其使用。(二)所謂商號之類似者，原指具有普通知識之商品，購買人施以普通所用之注意，猶有誤認之虞者而言。（20上2401）

第20條　（意定住所）
依一定事實，足認以久住之意思，住於一定之地域者，即為設定其住所於該地。
一人同時不得有兩住所。

◎以久住之意思住於一定之地域者，即為設定其住所於該地，至該地域是否為其父母丘壟之所在，及是否為其結婚時之地域，在所不問。（28滬上112）

第21條　（法定住所）
無行為能力人及限制行為能力人，以其法定代理人之住所為住所。

△無行為能力人及限制行為能力人，依民法總則第21條自應以其法定代理人之住所為住所，若無法定代理人時，應以其自己之居所視為住所。（20院474）

第22條　（居所視為住所）
遇有下列情形之一，其居所視為住所：
一、住所無可考者。
二、在我國無住所者。但依法須依住所地法者，不在此限。

第23條　（特定行為視為住所）
因特定行為選定居所者，關於其行為，視為住所。

第24條　（住所之廢止）

依一定事實，足認以廢止之意思離去其住所者，即為廢止其住所。

第二節　法人

第一款　通則

第25條　（法人成立之準則）

法人非依本法或其他法律之規定，不得成立。

◎台灣關於祭祀公業之制度，雖有歷來不問是否具備社團法人或財團法人之法定要件，均得視為法人之習慣，然此種習慣自台灣光復民法施行後，其適用應受民法第1條規定之限制，僅就法律所未規定者有補充之效力，法人非依民法或其他法律之規定不得成立，在民法施行前，亦須具有財團及以公益為目的社團之性質而有獨立之財產者，始得視為法人，民法第25條及民法總則施行法第6條第1項，既設有明文規定，自無適用與此相反之習慣，認其祭祀公業為法人之餘地。（39台上364）

第26條　（法人之權利能力）

法人於法令限制內，有享受權利、負擔義務之能力。但專屬於自然人之權利義務，不在此限。

◎政府任何機關與人民或商號發生私經濟關係，均應受私法之適用。（19上1838）

◎國家所設之營業機關，於法律上固非有獨立之人格，惟該營業機關之官吏，本有代理國家處理該機關私法上事項之權，故因該機關與私人間所生之私法上關係，得逕以該機關為權利義務之當事人。（19上3164）

◎法人之董事為法人之代表及執行機關，聲請法人登記，由董事為之，民法第48條第2項、第61條第2項定有明文。本件卷附之法人登記證書載明法人名稱為「財團法人私立永達工業專科學校」，台灣屏東地方法院復原法院函之意旨亦同，原法院竟以聲請法人登記及登記之公告均為該學校董事會，即認法人為該學校董事會，於法顯屬有誤。法人之董事既為法人之代表及執行機關，不可能為另一有權利能力之主體，原判決謂被上訴人學校與學校董事會「乃係二個個別之主體」法律見解，尤有違誤。（63台上628）

◎土地法所稱之權利人，係指民法第6條及第26條規定之自然人及法人而言，非法人之團體，設有代表人或管理人者，依民事訴訟法第40條第3項規定，固有當事人能力，但在實體法上並無權利能力。（68台抗82）

> **第27條　（法人之機關）**
> 　　法人應設董事。董事有數人者，法人事務之執行，除章程另有規定外，取決於全體董事過半數之同意。
> 　　董事就法人一切事務，對外代表法人。董事有數人者，除章程另有規定外，各董事均得代表法人。
> 　　對於董事代表權所加之限制，不得對抗善意第三人。
> 　　法人得設監察人，監察法人事務之執行。監察人有數人者，除章程另有規定外，各監察人均得單獨行使監察權。

☆內政部中華民國九十五年六月十五日修正發布之督導各級人民團體實施辦法第二十條第一項：「人民團體經主管機關限期整理者，其理事、監事之職權應即停止」規定部分，違反憲法第二十三條法律保留原則，侵害憲法第十四條、第十五條保障之人民結社自由及工作權，應自本解釋公布之日起，至遲於屆滿一年時，失其效力。（103釋724）

☆私立學校法施行後，對於私立學校不具監督權之公務員，除法律或命令另有規定外，亦不得兼任私立學校之董事長或董事，本院釋字第131號解釋，仍應有其適用。（68釋157）

△法人之代表人在民法上固非所謂法定代理人，在民事訴訟法上則視作法定代理人，適用關於法定代理之規定，故法人之代表人有數人時，在訴訟上是否均得單獨代表法人，按諸民事訴訟法第47條，應依民法及其他法令定之，民法第27條第2項所定代表法人之董事有數人時，均得單獨代表法人，公司法第30條所定代表無限公司之股東有數人時，亦均得單獨代表公司，若依實體法之規定，法人之代表人數人必須共同代表者，在訴訟上不得準用民事訴訟法第71條之規定，使之單獨代表。至非法人之團體其代表人或管理人有數人時，在訴訟上是否均得單獨代表團體，按諸民事訴訟法第52條、第47條亦應依民法及其他法令定之，法令未就此設有規定者，應解為均得單獨代表團體。（34院解2936）

◎董事相互間縱曾劃分期間各自辦理，但對外究係一體，不能藉口係其他某董事經手之事，而冀置身事外。（17上1159）

◎財團法人之董事，就法人一切事務對外代表法人，此在民法施行以前為當然之條理，故除有特別習慣，或其捐助章程，訂明董事出賣法人財產，應得捐助人全體之同意外，法人之財產如有出賣之必要，或以出賣為有益時，不得謂董事無出賣之權限，亦不得謂其出賣為法人目的範圍外之行為。（19上31）備註：本則判例於91年10月1日經最高法院91年度第12次民事庭會議決議不再援用，並於91年10月31日由最高法院依據最高法院判例選編及變更實施要點第九點規定以（91）台資字第00696號公告之。不再援用理由：民法及其相關財團法人的規定皆已公布施行。

◎公司如未經合法註冊，則雖名為有限公司，仍難認有獨立之人格，即應以合夥論。（20上2014）

◎董事（合作社之理事相當於民法及公司法之董事）就法人之一切事務對外代表法人，對於董事代表權所加之限制，不得對抗善意第三人，為民法第27條所明定，合作社法既未認合作社有特殊理由，不許理事有對外代表之權，則理事之代表權仍應解為與其他法人

相同，不受任何之限制，且理事代表合作社簽名，以載明為合作社代表之旨而簽名為已足，加蓋合作社之圖記並非其要件。（49台上2434）

◎董事代表法人簽名，以載明為法人代表之旨而簽名為已足，加蓋法人之圖記並非其要件。（63台上356）

◎（63台上628）參見本法第26條。

第28條 （法人之侵權行為）

　　法人對於其董事或其他有代表權之人因執行職務所加於他人之損害，與該行為人連帶負賠償之責任。

◎被上訴人甲、乙兩股份有限公司，均非以保證為業務，被上訴人丙、丁分別以法定代理人之資格，用各該公司名義保證主債務人向上訴人借款，顯非執行職務，亦非業務之執行，不論該被上訴人丙、丁等應否負損害賠償之責，殊難據民法第28條、公司法第30條，令各該公司負損害賠償責任，上訴人對此部分之上訴顯無理由，惟查被上訴人丙、丁等對其所經理之公司，如係明知其並非以保證為業務，而竟以各該公司之名義為保證人，依民法第110條及第184條規定，對於相對人即應負損害賠償之責，不得因公司法第22條、第23條、第24條，未有公司負責人應賠償其擔保債務之規定予以寬免。（44台上1566）

◎民法第28條所加於法人之連帶賠償責任，以該法人之董事或其職員，因執行職務所加於他人之損害者為限，若法人之董事及職員因個人之犯罪行為而害及他人之權利者，即與該條規定之責任要件不符，該他人殊無據以請求連帶賠償之餘地。（48台上1501）

◎被上訴人（台北市自來水廠）苟係依法律規定而成立之法人，則其職員因收取水費而向上訴人浮收巨款，不能謂非因執行職務所加於上訴人之損害而免其連帶賠償責任。（49台上1018）

◎民法第28條所謂法人對於董事或職員，因執行職務所加於他人之損害，與該行為人連帶負賠償之責任，係專以保護私權為目的。換言之，權利之為侵權行為之客體者，為一切之私權，政府向人民徵稅，乃本於行政權之作用，屬於公權範圍，納稅義務人縱有違反稅法逃漏稅款，致政府受有損害，自亦不成立民法上之侵權行為，無由本於侵權行為規定，對之有所請求。公司法第23條所謂公司負責人，對於公司業務之執行，如有違反法令致他人受損害，對他人應與公司連帶負賠償責任云云，仍以違反法令致他人私權受有損害，為責任發生要件，若公權受有損害，則不得以此為請求賠償之依據。（62台上2）

◎民法第28條所謂「因執行職務所加於他人之損害」，並不以因積極執行職務行為而生之損害為限，如依法律規定，董事負執行該職務之義務，而怠於執行時所加於他人的損害，亦包括在內。（64台上2236）

◎公務員因故意違背對於第三人應執行之職務，致第三人之權利受損害者，負賠償責任，其因過失者，以被害人不能依他項方法受賠償時為限，負其責任，固為民法第186條第1項所明定。本條所定公務員執行之職務，既為公法上之行為，其任用機關自無民法第188條第1項或第28條規定之適用。（67台上1196）

第29條 （法人之住所）

法人以其主事務所之所在地為住所。

第30條 （設立登記）

法人非經向主管機關登記，不得成立。

△監督慈善團體法施行規則第3條所稱之主管官署，乃許可設立之官署，即民法第46條、第59條所定登記前應得許可之主管官署，非法人登記之主管官署（參閱民法總則施行法第10條）。慈善團體得許可設立之主管官署設立許可後，未依法定程式向主管官署登記，雖在該規則施行前成立，依民法第30條規定，不得成立為法人，自不能認為有法人資格。（25院1407）

△關於法人之登記，民法並未定有時期之限制，本無所謂不遵限聲請登記，縱令久不聲請登記，法院亦無從為何種處置。（37院解4007）

◎法人依非訟事件法聲請設立登記後，一經法院依法登記於法人登記簿，即行成立而取得法人資格，得為權利義務主體，此觀民法第30條之規定自明。已經為設立登記之財團法人之董事，無與財團法人對財團法人之債權人負連帶責任之可言，與民法規定合夥財產為合夥人公同共有，合夥人對合夥債務負連帶責任者，迥不相同。某私立高級中學，請台灣台北地方法院准予為財團法人之設立登記並將聲請登記事項登記於法人登記簿，雖未領得登記證書，但該校已取得法人資格，上訴人依民法規定之合夥關係，請求為該校董事之被上訴人對於該校向上訴人所借款項負清償責任，於法無據。（64台上1558）

第31條 （登記及變更之效力）

法人登記後，有應登記之事項，而不登記，或已登記之事項有變更而不為變更之登記者，不得以其事項對抗第三人。

第32條 （業務監督）

受設立許可之法人，其業務屬於主管機關監督，主管機關得檢查其財產狀況及其有無違反許可條件與其他法律之規定。

第33條 （不從監督及妨礙檢查之處罰）

受設立許可法人之董事或監察人，不遵主管機關監督之命令，或妨礙其檢查者，得處以五千元以下之罰鍰。

前項董事或監察人違反法令或章程，足以危害公益或法人之利益者，主管機關得請求法院解除其職務，並為其他必要之處置。

第34條 （撤銷許可）

法人違反設立許可之條件者，主管機關得撤銷其許可。

第35條 （聲請破產）

法人之財產不能清償債務時，董事應即向法院聲請破產。

不為前項聲請，致法人之債權人受損害時，有過失之董事，應負賠償責任。

其有二人以上時，應連帶負責。

◎特別法無規定者應適用普通法，公司法（舊）第147條第2項僅載公司財產顯有不足抵償
債務時，董事應即聲請宣告破產，至不為此項聲請致公司之債權人受損害時，該董事對
於債權人應否負責，在公司法既無規定，自應適用民法第35條第2項之一般規定。（23
上204）

◎法人之債權人，主張法人之財產不能清償債務，其董事未即聲請宣告法人破產，致其債
權受損害，而對董事請求賠償損害者，應就董事如即時為此聲請，其債權較有受償可能
之事實，負舉證證明之責，此就民法第35條規定之旨趣推之自明。（62台上524）

第36條 （宣告解散）

法人之目的或其行為，有違反法律、公共秩序或善良風俗者，法院得因主管
機關、檢察官或利害關係人之請求，宣告解散。

第37條 （法定清算人）

法人解散後，其財產之清算，由董事為之。但其章程有特別規定，或總會另
有決議者，不在此限。

第38條 （選任清算人）

不能依前條規定，定其清算人時，法院得因主管機關、檢察官或利害關係人
之聲請，或依職權，選任清算人。

第39條 （清算人之解任）

清算人，法院認為有必要時，得解除其任務。

第40條　（清算人之職務）

清算人之職務如左：
一　了結現務。
二　收取債權，清償債務。
三　移交賸餘財產於應得者。
法人至清算終結止，在清算之必要範圍內，視為存續。

第41條　（清算程序之準用規定）

清算之程序，除本通則有規定外，準用股份有限公司清算之規定。

△法人解散後清算之程序，依民法第41條雖準用股份有限公司清算之規定，但公司法第204條，係規定公司因合併而解散之程序及效力，並非規定公司清算之程序，自無依民法第41條準用於商業同業公會之餘地，商業同業公會因與他公會合併而解散時，既未如公司之合併，設有省略清算程序之特別規定，則雜糧商業同業公會，因奉令合併為糧食業同業公會而解散時，仍應踐行清算程序。（31院2340）

第42條　（清算監督）

法人之清算，屬於法院監督。法院得隨時為監督上必要之檢查及處分。
法人經主管關撤銷許可或命令解散者，主管機關應同時通知法院。
法人經依章程規定或總會決議解散者，董事應於十五日內報告法院。

◎受設立許可之法人，經主管官署撤銷其許可者，關於法人解散之登記，固應由清算人聲請之，惟撤銷許可之處分確定後，法人董事並不履行清算及為解散之登記時，法院因該管行政官署之請求，命為解散登記並進行清算，既係基於法院監督權之作用，尚難指為違法。（47台抗133）

第43條　（不從監督及妨礙檢查之處罰）

清算人不遵法院監督命令，或妨礙檢查者，得處以五千元以下之罰鍰。董事違反前條第三項之規定者亦同。

第44條　（賸餘財產之歸屬）

法人解散後，除法律另有規定外，於清償債務後，其賸餘財產之歸屬，應依其章程之規定，或總會之決議。但以公益為目的之法人解散時，其賸餘財產不得歸屬於自然人或以營利為目的之團體。
如無前項法律或章程之規定或總會之決議時，其賸餘財產歸屬於法人住所所在地之地方自治團體。

第二款　社團

第45條 （營利社團之設立）

以營利為目的之社團，其取得法人資格，依特別法之規定。

第46條 （公益社團之設立）

以公益為目的之社團，於登記前，應得主管機關之許可。

△以營利為目的之法人，依法人登記規則第34條規定，固應準用公司登記之規定，惟公司法現雖公布尚未施行，依現行公司條例公司註冊暫行規則及公司註冊暫行規則補充辦法規定，經註冊所核准註冊，即可認為法人成立，毋須向法院聲請登記。(三)許可法人設立之主管官署，即管理法人目的之事業之官署，應依法人之目的事業而認定之，其許可權是否專屬於中央官署，抑受中央主管官署之指揮監督，執行法令之地方官署亦有許可之權，如法令無明文規定者，應以法人目的事業之性質定之。至法人經主管官署許可後，法院於登記時，仍有審查關於登記事項及程序之權。（20院443）

第47條 （章程必要記載事項）

設立社團者，應訂定章程，其應記載之事項如左：

一　目的。
二　名稱。
三　董事之人數、任期及任免。設有監察人者，其人數、任期及任免。
四　總會召集之條件、程序及其決議證明之方法。
五　社員之出資。
六　社員資格之取得與喪失。
七　訂定章程之年、月、日。

第48條 （設立登記事項）

社團設立時，應登記之事項如左：

一　目的。
二　名稱。
三　主事務所及分事務所。
四　董事之姓名及住所。設有監察人者，其姓名及住所。
五　財產之總額。
六　應受設立許可者，其許可之年、月、日。
七　定有出資方法者，其方法。

八　定有代表法人之董事者，其姓名。

九　定有存立時期者，其時期。

社團之登記，由董事向其主事務所及分事務所所在地之主管機關行之，並應附具章程備案。

◎（63台上628）參見本法第26條

第49條　（章程相對記載事項）

社團之組織，及社團與社員之關係，以不違反第五十條至第五十八條之規定為限，得以章程定之。

第50條　（社團總會之權限）

社團以總會為最高機關。

左列事項應經總會之決議：

一　變更章程。

二　任免董事及監察人。

三　監督董事及監察人職務之執行。

四　開除社員。但以有正當理由時為限。

第51條　（總會之召集）

總會由董事召集之，每年至少召集一次。董事不為召集時，監察人得召集之。

如有全體社員十分之一以上之請求，表明會議目的及召集理由，請求召集時，董事應召集之。

董事受前項之請求後，一個月內不為召集者，得由請求之社員，經法院之許可召集之。

總會之召集，除章程另有規定外，應於三十日前對各社員發出通知。通知內應載明會議目的事項。

第52條　（總會決議之方法）

總會決議，除本法有特別規定外，以出席社員過半數決之。

社員有平等之表決權。

社員表決權之行使，除章程另有限制外，得以書面授權他人代理為之。但一人僅得代理社員一人。

社員對於總會決議事項，因自身利害關係而有損害社團利益之虞時，該社員不得加入表決，亦不得代理他人行使表決權。

第53條　（章程之變更程序）

社團變更章程之決議，應有全體社員過半數之出席，出席社員四分之三以上之同意，或有全體社員三分之二以上書面之同意。

受設立許可之社團，變更章程時，並應得主管機關之許可。

第54條　（社員之退社）

社員得隨時退社。但章程限定於事務年度終，或經過預告期間後，始准退社者，不在此限。

前項預告期間，不得超過六個月。

第55條　（退社之效力）

已退社或開除之社員，對於社團之財產，無請求權。但非公益法人，其章程另有規定者，不在此限。

前項社員，對於其退社或開除以前應分擔之出資，仍負清償之義務。

第56條　（程序違法與內容違法之效力）

總會之召集程序或決議方法，違反法令或章程時，社員得於決議後三個月內請求法院撤銷其決議。但出席社員，對召集程序或決議方法，未當場表示異議者，不在此限。

總會決議之內容違反法令或章程者，無效。

△律師公會係職業團體之一，其關於會長之選舉，係本於會員之私權作用，應屬於私法關係，即該章程第31條，將選舉事項與提議決議事項分款列舉，亦係就兩者之性質顯示區別，同章程第34條所定得由司法行政長官宣示為無效者，既僅以第31條第3款所定之決議事項為限，則會員依民法關係就此提起確認無效之訴，自非法所不許。（25院1570）

◎合作社社員大會之決議有違反法令或章程者，對該決議原不同意之社員，雖得依民法第56條第1項之規定，請求法院宣告其決議為無效，然合作社社務會議，係社員大會選出之理事與監事所組成，其性質職權與全體社員組成之社員大會大不相同，法理上自不得

援用上開法條提起同一訴訟。（57台上434）

◎社團法人總會之決議有違反法令或章程時，對該決議原不同意之社員，得請求法院宣告其決議為無效，民法第56條固有明文規定。惟此條規定，僅適用於總會之決議。如理監事之決議有違反法令或章程時，要不得援用上開法條規定提起同一訴訟。（64台上2628）

◎依公司法第189條規定訴請法院撤銷股東會決議之股東，應受民法第56條第1項之限制。此綜觀公司法與民法關於股東得訴請法院撤銷股東會決議之規定，始終一致。除其提起撤銷之訴，所應遵守之法定期間不同外，其餘要件，應無何不同。若謂出席而對股東會召集程序或決議方法，原無異議之股東，事後得轉而主張召集程序或決議方法為違反法令或章程，而得訴請法院撤銷該決議，不啻許股東任意翻異，影響公司之安定甚鉅，法律秩序，亦不容許任意干擾。故應解為依公司法第189條規定訴請法院撤銷股東會決議之股東，仍應受民法第56條第1項但書之限制。又同條係關於撤銷訴權之規定，股東依此規定提起撤銷之訴，其於股東會決議時，雖尚未具有股東資格，然若其前手即出讓股份之股東，於股東會決議時，具有股東資格，且已依民法第56條規定取得撤銷訴權時，其訴權固不因股份之轉讓而消滅。但若其前手未取得撤銷訴權，則繼受該股份之股東，亦無撤銷訴權可得行使。查本件系爭股東會決議事項，既屬全體股東無異議後併案一致通過而無人異議。則上訴人之前手既未依民法第56條規定取得撤銷訴權，依上說明，上訴人亦無由繼受其前手訴權之可言。（73台上595）

◎股份有限公司之股東，依公司法第189條規定訴請撤銷股東會之決議，仍應受民法第56條第1項但書之限制，如已出席股東會而其對於股東會之召集程序或決議方法未當場表示異議者，不得為之。（75台上594）

第57條　（決議解散）

社團得隨時以全體社員三分之二以上之可決，解散之。

第58條　（宣告解散）

社團之事務，無從依章程所定進行時，法院得因主管機關、檢察官或利害關係人之聲請解散之。

第三款　財團

第59條　（設立之許可）

財團於登記前，應得主管機關之許可。

第60條　（捐助行為與捐助章程）

設立財團者，應訂立捐助章程。但以遺囑捐助者，不在此限。

捐助章程，應訂明法人目的及所捐財產。

以遺囑捐助設立財團法人者，如無遺囑執行人時，法院得依主管機關、檢察官或利害關係人之聲請，指定遺囑執行人。

第61條　（設立登記事項）

財團設立時，應登記之事項如左：

一　目的。

二　名稱。

三　主事務所及分事務所。

四　財產之總額。

五　受許可之年、月、日。

六　董事之姓名及住所。設有監察人者，其姓名及住所。

七　定有代表法人之董事者，其姓名。

八　定有存立時期者，其時期。

財團之登記，由董事向其主事務所及分事務所所在地之主管機關行之。並應附具捐助章程或遺囑備案。

◎（63台上628）參見本法第26條

第62條　（組織及管理方法之訂定與變更）

財團之組織及其管理方法，由捐助人以捐助章程或遺囑定之。捐助章程或遺囑所定之組織不完全，或重要之管理方法不具備者，法院得因主管機關、檢察官或利害關係人之聲請，為必要之處分。

◎聖母會財產，除合於民法上財團法人之規定，依民法第62條因捐助章程所定重要管理之方法不具備時，法院得因利害關係人之聲請，依非訟程序為必要之處分外，如其財產僅為多數人所共有，儘可由共有人全體協議定其管理方法，或由共有人共同管理之，苟對於管理權誰屬有所爭執，亦應提起訴訟以求解決，不得依非訟程序，聲請法院以裁定選任臨時管理人或撤銷臨時管理人。（38台抗66）

第63條　（變更組織）

為維持財團之目的或保存其財產，法院得因捐助人、董事、主管機關、檢察官或利害關係人之聲請，變更其組織。

第64條　（董事行為無效之宣告）

財團董事，有違反捐助章程之行為時，法院得因主管機關、檢察官或利害關係人之聲請，宣告其行為為無效。

第65條　（不達目時之保護）

因情事變更，致財團之目的不能達到時，主管機關得斟酌捐助人之意思，變更其目的及其必要之組織，或解散之。

◎財團法人與人民團體性質迥不相同，上訴人由財團法人改組為人民團體，雖其宗旨未變，然殊難謂僅係上訴人內部組織之變更，而非主體之變更。（44台上56）

第三章　物

第66條　（不動產之意義）

稱不動產者，謂土地及其定著物。

不動產之出產物，尚未分離者，為該不動產之部分。

☆輕便軌道除係臨時敷設者外，凡繼續附著於土地而達其一定經濟上之目的者，應認為不動產。（50釋93）

△物之構成部分，除有如民法799條之特別規定外，不得單獨為物權之標的物，未與土地分離之甘蔗，依民法第66條第2項之規定，為土地之構成部分，與同條第1項所稱之定著物為獨立之不動產者不同，自不得單獨就甘蔗設定抵押權，以此項抵押權之設定聲請登記者，不應准許。惟當事人之真意，係就將來收獲之甘蔗為動產質權之預約者，自甘蔗與土地分離並由債權人取得占有時，動產質權即為成立。（29院1988）

◎物之構成部分，除法律有特別規定外，不得單獨為物權之標的物。未與土地分離之樹木，依民法第66條第2項之規定，為土地之構成部分，與同條第1項所稱之定著物為獨立之不動產者不同。故土地所有人保留未與土地分離之樹木，而將土地所有權讓與他人時，僅對於受讓人有砍伐樹木之權利，不得對於更自受讓人受讓所有權之第三人，主張其有獨立之樹木所有權。（29上1678）

◎不動產之出產物尚未分離者，為該不動產之部分，民法第66條第2項有明文規定，某甲等在某乙所有地內侵權種植其出產物，當然屬於某乙所有，如果該項出產物經某甲等割取，即不能謂某乙未因其侵權行為而受損害。（31上952）

◎物之構成部分除法律有特別規定外，不得單獨為物權之標的物，未與土地分離之樹木，依民法第66條第2項之規定，為土地之構成部分，與同條第1項所稱之定著物為獨立之不動產者不同，故向土地所有人購買未與土地分離之樹木，僅對於出賣人有砍伐樹木之權利，在未砍伐以前未取得該樹木所有權，即不得對於更自出賣人或其繼承人購買該樹木而砍取之第三人，主張該樹木為其所有。（32上6232）

◎系爭之三角藺草縱使如上訴人所云，曾由其土地所有人某甲於民國39年訂約出租於上訴

人收益，此項契約祇能認為買賣契約，未與土地分離之三角藺草，依民法第66條第2項之規定，係為土地之出產物，不得為單獨租賃之標的，且租賃之特質，在契約終止時，將租賃物返還於出租人，而系爭之三角藺草於收割後即不能原物返還，與租賃契約之特質亦不符合。（42台上1114）**備註：本則判例於91年10月1日經最高法院91年度第12次民事庭會議決議廢止，並於91年10月31日由最高法院依據最高法院判例選編及變更實施要點第九點規定以（91）台資字第00696號公告之。廢止理由：本則判例所指契約之性質為買賣或租賃，屬事實認定問題。**

◎耕地既被徵收，則地上之樹木乃該耕地之部分，當然隨之附帶征收，不因清冊內未記明附帶徵收而受影響。（49台上2507）**備註：本則判例於民國91年10月1日經最高法院91年度第12次民事庭會議決議不再援用，並於91年10月31日由最高法院依據最高法院判例選編及變更實施要點第9點規定以（91）台資字第00696號公告之。不再援用理由：本則要旨調判決全文觀之，與土地法無關。而實施耕者有其田條例已於民國82年7月30日廢止，應不再援用。**

◎系爭地上茶樹、桐樹等未與土地分離前為土地之一部分並非附合於土地之動產而成為土地之重要成分，與民法第811條至第815條所定之情形無一相符，則上訴人依同法第816條規定訴求被上訴人返還不當得利，自難謂合。（64台上2739）

第67條　（動產之意義）

稱動產者，為前條所稱不動產以外之物。

第68條　（主物、從物）

非主物之成分，常助主物之效用，而同屬於一人者，為從物。但交易上有特別習慣者，依其習慣。

主物之處分，及於從物。

△在民法物權編所規定之登記法律尚未施行以前，抵押權人於債權已屆清償期而未受清償聲請法院拍賣抵押物時，如債務人或第三人就該抵押關係并未發生爭執，毋庸經過判決程序，即可逕予拍賣，亦不因該地之已未實行登記制度而有差異。

(二)工廠之機器，除可認為工廠之從物，得與工廠同時設定抵押權外，倘僅以機器設定抵押權，而未移轉占有者，在未制定工廠抵押法以前，依民法第885條第1項規定，尚不能生質權之效力。（25院1404）

△工廠中之機器生財，如與工廠同屬於一人，依民法第68條第1項之規定，自為工廠之從物，若以工廠設定抵押權，除有特別約定外，依同法第862條第1項規定，其抵押權效力，當然及於機器生財（參照院字第1404號解釋）。至抵押權之設定聲請登記時，雖未將機器生財一併註明，與抵押權所及之效力，不生影響。（25院1514）

△院字第1404號解釋，對於民法第873條第1項之聲請，既謂債務人或第三人就抵押關係并未發生爭執，毋庸經過判決程序，逕予拍賣，即明示此項拍賣，不須取得裁判上之執行

名義，即可逕予執行，在拍賣法未頒布施行以前，自可準照關於不動產執行之程序辦理，如債務人就抵押關係有爭執時，仍應由債權人提起確認之訴，如第三人就執行拍賣標的有爭執時，則應由該第三人依法提起異議之訴。

(二)同號解釋所謂工廠之機器可認為工廠之從物者，凡該工廠所設備之機器，皆可認為從物，不以已經登記或附著於土地房屋者為限，至工廠之土地及房屋，若係租賃而來，則工廠與機器既非同屬於一人，機器固不能單獨為抵押權標的物，工廠如未得所有人許可，亦不得以之為抵押權之設定。（25院1553）

第69條　（天然孳息、法定孳息）

稱天然孳息者，謂果實、動物之產物，及其他依物之用法所收穫之出產物。

稱法定孳息者，謂利息、租金及其他因法律關係所得之收益。

第70條　（孳息之歸屬）

有收取天然孳息權利之人，其權利存續期間內，取得與原物分離之孳息。

有收取法定孳息權利之人，按其權利存續期間內之日數，取得其孳息。

◎民法第70條第1項規定，有收取天然孳息權利之人，其權利存續期間內取得與原物分離之孳息，是無收取天然孳息權利之人，雖與原物分離之孳息為其所培養，亦不能取得之，耕作地之承租人依民法第421條第1項之規定，固得行使出租人之收益權，而有收取天然孳息之權利，惟出租人無收益權時，承租人如非民法第952條所稱之善意占有人，雖於該耕作地培養孳息，亦無收取之權利。本件被上訴人主張坐落某處之田，經所有人甲租與被上訴人耕種，民國27年上造禾穀為被上訴人所種，請求確認為被上訴人所有，上訴人則主張此項田畝經所有人乙租與上訴人耕種，民國27年上造禾穀為上訴人所種，提起反訴，請求確認為上訴人所有，原審於兩造之出租人對於該項田畝，孰為依民法第765條或第952條有收益權之人，如其出租人無收益權，而於民國27年上造耕種之一造，是否為善意占有人並未闡明確定，僅以民國27年上造之禾穀為被上訴人所耕種，即確認為被上訴人所有，將上訴人之反訴駁回，於法殊有未合。（29上403）

◎土地所有人於所有權之作用，就其所有土地固有使用收益之權，但如將所有土地出租於人而收取法定孳息，則承租人為有收取天然孳息權利之人，在租賃關係存續中，即為其權利之存續期間，取得與土地分離之孳息。（48台上1086）

◎有收取天然孳息權利之人，其權利存續期間內取得與原物分離之孳息（民法第70條第1項）。故有權收取天然孳息之人，不以原物之所有權人為限。（51台上873）

第四章 法律行為

第一節 通則

> **第71條** （違反強行規定之效力）
>
> 法律行為，違反強制或禁止之規定者，無效。但其規定並不以之為無效者，不在此限。

△蓄婢既為法令所禁，對於所蓄婢女，自無監護或保佐之權。（19院381）

△未成年之夫妻自行離婚，民法第1049條既定明應得法定代理人之同意，同法對於違反該條，并無不以為無效之規定，自應依同法第71條所定，認為無效。（25院1543）

△法律行為違反強制或禁止之規定者無效，在民法第71條著有明文。販賣煙土，既為現行法令所禁止，則當事人以此等禁止事項為標的之合夥契約，依法當然無效，其因此契約所發生之債權債務關係訴請裁判，法院自應於受理後予以駁回。（25院1585）

◎有獎債券之券面既載有還本自樣，其性質自與跡近賭博之彩票不同，後雖奉令禁止，而兩造原有之權利關係仍未可視為失效。（18上2451）

◎買賣人身契約當然無效，其權義關係無從發生，買者既無請求交人之權，其因找人支出之費用，亦不能認為因侵權行為所生之損害，而責令相對人賠償。（19上26）

◎違法與否，應以中央政府頒行之法律為準，若地方官吏之命令與全國應當遵守之法令有背馳時，當事人間若違背法律而為不法之行為，仍不得藉口於地方官署之命令，而解為適法。（30上1748）

◎販賣煙土，為現行刑法所禁止，則其債權債務之關係自無從發生。（20上202）

◎販運煙土，為現行法上禁止之行為，託運人本於運送煙土之契約，對於運送人請求損害賠償，自為法所不許。（20上236）

◎違背法令所禁止之行為不能認為有效，其因該行為所生之債權債務關係，亦不能行使請求權。（20上799）

◎販賣鴉片煙土，除領有特許證照外，為現行法令之所禁止，委託處理此種違禁事項而給付報酬之契約自非有效，如已給付報酬，則係因不法原因而為給付，依民法第180條第4款之規定，不得請求返還。（29上626）

◎贛省雖早已施行新衡制度，然上訴人與被上訴人約定交貨須用市秤折合老秤計算，尚難指其契約為違反禁止規定而謂為無效。（30上1360）

◎上訴人在原審稱，被上訴人買產僅付價金一千六百元，餘價迄未給付，而被上訴人則謂所有業價二千七百元悉已付清，內以煙坭四碗折價若干云云，是被上訴人已自認應付之價金二千七百元內，有一部係以煙坭折抵，所謂煙坭如為法律禁止授受之鴉片煙土，上訴人雖曾受以折抵價金，依民法第71條之規定，此項代物清償之契約亦屬無效，其原有債之關係仍難認為已經消滅。原審於此未注意審酌，僅據中人某甲等所稱上訴人早將業價收清之證言，即認被上訴人已將價金二千七百元悉數交清，於法殊有未合。（30上64）

◎依民法第973條之規定，男未滿十七歲女未滿十五歲者不得訂定婚約，訂定婚約違反此規定者自屬無效。（32上1098）

◎蓄養奴婢為現行法律所禁止，如訂立契約以此種法律上禁止之事項為其標的，依民法第71條之規定自非有效。（33上5780）

◎兩造更新之耕地租賃契約，其訂立時期為民國42年12月間，既在耕地三七五減租條例公布施行之後，自應受同條例第2條第1項所定，原約定地租不及千分之三百七十五者不得增加之限制，則上訴人就原約定以正產物收穫總額四分之一為準之地租，增加為千分之三百七十五，顯係違反上開條例之禁止規定，依民法第71條自屬無效。（45台上465）

◎被上訴人合會儲蓄股份有限公司所組織之合會，係以投標方式由各參加會員投標，以標面最低金額為得標，其投標金額與給付金額之差額，則平均分配於未受給付之會員，此為參加合會會員間契約所約定，並報經台灣省財政廳予以核准，自與民法第206條所謂巧取利益之情節不同，該契約仍應認為有效成立。（47台上1808）

◎合夥商號為人保證，在民法上並無如公司法第23條設有禁止之規定，故合夥商號業務執行人以合夥商號名義為人作保之行為，倘經合夥人全體事先同意或事後追認者，即應認其保證為合法生效。（49台上1522）

◎違反糧食管理治罪條例第6條第1項第5款所定貸放金錢或其他物品而收回糧食者，其所訂立之契約無效，係以該項行為，經糧食主管機關公告禁止而違反之者為要件，如糧食主管機關未公告禁止貸放金錢而收回糧食之行為，則當事人所訂之借貸契約，即非無效。（49上1889）**備註：本則判例於民國91年9月3日經最高法院91年度第10次民事庭會議決議廢止，並於91年9月30日由最高法院依據最高法院判例選編及變更實施要點第9點規定以（91）台資字第00630號公告之。廢止理由：違反糧食管理治罪條例已廢止。**

◎台灣在日據時期，其森林管理機關，就非私有林經編入為保安林之林木，與私人間訂立之採伐契約，不惟與當時適用之台灣森林令第2條，及台灣森林令施行手續第2條、第3條之各強制規定有所牴觸，且係違反台灣光復後即經施行之森林法，關於保安林在未經農林部核准解除以前，不能砍伐其林木之禁止規定（參照森林法第11條以下），應在無效之列。縱使是項契約光復後曾經該地接管委員會予以認可，究難因此而謂即可發生私法上權利義務之效力。（49台上2480）

◎訴訟之和解成立者，依民事訴訟法第380條第1項規定，固與確定判決有同一之效力，惟此項和解亦屬法律行為之一種，如其內容違反強制或禁止之規定者，依民法第71條前段之規定仍屬無效。（55台上2745）

◎證券交易法第60條第1項第1款雖明定：證券商不得收受存款或辦理放款，惟如有違反時，僅生主管機關得依同法第66條為警告、停業或撤銷營業特許之行政處分，及行為人應負同法第175條所定刑事責任之問題，非謂其存款及放款行為概為無效。（66台上1726）

◎證券交易法第60條第1項第1款乃取締規定，非效力規定，無民法第71條之適用。證券商違反該項規定而收受存款或辦理放款，僅主管機關得依證券交易法第66條為警告，停業或撤銷營業特許之行政處分，及行為人應負同法第175條所定刑事責任，非謂其存款或放款行為概為無效。（68台上879）

◎公司法第16條第1項規定公司除依其他法律或公司章程規定以保證為業務者外，不得為任何保證人，旨在穩定公司財務，用杜公司負責人以公司名義為他人作保而生流弊，倘公司提供財產為他人設定擔保物權，就公司財務之影響而言，與為他人保證人之情形無

殊，仍應在上開規定禁止之列。（74台上703）

第72條　（違背公序良俗之效力）

法律行為有背於公共秩序或善良風俗者，無效。

△媳婦改嫁與否，應由媳婦自主，主婚權之制度與婚姻自由之原則相反，雖在民法親屬編施行前，亦不適用。（20院554）

△夫妻離婚後訂約，使其所生子女與其父或母斷絕關係，此種法律行為，於法當然無效。（24院1341）

◎以人身為抵押標的之契約根本不生效力，即不得據以責令相對人負交人之義務。（18上1745）

◎上訴人先祖黃某與被上訴人先祖李某訂立合同，載明「其屋左側小門有礙李墳，永不許開，以息爭端」，此項契約不得認為有背善良風俗，即難依民法第72條謂為無效。（31上3003）

◎上訴人與被上訴人均為某甲之養子，於養父母健在時預立分管合約為財產之瓜分，載明該約俟父百年後始生效力，固堪認係以某甲死亡之日為契約發生效力之始期之法律行為，然兩造對於其父之財產不待其父自行贈與，或於壽終後再行協議分析，乃急不暇擇，於父生前預行訂約剝奪母之應繼分，此項矇父欺母而訂立之契約，衡諸我國崇尚孝悌之善良風俗，既屬有違，依民法第72條，該契約即在無效之列。（46台上1068）

◎夫妻間為恐一方於日後或有虐待或侮辱他方情事，而預立離婚契約者，其契約即與善良風俗有背，依民法第72條應在無效之列。（50台上2596）

◎外匯在政府管制之下，必須特定人基於特定事故始得請求，而非得以自由買賣之權利，台灣銀行所發結匯許可證結匯證實書內載「不得轉讓或抵押」等字，一若僅為該行片面之規定，然聽任自由轉讓或出質之結果，實足影響國家外匯政策，即應解為有背公共秩序，依民法第72條，其行為為無效。（50台上691）備註：本則判例於民國91年10月1日經最高法院91年度第12次民事庭會議決議不再援用，並於91年10月31日由最高法院依據最高法院判例選編及變更實施要點第9點規定以（91）台資字第00696號公告之。不再援用理由：本則判例不合時宜。

◎民法第72條所謂法律行為，有背於公共秩序或善良風俗者無效，乃指法律行為本身有背於公序良俗之情形而言，至構成法律行為要素之意思表示，倘因被脅迫所為時，依照民法第92條規定，僅得由表意人撤銷其意思表示，並非當然無效。（60台上584）

◎上訴人為有婦之夫，涎被上訴人之色，誘使同居，而將系爭土地之所有權移轉登記與被上訴人，復約定一旦終止同居關係，仍須將地返還，以資箝制，而遂其久佔私慾，是其約定自係有背善良風俗，依民法第72條規定應屬無效，上訴人依據此項約定，訴請被上訴人移轉系爭土地之所有權殊非正當。（65台上2436）

◎民法第72條所謂法律行為有背於公共秩序或善良風俗者無效，乃指法律行為本身違反國家社會一般利益及道德觀念而言。本件被上訴人雖違反與某公司所訂煤氣承銷權合約第6條規定，以收取權利金方式頂讓與第三人，但究與國家社會一般利益無關，亦與一般道德觀念無涉，尚不生是否違背公序良俗問題。（69台上2603）

第73條　（不依法定方式之效力）

法律行為，不依法定方式者，無效。但法律另有規定者，不在此限。

◎收養年已19歲之人為子，未以書面為之，既於民法第1079條所定之方式有未具備，依民法第73條之規定，即屬無效，自不能發生收養關係。（29上1817）

◎遺囑成立於民法繼承編施行以前，縱令方式未備，亦不能因此而謂為無效。（37上7831）

◎保證本票之債務，依票據法第120條準用第56條第1項之規定，應由保證人在本票上簽名，此項簽名，依同法第3條之規定，雖得以蓋章代之，然必其蓋章確係出於保證人之意思而為之，始生代簽名之效力。若圖章為他人所盜用，即難謂為已由保證人以蓋章代簽名，既未具備上開法條所定之方式，依民法第73條，自不生保證本票債務之效力。（43台上1160）

◎執行法院就抵押物所為之拍賣及投標人應此拍賣而為之投標，揆其性質原與買賣之法律行為無異，投標人應以書件密封投入執行法院所設之標匭，既為強制執行法第87條第1項所明定，則書件密封投入標匭，即屬此項法律行為所應遵循之法定方式，違之者，依民法第73條前段之規定，其投標即非有效。（46台抗101）

◎我國民法並無關於職務（或身元）保證之特別規定，一般所謂職務保證，不外約定以將來主債務之不履行及依契約或法律之規定對債權人應負擔之損害賠償債務，為其保證內容，仍具有附從性。至其約定是否含有獨立的損害擔保約定性質？（即因主債務人之行為，使債權人蒙受損害，保證人即負填補之義務，其損害之發生，不以主債務人有過失為必要，保證人亦無檢索之抗辯權）則屬事實審法院解釋契約之職權範圍。（63台上1581）備註：本則判例於民國91年6月4日經最高法院91年度第4次民事庭會議決議廢止，並於91年7月4日由最高法院依據最高法院判例選編及變更實施要點第9點規定以（91）台資字第00417號公告之。廢止理由：63年台上字第1581號判例因民法債編增訂第二十四節之一之規定，除民法第756-2條第2項外，依民法債編施行法第35條規定有溯及效力，故應予廢止。

第74條　（暴利行為）

法律行為，係乘他人之急迫、輕率或無經驗，使其為財產上之給付，或為給付之約定，依當時情形顯失公平者，法院得因利害關係人之聲請，撤銷其法律行為，或減輕其給付。

前項聲請，應於法律行為後一年內為之。

◎法院依民法第74條第1項之規定撤銷法律行為，不僅須行為人有利用他人之急迫、輕率、或無經驗，而為法律行為之主觀情事，並須該法律行為，有使他人為財產上之給付或為給付之約定，依當時情形顯失公平之客觀事實，始得因利害關係人之聲請為之，本件兩造所訂立之兩願離婚契約，並未使被上訴人為財產上之給付或為給付之約定，自無依同條第1項撤銷之餘地，原審竟認上訴人乘被上訴人之輕率與無經驗，而為不公平之法律行為，援用同條項之規定，將該兩願離婚契約撤銷，於法顯有違背。（28上107）

第二節　行為能力

第75條　（無行爲或意思能力人之意思表示）

無行為能力人之意思表示，無效。雖非無行為能力人，而其意思表示，係在無意識或精神錯亂中所為者，亦同。

◎依民法第15條、第75條之規定，禁治產人所訂之契約固屬無效，但訂立契約在民法總則施行前者，依民法總則施行法第1條不適用民法總則之規定，民法總則施行前係認禁治產人為限制行為能力人，其所為之法律行為，未得法定代理人允許或承認者，僅得撤銷之，並非自始不生效力。（21上2161）

◎協議分割公同共有之遺產，為法律行為之一種，須有行為能力者始得為之。無行為能力人，未由法定代理人為之代理，與夫限制行為能力人未得法定代理人之允許而參與協議者，前者之意思表示無效，後者之意思表示非經法定代理人之承認不生效力。（40台上1563）

◎上訴人提出之證明書，雖證明被上訴人於54年間曾患有精神病症，但不能證明被上訴人於和解時，係無意識或有精神錯亂之情形，且被上訴人又未受禁治產之宣告，難認和解有無效之原因。（58台上3653）

第76條　（無行爲能力人之代理）

無行為能力人，由法定代理人代為意思表示，並代受意思表示。

第77條　（限制行爲能力人法律行爲之允許及例外有效）

限制行為能力人為意思表示及受意思表示，應得法定代理人之允許。但純獲法律上之利益或依其年齡及身分，日常生活所必需者，不在此限。

◎限制行為能力人為意思表示及受意思表示，依民法第77條規定，以得法定代理人之允許為已足。無使法定代理人到場，並於契內簽名之必要。（32上3043）

◎法定代理人之允許，非限制行為能力人所為法律行為之一部。不過為使其法律行為發生完全效力之法律上條件而已，此項允許，法律上既未定其方式，則雖限制行為能力人所為法律行為為要式行為時，亦無須踐行同一之方式。（32上3276）

第78條　（未得允許所爲單獨行爲之效力）

限制行為能力人未得法定代理人之允許，所為之單獨行為，無效。

◎拋棄繼承之繼承人中，有甲、乙、丙三人，於書立拋棄書時均為限制行為能力人，其拋棄繼承尚未得其法定代理人之允許，依民法第78條規定，應屬無效。（69台上2041）

第79條　（未得允許所訂契約效力｜效力未定）
　限制行為能力人未得法定代理人之允許，所訂立之契約，須經法定代理人之承認，始生效力。

◎限制行為能力人未得法定代理人之允許所訂立契約，經相對人定一個月以上之期限，催告法定代理人是否承認，而法定代理人於期限內不為確答者，依民法第80條第2項之規定，尚應視為拒絕承認。則相對人未為此項催告者，自不能以法定代理人未即時向相對人交涉或登報聲明，即謂法定代理人業已承認。（21上2108）

第80條　（相對人之催告權）
　前條契約相對人，得定一個月以上期限，催告法定代理人，確答是否承認。
　於前項期限內，法定代理人不為確答者，視為拒絕承認。

第81條　（限制原因消滅後之承認）
　限制行為能力人，於限制原因消滅後，承認其所訂立之契約者，其承認與法定代理人之承認，有同一效力。
　前條規定，於前項情形準用之。

◎未成年人於成年後承認其所訂立之契約者，其承認與法定代理人之承認有同一效力。（19上1155）

第82條　（相對人之撤回權）
　限制行為能力人所訂立之契約，未經承認前，相對人得撤回之。但訂立契約時，知其未得有允許者，不在此限。

第83條　（未經允許外有效）
　限制行為能力人用詐術使人信其為有行為能力人或已得法定代理人之允許者，其法律行為為有效。

第84條　（處分特定財產之允許）
　法定代理人，允許限制行為能力人處分之財產，限制行為能力人，就該財產有處分之能力。

第85條　（獨立營業之允許、撤銷）

法定代理人允許限制行為能力人獨立營業者，限制行為能力人，關於其營業，有行為能力。

限制行為能力人，就其營業有不勝任之情形時，法定代理人得將其允許撤銷或限制之。但不得對抗善意第三人。

第三節　意思表示

第86條　（眞意保留）

表意人無欲為其意思表示所拘束之意，而為意思表示者，其意思表示，不因之無效。但其情形為相對人所明知者，不在此限。

◎所謂通謀為虛偽意思表示，乃指表意人與相對人互相故意為非真意之表示而言，故相對人不僅須知表意人非真意，並須就表意人非真意之表示相與為非真意之合意，始為相當，若僅一方無欲為其意思表示所拘束之意，而表示與真意不符之意思者，尚不能指為通謀而為虛偽意思表示。（62台上316）

第87條　（通謀虛偽意思表示）

表意人與相對人通謀而為虛偽意思表示者，其意思表示無效。但不得以其無效，對抗善意第三人。

虛偽意思表示，隱藏他項法律行為者，適用關於該項法律行為之規定。

◎假裝買賣係由雙方通謀所為之虛偽意思表示，依民法第87條第1項之規定當然無效，並非得撤銷之行為，不得謂未撤銷前尚屬有效。（27上3195）

◎上訴人於台灣光復前買受系爭土地，雖在被上訴人買受之前，但係隱藏買賣之法律行為，而為設定不動產質權之虛偽意思表示，此項虛偽意思表示，依台灣當時適用之法例係屬無效。至隱藏之買賣法律行為固為當時法例之所許，惟當時既未依臨時農地管理令申請該管政府之許可，迨台灣光復民法施行後，又未為該土地所有權移轉之登記，亦僅生買賣之債權關係，則該土地所有權，即歸屬其後買受已為所有權移轉登記而發生物權關係之被上訴人。（39台上583）

◎第三人主張表意人與相對人通謀而為虛偽意思表示者，該第三人應負舉證之責。（48台上29）

◎民法第87條第2項所謂虛偽意思表示隱藏他項法律行為者，適用關於該項法律行為之規定，係指虛偽意思表示之當事人間，隱藏有他項真實之法律行為而言，其所隱藏之行為當無及於他人之效力。（50台上2675）

◎民法第87條第1項所謂通謀虛偽意思表示，係指表意人與相對人雙方故意為不符真意之表示而言，若僅一方無欲為其意思表示所拘束之意而表示與真意不符之意思者，即難指為通謀而為虛偽意思表示。（50台上421）

◎虛偽買賣乃雙方通謀而為虛偽意思表示，依民法第87條第1項規定，其買賣當然無效，與得撤銷之法律行為經撤銷始視為自始無效者有別，故虛偽買賣雖屬意圖避免強制執行，但非民法第244條所謂債權人得聲請法院撤銷之債務人行為。（50台上547）

◎民法第87條之通謀虛偽表示，指表意人與相對人相互明知為非真意之表示而言，故表意人之相對人不僅須知表意人非真意，並須就表意人非真意之表示相與為非真意之合意，始為相當。（51台上215）

◎虛偽設定抵押權，乃雙方通謀而為虛偽意思表示，依民法第87條第1項規定，其設定抵押權當然無效，與得撤銷後始視為無效者有別。故虛偽設定抵押權雖屬意圖避免強制執行，但非民法第244條所謂債權人得聲請法院撤銷之債務人行為。（52台上722）

◎在合同行為之當事人間，不妨成立通謀虛偽意思表示。（57台上2557）

◎所謂通謀為虛偽意思表示，乃指表意人與相對人相互故意為非真意之表示而言，故相對人不僅須知表意人非真意，並須就表意人非真意之表示相與為非真意之合意，始為相當，若僅一方無欲為其意思表示所拘束之意，而表示與真意不符之意思者，尚不能指為通謀而為虛偽意思表示。（62台上316）

◎按因私法上法律行為而成立之法律關係，非以民法（實質民法）有明文規定者為限，苟法律行為之內容，並不違反公序良俗或強行規定，即應賦予法律上之效力，如當事人本此法律行為成立之法律關係起訴請求保護其權利，法院不得以法無明文規定而拒絕裁判。所謂信託行為，係指委託人授與受託人超過經濟目的之權利，而僅許其於經濟目的範圍內行使權利之法律行為而言，就外部關係言，受託人固有行使超過委託人所授與之權利，就委託人與受託人之內部關係言，受託人仍應受委託人所授與權利範圍之限制。信託關係係因委託人信賴受託人代其行使權利而成立。應認委託人有隨時終止信託契約之權利。（66台再42）

◎所謂通謀而為虛偽意思表示，係指表意人與相對人通謀而為虛偽意思表示而言，查訴外人黃某取得系爭房屋之所有權，係以債權人身分聲請法院拍賣因無人應買承受而來，拍賣及承受，悉由法院介於其間，債務人李某並未參與其事，黃某當無與李某通謀而為虛偽意思表示之可言。（67台上1402）

◎債務人為擔保其債務，將擔保物所有權移轉與債權人，而使債權人在不超過擔保之目的範圍內，取得擔保物所有權者，為信託的讓與擔保，債務人如不依約清償債務，債權人得將擔保物變賣或估價，而就該價金受清償。（70台上104）

◎債務人欲免其財產被強制執行，與第三人通謀而為虛偽意思表示，將其所有不動產為第三人設定抵押權者，債權人可依侵權行為之法則，請求第三人塗銷登記，亦可行使代位權，請求塗銷登記。二者之訴訟標的並不相同。（73台抗472）

第88條 （錯誤之意思表示）

意思表示之內容有錯誤，或表意人若知其事情即不為意思表示者，表意人得將其意思表示撤銷之。但以其錯誤或不知事情，非由表意人自己之過失者為限。

當事人之資格，或物之性質，若交易上認為重要者，其錯誤，視為意思表示內容之錯誤。

◎民法第88條第1項所謂意思表示之錯誤,表意人得撤銷之者,以其錯誤係關於意思表示之內容為限,該條項規定甚明。兩造成立之訴訟上和解,既未以被上訴人收回系爭房屋,以供自住及開設診所之需,為上訴人遷讓之內容,則縱使如上訴人所稱在和解當時,因誤信被上訴人主張收回系爭房屋,以供自住及開設診所之需為真實,致所為遷讓之意思表示顯有錯誤云云,亦與上開條項得為撤銷意思表示錯誤之要件不符,仍不得執此指該項和解得撤銷之原因,而為請求繼續審判之理由。(43台上570)

◎民法第88條之規定,係指意思表示之內容或表示行為有錯誤者而言,與為意思表示之動機有錯誤之情形有別。(51台上3311)

第89條 **(錯誤之傳達)**

意思表示,因傳達人或傳達機關傳達不實者,得比照前條之規定,撤銷之。

第90條 **(撤銷錯誤表示之除斥期間)**

前二條之撤銷權,自意思表示後,經過一年而消滅。

◎行政官署依台灣省放領公有土地扶植自耕農實施辦法,將公有土地放領於人民,係私法上之契約行為,依此行為所生法律上之效果,自應適用民法之規定,而契約因當事人互相表示意思一致而成立,其意思表示發生效力之時期,如為對話,以相對人了解時為準,如非對話,以通知到相對人時為準,從而撤銷意思表示之除斥期間,自應以意思表示發生效力之時起算。(52台上1278)

第91條 **(錯誤表意人之賠償責任)**

依第八十八條及第八十九條之規定,撤銷意思表示時,表意人對於信其意思表示為有效而受損害之相對人或第三人,應負賠償責任。但其撤銷之原因,受害人明知或可得而知者,不在此限。

第92條 **(意思不自由)**

因被詐欺或被脅迫,而為意思表示者,表意人得撤銷其意思表示。但詐欺係由第三人所為者,以相對人明知其事實或可得而知者為限,始得撤銷之。

被詐欺而為之意思表示,其撤銷不得以之對抗善意第三人。

◎民事法上所謂詐欺云者,係謂欲相對人陷於錯誤,故意示以不實之事,令其因錯誤而為意思之表示。(92上371)

◎民法第92條第1項所謂詐欺,雖不以積極之欺罔行為為限,然單純之緘默,除在法律上、契紙上或交易之習慣上就某事項負有告知之義務者外,其緘默並無違法性,即與本

條項之所謂詐欺不合。（18上884）

◎被上訴人當時在場同意伊子之代為簽押，縱其簽押之動機係受上訴人之脅迫，然此項終止租賃契約之意思表示，在未依法撤銷前尚非當然無效，即不容於約定返還租賃物期限屆滿之後，仍以曾受上訴人之脅迫，為拒絕返還之藉口。（33上5992）

◎被詐欺而為意思表示者，依民法第92條第1項之規定，表意人固得撤銷其意思表示，惟主張被詐欺而為表示之當事人，應就此項事實負舉證之責任。（37台上75）

◎民法上所謂詐欺，係欲相對人陷於錯誤，故意示以不實之事，令其因錯誤而為意思之表示，收受聘禮後故延婚期，迫使相對人同意退婚，雖志在得財，但不得謂為詐欺，僅屬民法第976條違反婚約，及同法第977條損害賠償問題。（44台上3380）

◎因被脅迫而為之意思表示，依民法第92條及第93條之規定，表意人非不得於一年內撤銷之。而此項撤銷權，祇須當事人以意思表示為之，並不須任何方式，上訴人既於第二審上訴理由狀中表示撤銷之意思，倘被上訴人果有脅迫上訴人立借據情事，即不能謂上訴人尚未行使撤銷權。（56台上1938）

◎民法第72條所謂法律行為，有背於公共秩序或善良風俗者無效，乃指法律行為本身有背於公序良俗之情形而言，至構成法律行為要素之意思表示，倘因被脅迫所為時，依照民法第92條規定，僅得由表意人撤銷其意思表示，並非當然無效。（58台上584）

◎鄉鎮市（區）調解委員會依鄉鎮市調解條例調解成立之民事調解，如經法院核定，即與民事確定判決有同一之效力，該條例第24條第2項前段定有明文。而經法院核定之民事調解，有得撤銷之原因者，依同條例第26條第1項規定，當事人得向原核定法院提起撤銷調解之訴。當事人欲求救濟，惟有循此方法為之，殊無依民法第92條第1項規定聲明撤銷之餘地。兩造依鄉鎮市調解條例成立之調解，業經法院核定，即令有如上訴人所稱得撤銷之原因，在上訴人提起撤銷調解之訴，並得有勝訴之確定判決以前，被上訴人仍得據為執行名義，聲請強制執行。（60台上1035）

第93條　（詐欺脅迫撤銷之除斥期間）

前條之撤銷，應於發現詐欺或脅迫終止後，一年內為之。但自意思表示後，經過十年，不得撤銷。

◎因被脅迫而為負擔債務之意思表示者，即為侵權行為之被害人，該被害人固得於民法第93條所定之期限內，撤銷其負擔債務之意思表示，使其債務歸於消滅，但被害人於其撤銷權因經過此項期間而消滅後，仍不妨於民法第197條第1項所定之時效未完成前，本於侵權行為之損害賠償請求權，請求廢止加害人之債權，即在此項時效完成後，依民法第198條之規定，亦得拒絕履行。（75上1282）

◎因被脅迫而為之意思表示，依民法第92條及第93條之規定，表意人非不得於一年內撤銷之。而此項撤銷權，祇須當事人以意思表示為之，並不須任何方式，上訴人既於第二審上訴理由狀中表示撤銷之意思，倘被上訴人果有脅迫上訴人立借據情事，即不能謂上訴人尚未行使撤銷權。（28台上1938）

第94條 （對話之意思表示）

　　對話人為意思表示者，其意思表示，以相對人了解時，發生效力。

◎（28台上1278）參見本法第90條。

◎對話人為意思表示者，以相對人了解時發生效力，非對話者，以通知達到相對人時發生效力，民法第94條及第95條定有明文。同法第451條所謂表示反對之意思是否發生效力，自亦應分別對話或非對話，以相對人已否了解或通知已否達到相對人為斷。（57台上3647）

第95條 （非對話之意思表示）

　　非對話而為意思表示者，其意思表示，以通知達到相對人時，發生效力。但撤回之通知，同時或先時到達者，不在此限。

　　表意人於發出通知後死亡或喪失行為能力，或其行為能力受限制者，其意思表示不因之失其效力。

◎依民法第440條得終止契約之出租人，於訴狀表示其終止之意思者，依民法第263條、第258條第1項、第95條規定，自其訴狀送達於承租人時，契約即為終止，並非至其所受勝訴判決確定之時，始生終止之效力。（23上3867）

◎行政官署依台灣省放領公有土地扶植自耕農實施辦法，將公有土地放領於人民，係私法上之契約行為，依此行為所生法律上之效果，自應適用民法之規定，而契約因當事人互相表示意思一致而成立，其意思表示發生效力之時期，如為對話，以相對人了解時為準，如非對話，以通知到相對人時為準，從而撤銷意思表示之除斥期間，自應以意思表示發生效力之時起算。（52台上1278）

◎民法第440條第1項所謂支付租金之催告，屬於意思通知之性質，其效力之發生，應準用同法關於意思表示之規定（見41年台上字第490號判例），而民法第95條第1項規定：「非對話而為意思表示者，其意思表示以通知達到相對人時發生效力」，所謂達到，係僅使相對人已居可了解之地位即為已足，並非須使相對人取得占有，故通知已送達於相對人之居住所或營業所者，即為達到，不必交付相對人本人或其代理人，亦不問相對人之閱讀與否，該通知即可發生為意思表示之效力。（54台上952）

◎（57台上1278）參見本法第90條

◎非對話而為意思表示者，其意思表示以通知達到相對人時，發生效力，民法第95條第1項定有明文。所謂達到，係指意思表示達到相對人之支配範圍，置於相對人隨時可了解其內容之客觀之狀態而言。（58台上715）

第96條 （受領表示之生效期）

　　向無行為能力人或限制行為能力人為意思表者，以其通知達到其法定代理人時，發生效力。

第97條　（公示送達）

表意人非因自己之過失，不知相對人之姓名、居所者，得依民事訴訟法公示送達之規定，以公示送達為意思表示之通知。

◎民法第440條第1項所謂支付租金之催告，屬於意思通知之性質，其效力之發生，應準用同法關於意思表示之規定，如催告人非因有自己之過失不知相對人之居所者，僅得準用同法第97條，依民事訴訟法公示送達之規定，向該管法院聲請以公示送達為催告之通知，始生催告之效力。被上訴人定期催告承租人某商號支付租金，僅將催告啟事標貼已被查封無人居住之某商號門首，自無催告效力之可言。（41台上490）

第98條　（意思表示之解釋）

解釋意思表示，應探求當事人之真意，不得拘泥於所用之辭句。

◎解釋契約，固須探求當事人立約時之真意，不能拘泥於契約之文字，但契約文字業已表示當事人真意，無須別事探求者，即不得反捨契約文字而更為曲解。（17上1118）

◎解釋私人之契約應通觀全文，並斟酌立約當時之情形，以期不失立約人之真意。（18上1727）

◎解釋當事人所立書據之意，以當時之事實及其他一切證據資料為其判斷之標準，不能拘泥字面或截取書據中一二語，任意推解致失真意。（19上28）

◎契約應以當事人立約當時之真意為準，而真意何在，又應以過去事實及其他一切證據資料為斷定之標準，不能拘泥文字致失真意。（19上453）

◎解釋當事人之契約，應於文義上及論理上詳為推求，不得拘泥字面，致失當時立約之真意。（19上58）

◎抵押權為對於債務人或第三人不移轉占有而供擔保之不動產，得就其賣得價金受清償之權利，民法第860條規定甚明。債務人就其所有之不動產向債權人設定如斯內容之權利時，雖其設定之書面稱為質權而不稱為抵押權，亦不得拘泥於所用之辭句，即謂非屬抵押權之設定。（28上598）

◎典權人以不能維持其額面價格之地方銀行兌換券支付典價者，雖其典契係以所付兌換券之數額表明典價，而探求普通當事人之真意，其典價之數額仍應以所付兌換券，按支付時市價折合國幣之數為準。本件上訴人因加找典價，支付與被上訴人之舊滇幣450元，據稱當時滇幣每百元抵現金80元，共折合現金360元云云，如果屬實，則現在被上訴人回贖典物，應按加典時舊滇幣之市價折合法幣返還，方與當事人立約之本旨相合。（30上337）

◎土地之租賃契約，以承租人自行建築房屋而使用之為其目的者，非有相當之期限不能達其目的，故當事人雖未明定租賃之期限，依契約之目的探求當事人之真意，亦應解為定有租至房屋不堪使用時為止之期限，惟應受民法第449條第1項之限制而已。至民法第422條固規定不動產之租賃契約，其期限逾一年者，應以字據訂立之，未以字據訂立者，視為不定期限之租賃，然以字據訂立之土地租賃契約，依字據所載契約之目的解為

定有一年以上之租賃期限，仍無背於該條規定之本旨。（30渝上311）（備註：本則判例於90年4月17日經最高法院90年度第4次民事庭會議決議不再援用，並於90年5月8日由最高法院依據最高法院判例選編及變更實施要點第九點規定以（90）台資字第00300號公告之。）（理由：民法第449條已於民國88年4月21日修正公布）

◎被上訴人於民國25年將其所有之小灣田業出典與上訴人，其典約內僅註「取當死當均照國例」字樣，此外並未訂典權期限，為不爭之事實，原審探求契約當事人之真意，認上項典約，係屬未定期限之典權，得由出典人隨時回贖典物，因予維持第一審所為上訴人應於秋收後，准許被上訴人以原典價回贖之判決，於法尚非有違。（32上5615）

◎某甲將承典上訴人之田地典與被上訴人，其所立之典契內，既載有「自典之後或湊或贖，聽憑原主之事，與甲無干」字樣，則探求當事人締約之真意，顯係為民法第917條第1項所謂典權之讓與。（33上206）

◎解釋當事人之契約，應以當事人立約當時之真意為準，而真意何在，又應以過去事實及其他一切證據資料為斷定之標準，不能拘泥文字致失真意。（39台上1053）

◎合約內所列之副署人，在法律上應負如何之責任，須視契約當事人在當時之真意如何而定，原審未予斟酌各方情形，以探求當事人之真意，遽認為係參加契約之另一當事人，應與主債務人負連帶清償之責，尚難謂合。（43台上577）

◎解釋當事人立約之真意，除雙方中途有變更立約內容之同意，應從其變更以為解釋外，均以當事人立約當時之真意為準。（49台上303）

◎解釋契約固屬事實審法院之職權，惟其解釋如違背法令或有悖於論理法則或經驗法則，自非不得以其解釋為不當，援為上訴第三審之理由。（83台上2118）

第四節　條件及期限

> **第99條　（條件成就之效力）**
> 附停止條件之法律行為，於條件成就時，發生效力。
> 附解除條件之法律行為，於條件成就時，失其效力。
> 依當事人之特約，使條件成就之效果，不於條件成就之時發生者，依其特約。

◎買賣契約附有停止條件者，於條件成就時，始生效力，若條件已屬不能成就，則該項契約自無法律上效力之可言。（22上1130）

◎買賣貨物之契約，訂定買受人應將定金以外之貨款儘本月底交付，到期不交，契約即告失效者，係以到期不交貨款為其契約之解除條件，此項解除條件成就時，買賣契約失其效力，出賣人即免其交付貨物之義務。（29上1249）

◎租賃契約訂明承租人須於一定期日支付租金，屆期不為支付，租賃契約當然失其效力者，係以屆期不支付租金為解除條件，屆期如不支付租金，則其租賃契約當然因解除條件之成就失其效力。（29上2018）

◎附有解除條件之法律行為，於條件成就時當然失其效力，無待於撤銷之意思表示，此觀於民法第99條第2項之規定極為明顯。（31上3433）

◎土地法第103條之規定，並非禁止租用基地建築房屋之契約附有解除條件，亦不排除民

法所定解除條件成就之效果，上訴人與某甲所訂如業主需要隨時可拆還基地之特約，自應解為附有解除條件。（40台上1636）

◎債務人約定，以其將來可取得某特定不動產所有權，為因供擔保設定抵押權之條件，即屬民法第99條第1項所謂附停止條件之法律行為，於條件成就時發生效力，故在債務人取得某特定不動產所有權之前，所附停止條件尚未成就，其約定因供擔保設定抵押權之法律行為，亦未發生效力，此際債務人自不負就某特定不動產為因供擔保設定抵押權登記之義務。（40台上1682）

◎契約上附有法定條件者，為假裝條件，即與無條件同，故租約內所載，如屋主有取回之日，預早一個月通知等字樣，即與民法第450條第3項之法定條件無異，殊難認為附有解除條件之特約。（40台上229）備註：本則判例於91年10月1日經最高法院91年度第12次民事庭會議決議廢止，並於91年10月31日由最高法院依據最高法院判例選編及變更實施要點第九點規定以（91）台資字第00696號公告之。廢止理由：本則判例所載當事人約定的內容並非條件，本則判例應予廢止。

◎上訴人願就主債務人應依期限交付被上訴人之款，負保證責任，既於合約書內訂明，在後之諒解書，亦有自訂約日起生效之記載，是上訴人與被上訴人所訂保證契約，已於立約時生效，與民法第99條第1項所謂附停止條件之法律行為，於條件成就時發生效力者，顯然有別。（44台上50）

◎兩造就系爭工款所為之和解契約，既附有須經上訴人之上級官署核准之停止條件，則其上級官署既未予核准，即難謂非其條件不成就，依民法第99條第1項規定之反面解釋，自屬未生效力。（44台上541）

◎兩造就系爭房屋訂立之租賃契約第3條所定一年期限之下，並有「期滿時，上訴人應將房屋無條件交還被上訴人，決無異議」等語之記載，係屬定有期限之租賃，極為明顯。至其所載「如被上訴人繼續將房屋出租者，上訴人有優先承租權」一節，則係附有以被上訴人須將該房屋繼續出租，而上訴人始有優先承租權之停止條件，此項條件之成就，應由主張之上訴人負舉證之責任。（46台上227）

◎系爭池沼由上訴人賣與被上訴人，約定先交價金三分之一，其餘三分之二，俟上訴人就該地池沼繼承完畢，並將一切移轉登記書類備妥交付被上訴人後即行找清，惟如上訴人未獲繼承時，雙方買賣作為打銷，定金返還，是該項買賣契約，顯係附有以上訴人就該池沼確有繼承權，並辦理繼承登記時為發生效力之停止條件。上訴人既自認對系爭池沼確有繼承權之存在，而又諉稱手續繁瑣致未辦理繼承登記，此種以不正當消極行為阻止其停止條件之成就，依民法第101條第1項之規定，應視為條件業已成就，被上訴人從而請求上訴人受領餘價，辦理所有權移轉登記，即無不當。（46台上656）備註：本則判例於91年10月1日經最高法院91年度第12次民事庭會議決議廢止，並於91年10月31日由最高法院依據最高法院判例選編及變更實施要點第九點規定以（91）台資字第00696號公告之。廢止理由：本則判例所載當事人約定的內容並非條件，本則判例應予廢止。

◎凡訂立婚約而授受聘金禮物，固為一種贈與，惟此種贈與，並非單純以無償移轉財物為目的，實係預想他日婚約之履行，而以婚約解除或違反為解除條件之贈與，嗣後婚約經解除或違反時，當然失其效力，受贈人依民法第179條，自應將其所受利益返還於贈與人。（47台上917）編註：依據最高法院85年10月8日第15次民事庭會議決議本則判例不

再援用。

◎租賃契約定有存續期間，同時並訂有以出租人確需自住為收回之解除條件者，必於條件成就時，始得終止租約。所謂自住，係指客觀上有收回自住之正當理由及必要情形，並能為相當之證明者而言，不以主觀情事之發生為已足。（48台上228）

◎不定期之租賃，同時訂有以出租人確需收回自住之解除條件者，必於條件成就時，始得終止租約。所謂收回自住，係指客觀上有收回自住之正當理由及必要情形，並能為相當之證明者而言，不以主觀情事之發生，即謂租約所訂解除條件業已成就。（50台上1761）

◎被上訴人告訴上訴人過失致人於死案件，並非告訴乃論罪，依法不能撤回告訴，以此為和解契約之解除條件，自係解除條件為不能。而附解除條件之法律行為，於行為時已生效力，僅於解除條件成就時失效而已，是以解除條件為不能時，應解為其法律行為為無條件。故上訴人因和解給付支票與被上訴人之行為，即為無條件而為給付，從而上訴人以被上訴人未依約返還已給付之支票，致使其蒙受損害而請求賠償，即嫌無據。（52台上286）備註：本則判例於民國91年10月1日經最高法院91年度第12次民事庭會議決議廢止，並於91年10月31日由最高法院依據最高法院判例選編及變更實施要點第9點規定以（91）台資字第00696號公告之。廢止理由：本件和解契約所約定之條件為既成條件，並非不能條件，本則判例應予廢止。

◎押標金除督促投標人於得標後，必然履行契約外，兼有防範投標人故將標價低於業經公開之底價，以達圍標或妨礙標售程序之作用，被上訴人既經公告標價低於底價者沒收押標金，原不以是否有實際損害為要件，上訴人以被上訴人未受損害，不得沒收押標金，自非可取。（59台上1663）

◎民法第258條第1項，係就契約有法定之解除原因，而行使其解除權之情形所為規定，如契約附有解除條件，則條件成就時，契約當然失其效力，無待於當事人解除權之行使。（60台上4001）

◎法律行為成立時，其成就與否業已確定之條件即所謂既成條件，亦即法律行為所附條件，係屬過去既定之事實者，雖其有條件之外形，但並無其實質之條件存在，故縱令當事人於法律行為時，不知其成否已經確定，亦非民法第99條所謂條件。我民法關於既成條件雖未設明文規定，然依據法理，條件之成就於法律行為成立時已確定者，該條件若係解除條件，則應認法律行為為無效。（68台上2861）

第100條　（附條件利益之保護）

附條件之法律行為當事人，於條件成否未定前，若有損害相對人因條件成就所應得利益之行為者，負賠償損害之責任。

◎附條件之法律行為當事人於條件成否未定前若有損害相對人因條件成就所應得利益之行為者，負損害賠償責任，民法第100條固定有明文。然此種期待權之侵害，其賠償責任亦須俟條件成就時，方始發生。蓋附條件之法律行為，原須俟條件成就時始得主張其法律上之效果，在條件成否未定之前，無從預為確定以後因條件成就時之利益，如其條件以後確定不成就，即根本無所謂因條件成就之利益。（69台上3986）

第101條　（條件成就及不成就之擬制）

因條件成就而受不利益之當事人，如以不正當行為阻其條件之成就者，視為條件已成就。

因條件成就而受利益之當事人，如以不正當行為促其條件之成就者，視為條件不成就。

◎民法第101條第2項所定：「因條件成就而受利益之當事人，如以不正當行為，促其條件之成就者，視為條件不成就」，所謂促其條件之成就，必須有促其條件成就之故意行為，始足當之，若僅與有過失，不在該條適用之列。（67台上770）

◎保險契約（保險單或暫保單）之簽訂，原則上須與保險費之交付，同時為之。此觀保險法施行細則第27條第1項之規定甚明。若保險人向要保人先行收取保險費，而延後簽訂保險契約；則在未簽訂保險契約前，發生保險事故，保險人竟可不負保險責任，未免有失公平。故同條第2項、第3項又作補充規定，以杜流弊。其中第3項之補充規定，既謂：「人壽保險人於同意承保前，得預收相當於第一期保險費之金額。保險人應負之保險責任，以保險人同意承保時，溯自預收相當於第一期保險費金額時開始。」足見此種人壽保險契約，係於預收相當於第一期保險費金額時，附以保險人「同意承保」之停止條件，使其發生溯及的效力。如果依通常情形，被上訴人應「同意承保」，因見被保險人柯某已經死亡，竟不「同意承保」，希圖免其保險責任；是乃以不正當行為阻其條件之成就，依民法第101條第1項規定，視為條件已成就。此時被上訴人自應負其保險責任。（69台上3153）

◎當事人預期不確定事實之發生，以該事實發生時為債務之清償期者，倘債務人以不正當行為阻止該事實之發生，類推適用民法第一百零一條第一項規定，應視為清償期已屆至。（87台上1205）**備註：本則判例於民國89年9月19日經最高法院89年度第10次民事庭會議決議通過，並於89年10月19日由最高法院依據最高法院判例選編及變更實施要點第9點規定以（89）台資字第00602號公告之。**

第102條　（期限屆至之效力與保護）

附始期之法律行為，於期限屆至時，發生效力。

附終期之法律行為，於期限屆滿時，失其效力。

第一百條之規定，於前二項情形準用之。

◎民法第102條第2項所稱附終期之法律行為，係指約明期限屆滿時，當然失其效力之法律行為而言。本件雙方所訂買賣布足之契約，約定二4年6月內出清，不過定明應為履行之期限，並非同條項所稱附終期之法律行為。（26渝上163）

第五節　代理

> **第103條**　（代理行為之意義及效力）
>
> 　代理人於代理權限內，以本人名義所為之意思表示，直接對本人發生效力。
>
> 　前項規定，於應向本人為意思表示，而向其代理人為之者，準用之。

◎執行業務之合夥人，對於第三人應有代理他合夥人之權，苟其所為之行為係屬業務範圍內者，雖於他合夥人有損，在法律上仍然有效，而其權利義務可直接及於他合夥人。（18上1253）

◎處分族中公共之要事，雖本應得族人全體之同意，但依地方習慣或族中特約，如果各房長得共同代理全族以為處分，或各房長得集族眾會議，依多數議決以為處分，或於處分後經族眾追認者，均應有效。（18上1532）

◎子代其父為法律行為，如果本在授權範圍內，對於其父當然有效。（20上2209）

◎受任人本於委任人所授與之代理權，以委任人名義與他人為法律行為時，固直接對委任人發生效力，若受任人以自己或第三人之名義與他人為法律行為，則對於委任人不生效力，其委任人與法律行為之他造當事人間，自不發生何等法律關係，此在民法施行以前，亦屬當然之法理。（22上3212）

◎公同共有物之處分，固應得公同共有人全體之同意，而公同共有人中之一人，已經其他公同共有人授與處分公同共有物之代理權者，則由其人以公同共有人全體之名義所為之處分行為，仍不能謂為無效。（23上1910）

◎兩願離婚，固為不許代理之法律行為，惟夫或妻自行決定離婚之意思，而以他人為其意思之表示機關，則與以他人為代理人使之決定法律行為之效果意思者不同，自非法所不許。本件據原審認定之事實，上訴人提議與被上訴人離婚，託由某甲徵得被上訴人之同意，被上訴人於訂立離婚書面時未親自到場，惟事前已將自己名章交與某甲，使其在離婚文約上蓋章，如果此項認定係屬合法，且某甲已將被上訴人名章蓋於離婚文約，則被上訴人不過以某甲為其意思之表示機關，並非以之為代理人，使之決定離婚之意思，上訴理由就此指摘原判決為違法，顯非正當。（29上1606）

◎子於父之財產，除別有授權行為外，並無代為處分之權。（32上418）

◎委任他人為法律行為，同時授與他人以代理權者，受任人所為之意思表示直接對於委任人發生效力，委任人固有請求權。即無代理權之委任，受任人以自己之名義為委任人取得之權利，包括損害賠償請求權，已依民法第541條第2項之規定，移轉於委任人者，委任人亦有請求權。（52台上2908）

◎由自己之行為表示以代理權授與他人者，對於第三人應負授權人之責任，必須本人有表見之事實，足使第三人信該他人有代理權之情形存在，始足當之（參看本院60年台上字第2130號判例）。我國人民將自己印章交付他人，委託該他人辦理特定事項者，比比皆是，倘持有印章之該他人，除受託辦理之特定事項外，其他以本人名義所為之任何法律行為，均須由本人負表見代理之授權人責任，未免過苛。原審徒憑上訴人曾將印章交付與呂某之事實，即認被上訴人就保證契約之訂立應負表見代理之授權人責任，自屬率斷。（70台上657）

第104條　（代理人之能力）

代理人所為或所受意思表示之效力，不因其為限制行為能力人而受影響。

第105條　（代理行為之瑕疵）

代理人之意思表示，因其意思欠缺、被詐欺、被脅迫或明知其事情，或可得而知其事情，致其效力受影響時，其事實之有無，應就代理人決之。但代理人之代理權係以法律行為授與者，其意思表示，如依照本人所指示之意思而為時，其事實之有無，應就本人決之。

◎當事人知悉和解有無效或得以撤銷之原因之時期，原不以其和解當時是否到場為據，故如非和解當時所得而知之原因，則縱令當事人本人在場，亦應從其實際得知之時起算。苟為和解當時已得知之原因，則雖本人未到場而委任代理人為和解，其知悉與否，按之民法第105條規定，亦當就代理人決之，當事人不得以其本人未得知而主張從本人知悉之時起算。（52台抗6）

第106條　（自己代理、雙方代理之禁止）

代理人，非經本人之許諾，不得為本人與自己之法律行為，亦不得既為第三人之代理人，而為本人與第三人之法律行為。但其法律行為，係專履行債務者，不在此限。

◎民法第106條關於禁止雙方代理之規定於意定代理及法定代理均有其適用。（65台上840）

第107條　（代理權之限制及撤回之效力）

代理權之限制及撤回，不得以之對抗善意第三人。但第三人因過失而不知其事實者，不在此限。

◎耕地租額之約定，屬於耕地租賃契約內容之必要事項，上訴人既已授權某甲與被上訴人改訂系爭耕地之租賃契約，即不得謂某甲無代理上訴人為約定租額之權限，縱使上訴人曾就其代理權加以限制，而依民法第107條之規定，仍不得以之對抗善意之被上訴人。（40台上647）

◎支票之背書如確係他人逾越權限之行為，按之票據法第10條第2項之規定，就權限外部分，即應由無權代理人自負票據上之責任，此乃特別規定優先於一般規定而適用之當然法理，殊無適用民法第107條之餘地。（50台上1000）

◎上訴人等既將已蓋妥印章之空白本票交與某甲，授權其代填金額以辦理借款手續，則縱使曾限制其填寫金額一萬元，但此項代理權之限制，上訴人未據舉證證明，為被上訴人

所明知或因過失而不知其事實，依民法第107條之規定，自無從對抗善意之被上訴人，從而某甲逾越權限，多填票面金額為六萬八千元，雖經刑事法院判處罪刑在案，亦屬對上訴人應否負侵權行為損害賠償責任之別一法律問題，上訴人自不得執是而免除其發票人應付票款之責任。（52台上3529）

◎民法上所謂代理，係指本人以代理權授與他人，由他人代理本人為法律行為，該代理人之意思表示對本人發生效力而言。故必先有代理權之授與，而後始有民法第107條前段「代理權之限制及撤回，不得以之對抗善意第三人」規定之適用。（62台上1099）

◎法定代理人通常固有受領清償之權限，如為意定代理人，受領權之有無，尚應依授與代理權之範圍定之。（66台上1893）

第108條 （代理權消滅撤回之限制）

代理權之消滅，依其所由授與之法律關係定之。

代理權，得於其所由授與之法律關係存續中，撤回之。但依該法律關係之性質不得撤回者，不在此限。

第109條 （留置授權書之禁止）

代理權消滅或撤回時，代理人須將授權書交還於授權者，不得留置。

◎受任人本於委任人所授與之代理權，以委任人名義與他人為法律行為時，固直接對委任人發生效力；若受任人以自己之名義與他人為法律行為，因而為委任人取得之權利，則須經受任人依民法第541條第2項規定，將其移轉於委任人，委任人始得逕向該他人請求履行。前者，因法律行為發生之權利義務，於委任人及該他人之間直接發生效力；後者，則該他人得以對抗受任人之事由，對抗委任人，二者尚有不同。（72台上4720）

第110條 （無權代理人之賠償責任）

無代理權人，以他人之代理人名義所為之法律行為，對於善意之相對人，負損害賠償之責。

◎被上訴人甲、乙兩股份有限公司，均非以保證為業務，被上訴人丙、丁分別以法定代理人之資格，用各該公司名義保證主債務人向上訴人借款，顯非執行職務，亦非業務之執行，不論該被上訴人丙、丁等應否負損害賠償之責，殊難據民法第28條、公司法第30條，令各該公司負損害賠償責任，上訴人對此部分之上訴顯無理由，惟查被上訴人丙、丁等對其所經理之公司，如係明知其並非以保證為業務，而竟以各該公司之名義為保證人，依民法第110條及第184條規定，對於相對人即應負損害賠償之責，不得因公司法第22條、第23條、第24條，未有公司負責人應賠償其擔保債務之規定予以寬免。（44台上1566）備註：本則判例於91年9月3日經最高法院91年度第10次民事庭會議決議不再援用，並於91年9月30日由最高法院依據最高法院判例選編及變更實施要點第九點規定以

（91）台資字第00630號公告之。不再援用理由：公司法第16條第2項已明定公司負責人應自負保證責任，本則判例不再援用。

◎被上訴人公司非以保證為業務，其負責人違反公司法第23條之規定，以公司名義為保證，依司法院釋字第59號解釋，其保證行為應屬無效，則上訴人除因該負責人無權代理所為之法律行為而受損害時，得依民法第110條之規定請求賠償外，並無仍依原契約，主張應由被上訴人負其保證責任之餘地。（48台上1919）備註：**本則判例於91年9月3日經最高法院91年度第10次民事庭會議決議不再援用，並於91年9月30日由最高法院依據最高法院判例選編及變更實施要點第九點規定以（91）台資字第00630號公告之。不再援用理由：公司法第16條第2項已明定公司負責人應自負保證責任，本則判例不再援用。**

◎無權代理人責任之法律上根據如何，見解不一，而依通說，無權代理人之責任，係直接基於民法之規定而發生之特別責任，並不以無權代理人有故意或過失為其要件，係屬於所謂原因責任、結果責任或無過失責任之一種，而非基於侵權行為之損害賠償。故無權代理人縱使證明其無故意或過失，亦無從免責，是項請求權之消滅時效，在民法既無特別規定，則以民法第125條第1項所定十五年期間內應得行使，要無民法第197條第1項短期時效之適用，上訴人既未能證明被上訴人知悉其無代理權，則雖被上訴人因過失而不知上訴人無代理權，上訴人仍應負其責任。（56台上305）

第六節 無效及撤銷

> **第111條　（一部無效之效力）**
> 法律行為之一部分無效者，全部皆為無效。但除去該部分亦可成立者，則其他部分，仍為有效。

◎典權為數人所準共有者，出典人僅就共有人中一人之應有部分，向該共有人回贖，得其同意時，依民法第831條、第819條第1項規定固應認為有效，惟出典人向共有人中之一人回贖全部者，雖該共有人之同意，依民法第111條之規定，亦屬全部無效。本件典權係上訴人所準共有，被上訴人僅向上訴人甲一人為全部回贖，如果未得上訴人乙之同意，而上訴人甲與被上訴人間又無專就上訴人甲應有部分成立回贖行為之意思，依照上開規定，其回贖自屬全部無效。（32上168）

◎無效之行為在法律行為當時即已確定不生效力，與得撤銷之行為須經撤銷權人之撤銷始失其效力者，顯有不同。（32上671）

◎無效之行為在法律行為當時已確定不生效力，即不得依據此項行為主張取得任何權利。（33上506）

◎民法第111條但書之規定，非謂凡遇給付可分之場合，均有其適用。尚須綜合法律行為全部之旨趣，當事人訂約時之真意、交易之習慣、其他具體情事，並本於誠信原則予以斟酌後，認為使其他部分發生效力，並不違反雙方當事人之目的者，始足當之。（75台上1261）

第112條　（無效行為之轉換）

無效之法律行為，若具備他法律行為之要件，並因其情形，可認當事人若知
其無效，即欲為他法律行為者，其他法律行為，仍為有效。

第113條　（無效行為當事人之責任）

無效法律行為之當事人，於行為當時知其無效或可得而知者，應負回復原狀
或損害賠償之責任。

◎契約無效，乃法律上當然且確定的不生效力，其當事人於行為當時，知其無效或可得而
知者，應負回復原狀或損害賠償之責任。至契約之解除，乃就現已存在之契約關係而以
溯及的除去契約為目的，於契約解除時，當事人雙方均有回復原狀之義務，故契約無效
與契約解除，性質上並不相同。（49台上1597）

◎上訴人間之設定抵押權及買賣土地行為，如確屬無效，被上訴人原非不得依據民法第
242條及第113條之規定，代位行使上訴人某之回復原狀請求權，以保全其債權，惟此項
回復原狀請求權，與刑事訴訟法第487條之回復損害請求權有別，不容被上訴人依附帶
民事訴訟程序，行使其回復原狀請求權。（59台上2556）

◎損害賠償之方法，以回復原狀為原則，金錢賠償為例外，故損害發生之後，如有回復原
狀之可能，受害人請求加害人賠償，應先請求為狀之回復，倘非法律另有規定或契約
另有訂定，不得逕行請求金錢賠償。（60台上3051）*備註：本則判例於民國91年8月20
日經最高法院91年度第9次民事庭會議決議廢止，並於91年9月20日由最高法院依據最高
法院判例選編及變更實施要點第9點規定以（91）台資字第00603號公告之。廢止理由：
民法第213條增訂第3項，依同法債編施行法第12條規定有溯及效力，本則判例與增訂民
法第213條第3項規定之意旨不符，應予廢止。*

第114條　（撤銷之自始無效）

法律行為經撤銷者，視為自始無效。

當事人知其得撤銷，或可得而知者，其法律行為撤銷時，準用前條之規定。

第115條　（承認之溯及效力）

經承認之法律行為，如無特別訂定，溯及為法律行為時，發生效力。

第116條　（撤銷及承認之方法）

撤銷及承認，應以意思表示為之。

如相對人確定者，前項意思表示，應向相對人為之。

◎撤銷法律行為之意思表示，法律上並未限定其表示方法，無論其為明示或默示，均可發生效力。（29上1633）

◎撤銷和解契約之意思表示，本無一定方式。（32上1942）

◎意思表示之內容有錯誤或表示行為有錯誤者，唯表意人始得將其意思表示撤銷之，又有撤銷權人，欲撤銷其自己之意思表示或他人之法律行為者，除法律規定必須訴經法院為之者外，以意思表示為之為已足，勿庸提起形成之訴請求撤銷。（52台上836）

第117條　（同意或拒絕之方法）

法律行為，須得第三人之同意，始生效力者，其同意或拒絕，得向當事人之一方為之。

第118條　（無權處分）

無權利人就權利標的物所為之處分，經有權利人之承認始生效力。

無權利人就權利標的物為處分後，取得其權利者，其處分自始有效。但原權利人或第三人已取得之利益，不因此而受影響。

前項情形，若數處分相牴觸時，以其最初之處分為有效。

◎負扶養義務者指定一定之膳產，由受扶養權利者自行收益以資養贍時，其所有權既不移轉於受扶養權利者，即不容受扶養權利者擅行處分。（22上3078）

◎無權利人就權利標的之物為處分時，如其行為合於侵權行為成立要件，雖其處分已經有權利人之承認而生效力，亦不得謂有權利人之承認，當然含有免除處分人賠償責任之意思表示。（23上2510）

◎處分官產之行政公署，誤認人民所有之土地為官產以之標賣與人，其不生物權移轉之效力，與私人之處分他人所有物無異。故人民以行政公署之處分無效為原因，提起確認所有權存在之訴，不得謂非屬於普通法院權限之民事訴訟。（27上433）

◎無權利人就權利標的之物為處分後，因繼承或其他原因取得其權利者，其處分為有效，民法第118條第2項定有明文。無權利人就權利標的之物為處分後，權利人繼承無權利人者，其處分是否有效，雖無明文規定，然在繼承人就被繼承人之債務負無限責任時，實具有同一之法律理由，自應由此類推解釋，認其處分為有效。（29上1405）

◎(二)出典人將典物之所有權讓與他人時，如典權人聲明提出同一之價額留買者，出典人非有正當理由不得拒絕，因為民法第919條所規定，惟此僅為典權人與出典人間之權利義務關係，出典人違反此項義務而將典物之所有權讓與他人時，典權人僅得向出典人請求賠償損害，不得主張他人受讓典物所有權之契約為無效，故出典人於其讓與典物所有權於他人之契約已生效力後，復以之讓與典權人時，即係無權利人所為之處分，非經該他人之承認不生效力。（29上20）備註：本則判例(二)於91年9月3日經最高法院91年度第10次民事庭會議決議不再援用，並於91年9月30日由最高法院依據最高法院判例選編及變更實施要點第九點規定以（91）台資字第00630號公告之。不再援用理由：本則判

例論點與現行土地法第104條第2項之規定牴觸。

◎無權利人就權利標的物所為之處分，經有權利人之承認始生效力，在民法第118條第1項設有明文，是無權利人得權利人之同意後，就權利標的物所為之處分，應認為有效，自不待言。（30上344）

◎被上訴人甲於丙生前，將丙之田產讓與於被上訴人乙為業，縱令當時係無權處分，但其後甲已因繼承丙之遺產，而取得此項田產之所有權，依民法第118條第2項之規定，其處分即屬自始有效。（31上2898）

◎私人捐助於會館之財產，其所有權即不屬於該私人而屬於會館，該私人之後裔，不得以原所有人之資格任意處分。（33上4682）

◎民法第118條第1項所謂有權利人之承認，無須踐行一定之方式，如有權利人就此有明示或默示之意思表示，雖未以書面為之，亦無妨於承認效力之發生。（33上6950）

◎系爭房屋就令如上訴人所稱，係因上訴人出國往加拿大經商，故僅交其母某氏保管自行收益以資養贍，並未授與處分權，但某氏既在上訴人提起本件訴訟之前死亡，上訴人又為某氏之概括繼承人，對於某氏之債務原負無限責任，以民法第118條第2項之規定類推解釋，應認某氏就該房屋與被上訴人訂立之買賣契約為有效，上訴人仍負使被上訴人取得該房屋所有權之義務，自不得藉口某氏無權處分，請求確認該房屋所有權仍屬於己，並命上訴人回復原狀。（39台上105）

第五章　期日及期間

> **第119條**　（本章之適用範圍）
>
> 法令、審判或法律行為所定之期日及期間，除有特別訂定外，其計算依本章之規定。

☆訴願法第47條第3項準用行政訴訟法第73條，關於寄存送達於依法送達完畢時，即生送達效力部分，尚與憲法第16條保障人民訴願及訴訟權之意旨無違。（98釋667）

◎票據法對於如何計算期間之方法別無規定，仍應適用民法第119條、第120條第2項不算入始日之規定。（53台上1080）備註：本則判例於民國95年12月19日經最高法院95年度第18次民事庭會議決議修正廢止理由，並於96年1月22日由最高法院依據最高法院判例選編及變更實施要點第9點規定以台資字第0960000067號公告之。決定：本則判例廢止之理由修正為「票據法對於如何計算期間之方法並非全無規定（例如票據法第68條），本則判例應予廢止。」備註：本則判例於民國91年9月3日經最高法院91年度第10次民事庭會議決議廢止，並於91年9月30日由最高法院依據最高法院判例選編及變更實施要點第9點規定以（91）台資字第00630號公告之。廢止理由：票據法對於期間之起算，始日是否算入，已有明文規定，本則判例應予廢止。

◎本件第一審之第一次言詞辯論期日通知書、及起訴狀繕本，係於68年9月3日送達於被上訴人，按法令，審判或法律行為所定之期日或期間，其計算依民法之規定，以日定期間者，其始日不算入，並以期間末日之終止，為期間之終止，民法第119條，第120條第2項，第121條第1項分別定有明文。則自送達之翌日即9月4日起算，至9月13日止始滿十

日，第一審係定於68年9月13日行言詞辯論，即屬違背關於十日就審期間之規定。其准由上訴人一造辯論而為判決，訴訟程序自有重大之瑕疵。（69台上1522）

第120條　（期間之起算點）

以時定期間者，即時起算。

以日、星期、月或年定期間者，其始日不算入。

◎民法第924條但書所定30年之期間，雖出典後曾有加典情事，仍應從出典之翌日起算。（21上234）

◎（53台上1080）參見本法第119條

第121條　（期間之終止點）

以日、星期、月或年定期間者，以期間末日之終止，為期間之終止。

期間不以星期、月或年之始日起算者，以最後之星期、月或年與起算日相當日之前一日，為期間之末日。但以月或年定期間，於最後之月，無相當日者，以其月之末日，為期間之末日。

第122條　（期間終止點之延長）

於一定期日或期間內，應為意思表示或給付者，其期日或期間之末日，為星期日、紀念日或其他休息日時，以其休息日之次日代之。

◎期間之末日為星期日，紀念日或其他休息日時，以其休息日之次日代之，民事訴訟法第161條及民法第122條定有明文，是休息日在期間中而非期間之末日者，自不得予以扣除。（30抗287）

◎法院書記官未經審判長或受命推事、受託推事之許可，於星期日或其他休息日或日出前、日沒後為送達，而應受送達人不拒絕領收者，仍生送達之效力，此觀民事訴訟法第140條第1項但書之規定自明。本件抗告人與相對人清償債務事件，經第一審法院將其判決書，於民國53年11月1日，送達於其收受送達權限之訴訟代理人收受，有送達證書附卷可稽，該日雖為星期日，但既未拒絕收領，其送達即屬合法，不生民法第122條以次日代送達日之問題。（54台抗128）

◎再抗告人因與陳某等聲請撤銷假處分事件，於58年11月5日收受第一審法院裁定，算至同月15日屆滿十日，惟該11月15日為星期6，下午各機關均休息不辦公，16日為星期日，於扣除一日半後，算至同月17日上午抗告期間始行屆滿，再抗告人係於58年11月17日上午提出抗告書狀於第一審法院，顯未逾十日之不變期間。（59台抗230）

第123條 （曆定計算法）

稱月或年者，依曆計算。

月或年，非連續計算者，每月為三十日。每年為三百六十五日。

第124條 （年齡計算法）

年齡，自出生之日起算。

出生之月日，無從確定時，推定其為七月一日出生。知其出生之月，而不知其出生之日者，推定其為該月十五日出生。

第六章　消滅時效

第125條 （一般期間）

請求權，因十五年間不行使而消滅。但法律所定期間較短者，依其規定。

☆解釋文：依法應予發還當事人各種案款，經傳案及限期通告後仍無人具領者，依本院院解字第3239號解釋，固應由法院保管設法發還。惟此項取回提存物之請求權提存法既未設有規定，自應受民法第125條消滅時效規定之限制。（43釋39）

☆已登記不動產所有人之回復請求權，無民法第125條消滅時效規定之適用。（54釋107）

☆解釋文：本院釋字第39號解釋所謂之提存，不包括債務人為債權人依民法第326條所為之清償提存在內。惟清償提存人如依法得取回其提存物時，自仍有民法第125條規定之適用。（61釋132）

☆解釋文：已登記不動產所有人之除去妨害請求權，不在本院釋字第107號解釋範圍之內，但依其性質，亦無民法第125條消滅時效規定之適用。（69釋164）

△執行名義上債權人所有之請求權，雖已罹時效而消滅，執行法院仍應依債權人之聲請，予以執行，惟債務人得主張時效，提起執行異議之訴。（25院1498）

◎請求權如於民法總則施行時，依民法總則之規定，消滅時效業已完成，而其完成後至總則施行時，雖尚未逾民法總則所定時效期間二分之一者，亦僅得於民法總則施行後一年內行使請求權，若在總則施行後已逾一年者，則其請求權自應消滅而不許其行使。（20抗278）

◎民法第770條所定之取得時效，不以原所有人之所有物返還請求權消滅時效業已完成為要件，取得時效完成時，原所有人即喪失其所有權，其所有物返還請求權，當然隨之消滅，自不得更以消滅時效尚未完成請求返還。（22上2428）備註：**本則判例於91年9月3日經最高法院91年度第10次民事庭會議決議不再援用，並於91年9月30日由最高法院依據最高法院判例選編及變更實施要點第九點規定以（91）台資字第00630號公告之。廢止理由：本則判例與60年台上字第1677號判例意旨相反，應予廢止。**

◎民法所定之消滅時效，僅以請求權為其客體，故就形成權所定之存續期間，並無時效之性質。契約解除權為形成權之一種，民法第365條第1項所定六個月之解除權存續期間，

自屬無時效性質之法定期間。（22上716）

◎民法第125條所稱之請求權，包含所有物返還請求權在內，此項請求權之消滅時效完成後，雖占有人之取得時效尚未完成，占有人亦得拒絕返還。（28上2301）

◎共有物分割請求權為分割共有物之權利，非請求他共有人同為分割行為之權利，其性質為形成權之一種並非請求權，民法第125條所謂請求權，自不包含共有物分割請求權在內。（29上1529）

◎民法第197條第2項之不當得利返還請求權，依同法第125條之規定，因十五年間不行使而消滅。（29上1615）

◎票據之出立不問其原因如何，其權利義務應依票據法之規定，貨款債權既因票據之出立而不存在，自不能再以貨款請求權消滅時效業已完成為抗辯，至票據上之權利，對支票發票人雖因一年間不行使而消滅，但執票人對於發票人於其所受利益之限度，仍得請求償還，為票據法第19條第4項所明定。被上訴人即執票人對於上訴人即發票人，於其所受利益之限度之償還請求權，並未經過民法第125條所定十五年之期間，固仍得合法行使。（37上8154）**備註：本則判例於91年9月3日經最高法院91年度第10次民事庭會議決議不再援用，並於91年9月30日由最高法院依據最高法院判例選編及變更實施要點第九點規定以（91）台資字第00630號公告之。不再援用理由：本則判例第一句「票據之出立不問其原因如何」及第三句「貨款債權既因票據之出立而不存在」之用語不夠周延。**

◎不動產所有權之回復請求權，應適用民法第125條關於消滅時效之規定，故所有人未經登記之不動產，自被他人占有而得請求回復之時起，已滿十五年尚未請求者，不問占有人之取得時效已否完成，而因消滅時效之完成即不得為回復之請求。（40台上258）

◎共有人就其應有分登記為他共有人所有後，而仍保留應有分返還請求權者，自為民法第125條所謂請求權之一種，應依該條規定因十五年間不行使而消滅。至本院29年上字第1529號判例，所謂共有人請求分割共有物之權利為形成權，無消滅時效規定之適用，當以其應有分之所有權存在為其必要條件，若共有人就其應有分已登記為他共有人所有，而其保留之應有分返還請求權又因時效完成而消滅，則該共有人就原有共有物已無共有之關係，自無分割之可言，此與上述判例之情形自屬不同。（40台上779）

◎原所有人於民法施行台灣時，既經過十五年消滅時效之期限，並逾此期間二分之一，縱令當時日本民法並無物上請求權消滅時效之規定，但依民法總則施行法第16條其原所有人之物上請求權，早因時效完成而消滅。被上訴人於原所有人經過消滅時效期間並逾期間二分之一後，始向之買受訟爭基地，並為所有權移轉之登記，則上訴人以此為抗辯拒絕返還，殊難謂非正當。（40台上900）

◎因侵權行為受利益致被害人受損害時，依法被害人固有損害賠償請求權，與不當得利返還請求權，其損害賠償請求權雖因時效而消滅，而其不當得利返還請求權，在同法第125條之消滅時效完成前，仍得行使之。（41台上871）

◎民法第125條所稱之請求權，包括所有物返還請求權在內，此項請求權之消滅時效完成後，雖占有人之取得時效尚未完成，占有人亦得拒絕返還，該條祇規定請求權因十五年間不行使而消滅，對於所有物返還請求權既無特別規定，則不動產所有物返還請求權之消滅時效，自不以該不動產未經登記為其適用要件，此與民法第769條、第770條所規定之取得時效，須限於占有他人未登記之不動產之情形迥然不同。（42台上786）**備註：**

本則判例於**91年9月3日**經最高法院**91年度第10次**民事庭會議決議不再援用，並於**91年9月30日**由最高法院依據最高法院判例選編及變更實施要點第九點規定以（**91**）台資字第**00630號**公告之。不再援用理由：本則判例意旨部分與司法院大法官會議釋字第**107號**解釋相抵觸，不再援用。

◎民法第125條之請求權消滅時效，自請求權可行使時起算，同法第128條定有明文。被上訴人占有系爭土地之原因，縱如原審所認，係由上訴人之承租人某乙及某丙之先後轉租，而在各該承租人與上訴人間之租賃契約終止租賃關係消滅前，上訴人之租賃物返還請求權，仍難謂已可行使而在得為起算之列。（45台上1378）

◎請求權因十五年間不行使而消滅，固為民法第125條所明定，然其請求權若著重於身分關係者，即無該條之適用（例如因夫妻關係而生之同居請求權）。履行婚約請求權，純係身分關係之請求權，自無時效消滅之可言。（48台上1050）

◎短期時效，因受確定判決而中斷後重新起算時，在外國法律有定為延長時效期間至一般長期時效之期間者（德民218條，日民174條之2）；我國民法就此既無明文規定，則計算時效，仍應依權利之性質定其長短，不因裁判上之確定而變更。（49台上1956）備註：本則判例於91年9月3日經最高法院91年度第10次民事庭會議決議不再援用，並於91年9月30日由最高法院依據最高法院判例選編及變更實施要點第九點規定以（91）台資字第00630號公告之。不再援用理由：本則判例因為法律修正應不再援用。

◎政府依實施耕者有其田條例規定，徵收私有耕地，係屬原始取得，觀同條例第18條對於耕地徵收後，就原設定之他項權利定有各種處理之辦法益明。上訴人占有之系爭地，既在政府徵收之範圍，則徵收後新取得所有權之被上訴人，就其所有物被侵奪行使回復請求權之期間，自應從徵收時起算，其提起本件訴訟回溯至徵收時並未逾十五年，上訴人以已罹於消滅時效為拒絕還地之論據，殊難認為正當。（51台上3257）註：**實施耕者有其田條例民國82年7月30日廢止。**

◎被上訴人主張上訴人（三灣鄉農會職員）因離職移交未清而請求給付之款項，除合於侵權行為，得行使損害賠償請求權外，其基本之法律關係，乃為委任契約返還處理事務所收取金錢之請求權（民法第541條第1項），上訴人雖主張損害賠償之請求權消滅時效已完成，而基於委任契約所生之上開請求權，顯未逾民法第125條之時效期間。（52台上188）

◎請求權時效期間為十五年，但法律所定期間較短者，依其規定（民法第125條），故時效期間僅有較十五年為短者，而無超過十五年者，至於民法第145條第1項，係就請求權罹於時效消滅後，債權人仍得就其抵押物、質物或留置物取償而為規定，同法第880條，係抵押權因除斥期間而消滅之規定，均非謂有抵押權擔保之請求權，其時效期間較十五年為長。（53台上1391）

◎無權代理人責任之法律上根據如何，見解不一，而依通說，無權代理人之責任，係直接基於民法之規定而發生之特別責任，並不以無權代理人有故意或過失為其要件，係屬於所謂原因責任、結果責任或無過失責任之一種，而非基於侵權行為之損害賠償。故無權代理人縱使證明其無故意或過失，亦無從免責，是項請求權之消滅時效，在民法既無特別規定，則以民法第125條第1項所定十五年期間內應得行使，要無民法第197條第1項短期時效之適用，上訴人既未能證明被上訴人知悉其無代理權，則雖被上訴人因過失而不

知上訴人無代理權，上訴人仍應負其責任。（56台上305）

◎不動產所有權之回復請求權，應適用民法第125條關於消滅時效之規定，早經司法院28年院字第1833號著有解釋，降及54年始以釋字第107號補充解釋，謂已登記不動產所有人之回復請求權，無民法第125條消滅時效規定之適用，此項補充解釋，當然自解釋之翌日起生效，不能溯及既往，是原確定判決依當時有效之司法院院字第1833號解釋所為判斷，要無若何違法之可言。（59台再39）

◎被上訴人依土地法第102條之規定，請求上訴人協同為地上權設定登記，此項請求權，仍有民法第125條消滅時效規定之適用。（62台上3012）

◎本院50年台上字第2868號判例係指拋棄時效利益之人，不得對於已拋棄之時效利益再行主張，但不禁止債務人主張自拋棄時效利益後重行起算之新時效利益。（64台再164）

◎司法院大法官會議釋字第107號解釋係就物上回復請求權而言，與登記請求權無涉。共有人成立不動產協議分割契約後，其分得部分所有權移轉請求權，乃係請求履行協議分割契約之權利，自有民法第125條消滅時效規定之適用。（67台上2647）

◎土地法第102條所定請求協同辦理地上權設定登記之請求權，有民法第125條所定消滅時效之適用，其請求權時效應自基地租賃契約成立時起算。（68台上1627）

◎司法院大法官會議釋字第107號解釋所謂已登記之不動產，無消滅時效之適用，其登記應係指依吾國法令所為之登記而言。系爭土地如尚未依吾國法令登記為被上訴人所有，而登記為國有後，迄今已經過十五年，被上訴人請求塗銷此項國有登記，上訴人既有時效完成拒絕給付之抗辯，被上訴人之請求，自屬無從准許。（70台上311）

◎就債之履行有利害關係之第三人為清償後，依民法第312條規定，以自己之名義所代位行使者，係債權人之權利，而非第三人之求償權。第三人之求償權雖於代為清償時發生，但第三人以自己之名義代位行使債權人之權利時，其請求權是否罹於時效而消滅，應以債權人之請求權為準。（77台上2215）備註：本則判例於民國91年8月20日經最高法院91年度第9次民事庭會議決議不再援用，並於91年9月20日由最高法院依據最高法院判例選編及變更實施要點第9點規定以（91）台資字第00603號公告之。不再援用理由：本則判例所稱「清償代位」與現行民法第312條前段所定「第三人於其清償之限度內承受債權人之權利」不符。

◎按消滅時效完成，僅債務人取得拒絕履行之抗辯權，得執以拒絕給付而已，其原有之法律關係並不因而消滅。在土地買賣之情形，倘出賣人已交付土地與買受人，雖買受人之所有權移轉登記請求權之消滅時效已完成，惟其占有土地既係出賣人本於買賣之法律關係所交付，即具有正當權源，原出賣人自不得認係無權占有而請求返還。（85台上389）

第126條　（五年之特別期間）

利息、紅利、租金、贍養費、退職金、及其他一年或不及一年之定期給付債權，其各期給付請求權，因五年間不行使而消滅。

△民法第126條所載其他一年或不及一年之定期給付債權，係指與利息等同一性質之債權而言。至普通債權之定有給付期間，或以一債權而分作數期給付者，不包括在內。（24

院1227）

△民法第126條所載其他一年或不及一年之定期給付債權，係指與利息等同性質之債權而言，故其請求權因五年間不行使而消滅，至第229條內稱給付有確定期限之債權，乃為普通債權定有期限者之一種，二者性質迥不相同（參照院字第1222號解釋）。（24院1331）

△股東對於公司每年應分派之股息紅利，如於接受公司通知後，有積欠不來領取，或自變更住址，未照章報明公司，致公司通知無從送達，均屬自己之過失，若從可行使請求權之日起，業已經過五年不為請求，依民法第126條之規定，應認其請求權已因時效而消滅，其在五年之後更為請求，即可拒絕給付。至拒絕給付所得之利益，當然屬於公司財產。（25院1476）

◎民法第126條所謂一年或不及一年之定期給付債權，係指基於一定法律關係，因每次一年以下期間之經過順次發生之債權而言，其清償期在一年以內之債權，係一時發生且因一次之給付即消滅者，不包含在內。（28上605）

◎租金之請求權因五年間不行使而消滅，既為民法第126條所明定，至於終止租約後之賠償與其他無租賃契約關係之賠償，名稱雖與租金異，然實質上仍為使用土地之代價，債權人應同樣按時收取，不因其契約終止或未成立而謂其時效之計算應有不同。（49台上1730）

◎一年或不及一年之定期給付債權，其各期給付請求權因五年間不行使而消滅，為民法第126條所明定，凡屬上項定期給付債權，即有該條之適用，無庸當事人就此有所約定，且不得預先拋棄時效之利益。（50台上1960）

第127條 （二年之特別期間）

左列各款請求權，因二年間不行使而消滅：

一 旅客、飲食店及娛樂場之住宿費、飲食費、座費、消費物之代價及其墊款。

二 運送費及運送人所墊之款。

三 以租賃動產為營業者之租價。

四 醫生、藥師、看護生之診費、藥費、報酬及其墊款。

五 律師、會計師、公證人之報酬及其墊款。

六 律師、會計師、公證人所收當事人物件之交還。

七 技師、承攬人之報酬及其墊款。

八 商人、製造人、手工業人所供給之商品及產物之代價。

◎債權之讓與不過變更債權之主體，該債權之性質仍不因此有所變更，故因債權之性質所定之短期消滅時效，在債權之受讓人亦當受其適用。本件被上訴人向某甲受讓之債權，既為商人供給商品之代價請求權，則民法第127條第8款之規定，當然在適用之列。（26渝上1219）。

◎上訴人開設某商號以供給農民豆餅肥料為其營業，其所供給被上訴人豆餅肥料之代價請

求權，自不得謂非民法第127條第8款所列之請求權，縱令此項代價，約明俟農產物收穫時附加利息償還，亦仍不失其商品代價請求權之性質，不能據以此即謂係以貨物折算金錢而為借貸，上訴人主張該貨款為借貸性質並非商品代價，原審認為不當，於法並無不合。（29上1195）

◎民法第127條第8款之請求權，僅指商人，製造人，手工業人所供給之商品及產物之代價請求權而言，不包含交付出賣標的物之請求權在內，關於交付出賣標的物請求權之消滅時效，仍應適用同法第125條之規定。（31上1205）

◎民法第127條第8款所定，商人、製造人、手工業人所供給之商品及產物之代價，係指商人就其所供給之商品及製造人、手工業人就其所供給之產物之代價而言，蓋此項代價債權多發生於日常頻繁之交易，故賦與較短之時效期間以促從速確定，若以商品或產物為標的之債，其債權人既不必為商人、製造人或手工業人，即因此所生之請求權與一般之請求權無異，自應適用一般之長期時效規定，而不包括於本款所定短期時效之內。（39台上1155）

◎民法第127條第8款之請求權，僅指商人、製造人、手工業人所供給之商品及產物之代價請求權而言，不包含交付出賣標的物之請求權在內，關於交付出賣標的物請求權之消滅時效，仍應適用第125條之規定。被上訴人於民國37年向上訴人之故父訂購土磚二萬7千個，除已交外，尚欠20970個，因之請求交付，自非法所不許，茲上訴人執民法第127條第8款為抗辯，謂被上訴人之請求權已因二年間不行使而消滅，非有理由。（41台上559）

◎民法第127條第2款運送費及運送人所墊之款之請求權，因二年間不行使而消滅，法律所以對於此項時效特別短促，係以從速解決為宜。至於所謂延滯費，並非因債務不履行而生之損害賠償，而為對於運送人就運送契約上約定以外所為給付之報酬，依一般之慣例，係以運送費為標準定之名稱，雖與運送費異，然實質上仍為運送之對價，不因其為對於運送契約上約定以外所為給付之對價，而謂其時效之計算應有不同，自應解為包括於民法第127條第2款所定短期時效之內，而不應適用一般之長期時效規定。（49台上2620）

◎民法第127條第2款載：運送費及運送人所墊之款之請求權，因二年間不行使而消滅，法律所以對此特定短期時效，旨在從速解決，而所謂延滯費，並非因債務不履行而生之損害賠償，而為對於運送人就運送契約上約定以外所為給付之報酬，名稱雖與運送費異，實質上仍為運送之對價，不因其為對於運送契約上約定以外所為給付之對價，而謂其時效之計算應有不同，自應解為包括於民法第127條第2款所定短期時效之內，而不應適用一般之長期時效。（51台上1940）

◎民法第127條第8款所定之商人、製造人、手工業人所供給之商品及產物之代價，係指商人就其所供給之商品及製造人、手工業人就其所供給之產物之代價而言。本件上訴人係將其發行之報紙，委託被上訴人代為分銷，分銷所得之價款按期繳納，此項基於委任關係所生之債，與商人、製造人、手工業人所供給之商品及產物之代價有別，不能謂有民法第127條第8款之適用。（51台上294）

◎民法第127條第8款規定之商品代價請求權，係指商人自己供給商品之代價之請求權而言。上訴人因清償被上訴人墊付之貨款所簽付之支票，既未能兌現，被上訴人遂仍請求

上訴人償還伊所墊付之貨款，即與商人請求其自己供給商品之代價不同，被上訴人之請求權自應適用民法第125條所規定之長期時效。（62台上1381）

第128條 （消滅時效之起算點）

消滅時效，自請求權可行使時起算。以不行為為目的之請求權，自為行為時起算。

◎債權未定清償期者，債權人得隨時請求清償，為民法第315條所明定，是此項請求權自債權成立時即可行使，依民法第128條之規定，其消滅時效，應自債權成立時起算。（28上1760）

◎請求權定有清償期者，自期限屆滿時起即可行使，依民法第128條之規定，其消滅時效應自期限屆滿時起算。（29上1489）

◎出租人對於承租人返還租賃物之請求權，其消滅時效應自租賃關係消滅時起算。（33上3541）

◎民法第125條所稱之請求權，固包含所有物返還請求權在內，惟依同法第128條消滅時效，自請求權可行使時起算之規定，所有物返還請求權之消滅時效，應自該所有物經相對人實行占有之時起算。原審以該物係經公同共有人私自將其出賣，即以買賣契約成立之日，為計算消滅時效之起點，尚難謂洽。（37上7367）

◎民法第125條之請求權消滅時效，自請求權可行使時起算，同法第128條定有明文。被上訴人占有系爭土地之原因，縱如原審所認，係由上訴人之承租人某乙及某丙之先後轉租，而在各該承租人與上訴人間之租賃契約終止租賃關係消滅前，上訴人之租賃物返還請求權，仍難謂已可行使而在得為起算之列。（45上1378）

◎人民在台灣省日據時期買受之土地，依當時日本民法第176條之規定，於雙方意思表示一致時，即生物權移轉之效力，並不以登記為生效要件，迨光復後，土地權利人祇須檢同證明文件，向地政機關聲請為所有權保存登記，而無須由原出賣人共同聲請為所有權移轉登記，其期間亦不以台灣光復之日為限，此觀土地法第51條、土地登記規則第18條及第54條之規定自明。若原出賣人或其繼承人，於台灣光復前業已喪失所有權之土地，至光復後，乘真正權利人尚未辦理登記之機會，仍聲請登記為所有人，致真正權利人無從依上開各規定單獨聲請登記，而不得不求命登記名義人共同聲請登記，是此項請求權縱應適用消滅時效之規定，亦祇應從原出賣人或其繼承人登記之日起算，而不應從台灣光復之日起算。（52台上1925）

◎民法第260條規定解除權之行使，不妨礙損害賠償之請求，據此規定，債權人解除契約時，得併行請求損害賠償，惟其請求損害賠償，並非另因契約解除所生之新賠償請求權，乃使因債務不履行（給付不能或給付遲延）所生之舊賠償請求權，不因解除失其存在，仍得請求而已，故其賠償範圍，應依一般損害賠償之法則，即民法第260條定之。其損害賠償請求權，自債務不履行時起即可行使，其消滅時效，亦自該請求權可行使時起算。（55台上1188）

◎民法第128條規定，消滅時效自請求權可行使時起算，所謂請求權可行使時，乃指權利人得行使請求權之狀態而言。至於義務人實際上能否為給付，則非所問。（63台上

1885）

◎信託契約成立後，得終止時而不終止，並非其信託關係當然消滅。上訴人亦必待信託關係消滅後，始得請求返還信託財產。故信託財產之返還請求權消滅時效，應自信託關係消滅時起算。（67台上507）

第129條　（消滅時效中斷之事由）

消滅時效，因左列事由而中斷：

一　請求。

二　承認。

三　起訴。

左列事項，與起訴有同一效力：

一　依督促程序，聲請發支付命令。

二　聲請調解或提付仲裁。

三　申報和解債權或破產債權。

四　告知訴訟。

五　開始執行行為或聲請強制執行。

◎(一)為民法第129條第1項第1款所稱之請求，雖無需何種之方式，要必債權人對於債務人發表請求履行債務之意思，方能認為請求。(二)民法第129條第1項第2款所稱之承認，為認識他方請求權存在之觀念表示，僅因債務人之一方行為而成立，無須得他方之同意，此與民法第144條第2項後段所稱之承認，須以契約為之者，其性質迥不相同。(三)債務人就其債務支付利息，實為包含認識他方原本請求權存在之表示行為，自應解為對於原本請求權已有默示之承認。（26鄂上32）

◎以支付金錢為標的之債務，債務人因無金錢清償，將所有之田交債權人收取租金抵償利息，自係對於債權人承認請求權存在之表示，依民法第129條第1項第2款之規定，該請求權之消滅時效即因而中斷。（38台上2370）

◎耕地三七五減租條例所定之調解調處，與民法第129條第2項第2款所稱之和解，尚屬相當。（48台上722）

◎民法第129條第1項第1款所謂請求，係指於該條其他各款情形以外，債權人對於債務人請求履行債務之催告而言，其因和解而傳喚，該條第2項第2款已有特別規定，自不得以請求視之。又民法第129條第2項第2款所謂因和解而傳喚，原指依前民事訴訟律及民事訴訟條例所定，當事人於起訴前聲請傳喚他造當事人試行和解，法院依其聲請而為傳喚者而言，其制度與現行民事訴訟法之調解相當，但不以依民事訴訟法規定之調解為限，故凡其他法令有聲請調解之規定者，亦應解為有該條之適用。（48台上936）

◎債務人對於時效完成後所為之承認，除債務人知時效之事實而為承認者，其承認可認為拋棄時效利益之默示意思表示外，本無中斷時效之可言。（49台上2620）

◎民法第129條第1項第2款所謂之承認，為認識他方請求權存在之觀念表示，僅因債務人一方行為而成立，此與民法第144條第2項後段所謂之承認，須以契約為之者，性質迥不

相同。又債務人於時效完成後所為之承認，固無中斷時效之可言，然既明知時效完成之事實而仍為承認行為，自屬拋棄時效利益之默示意思表示，且時效完成之利益，一經拋棄，即恢復時效完成前狀態，債務人顯不得再以時效業經完成拒絕給付。（50台上2868）

◎消滅時效因請求、承認、起訴而中斷。所謂承認，指義務人向請求權人表示是認其請求權存在之觀念通知而言，又承認不以明示為限，默示的承認，如請求緩期清償、支付利息等，亦有承認之效力。（51台上1216）

◎民法第129條第1項第1款所稱之請求，並無需何種之方式，祇債權人對債務人發表請求履行債務之意思即為已足。又訴之撤回，祇係原告於起訴後，表示不求法院判決之意思，故訴經撤回者，仍不妨認請求權人於提出訴狀於法院，並經送達之時，對義務人已為履行之請求，使其得於法定期內另行起訴，而保持中斷時效之效力。（51台上3500）

◎民法第129條第1項第3款所謂起訴，係指正當權利人對正當義務人為之者而言，故時效因起訴而中斷者，若因當事人不適格關係而受駁回之判決時，於其判決確定後，亦應視為不中斷。（51台上3624）

◎民法第129條第1項第1款所稱之請求，並無需何種之方式，祇債權人對債務人發表請求履行債務之意思即為已足，債權人為實現債權，對債務人聲請調解之聲請狀，如已送達於債務人，要難謂非發表請求之意思。（51台上490）

◎民法第129條第1項第2款所稱之承認，乃債務人向請求權人表示認識其請求權存在之觀念通知（26年鄂上字第32號判例參照），並非權利之行使，公同共有人之一人，出賣其共有物，於立買賣契約之初，果已得全體共有人之同意或授權，則其嗣後本於出賣人之地位所為之承認，自應使其發生時效中斷之效力。（61台上615）

◎時效因撤回起訴而視為不中斷者，仍應視為請求權人於提出訴狀於法院並經送達之時，已對義務人為履行之請求，如請求權人於法定六個月期間內另行起訴者，仍應視為時效於訴狀送達時中斷，然究應以訴狀送達時，時效尚未完成者為限，否則時效既於訴狀送達前已完成，即無復因請求而中斷之可言。（62台上2279）

◎上訴人所欠被上訴人貨款六萬元既以所得佣金三千元抵償其一部分，自係對被上訴人為請求權存在之承認，依民法第129條第1項第2款，被上訴人之請求權消滅時效即因而中斷。（63台上1948）

◎按時效因請求而中斷，若於請求後六個月內不起訴，視為不中斷，為民法第130條所明定。此之所謂起訴，對於已取得執行名義之債務，係指依同法第129條第2項第5款規定與起訴有同一效力之開始強制執行或聲請強制執行而言。換言之，即對於已取得執行名義之債務，若於請求後六個月內不開始強制執行，或不聲請強制執行，其時效視為不中斷。（67台上434）

◎依民法第747條規定，向主債務人請求履行及為其他中斷時效之行為，對於保證人亦生效力者，僅以債權人向主債務人所為請求、起訴或與起訴有同一效力之事項為限，若同法第129條第1項第2款規定之承認，性質上乃主債務人向債權人所為之行為，既非民法第747條所指債權人向主債務人所為中斷時效之行為，對於保證人自不生效力。（68台上1813）

◎民法第129條將請求與起訴併列為消滅時效之事由，可見涵義有所不同，前者係於訴訟

外行使其權利之意思表示，後者則為提起民事訴訟以行使權利之行為，本件被上訴人前提起刑事附帶民事訴訟，既因不合法而被駁回確定，依民法第131條之規定，其時效應視為不因起訴而中斷，依本院62年台上字第2279號判例意旨，雖可解為於上開起訴狀送達於上訴人時，視為被上訴人對之為履行之請求。仍應有民法第130條之適用，倘被上訴人於請求後六個月內不起訴，時效視為不中斷。（71台上1788）

◎消滅時效因承認而中斷，為民法第129條第1項第2款所明定，至同法第130條，係就因請求而中斷者為規定，原審於因承認而中斷之情形，亦予適用，自有適用法規不當之違法。（71台上3433）

第130條　（不起訴視為不中斷）
　時效因請求而中斷者，若於請求後六個月內不起訴，視為不中斷。

◎時效因撤回起訴而視為不中斷者，仍應視為請求權人於提出訴狀於法院並經送達之時，已對義務人為履行之請求，如請求權人於法定六個月期間內另行起訴者，仍應視為時效於訴狀送達時中斷，然究應以訴狀送達時，時效尚未完成者為限，否則時效既於訴狀送達前已完成，即無復因請求而中斷之可言。（62台上2279）

◎按時效因請求而中斷，若於請求後六個月內不起訴，視為不中斷，為民法第130條所明定。此之所謂起訴，對於已取得執行名義之債務，係指依同法第129條第2項第5款規定與起訴有同一效力之開始強制執行或聲請強制執行而言。換言之，即對於已取得執行名義之債務，若於請求後六個月內不開始強制執行，或不聲請強制執行，其時效視為不中斷。（67台上434）

◎民法第129條將請求與起訴併列為消滅時效之事由，可見涵義有所不同，前者係於訴訟外行使其權利之意思表示，後者則為提起民事訴訟以行使權利之行為，本件被上訴人前提起刑事附帶民事訴訟，既因不合法而被駁回確定，依民法第131條之規定，其時效應視為不因起訴而中斷，依本院62年台上字第2279號判例意旨，雖可解為於上開起訴狀送達於上訴人時，視為被上訴人對之為履行之請求。仍應有民法第130條之適用，倘被上訴人於請求後六個月內不起訴，時效視為不中斷。（71台上1788）

◎消滅時效因承認而中斷，為民法第129條第1項第2款所明定，至同法第130條，係就因請求而中斷者為規定，原審於因承認而中斷之情形，亦予適用，自有適用法規不當之違法。（71台上3433）

◎由民法第130條之規定而觀，時效因請求而中斷者，請求人苟欲保持中斷之效力，非於請求後六個月內起訴不可。如僅繼續不斷的為請求，而未於請求後六個月內起訴，其中斷之效力，即無由保持。（71台上3435）

第131條　（不因起訴而中斷之事由）
　時效因起訴而中斷者，若撤回其訴，或因不合法而受駁回之裁判，其裁判確定，視為不中斷。

◎民法第131條所謂時效因起訴中斷者，係僅指有請求權之人，以訴行使其請求權，其消滅時效因而中斷者而言。系爭土地雖經兩造因互易登記別一訴訟事件，上訴人受敗訴之判決確定在案，然起訴為原告者乃屬上訴人，而被上訴人僅係居於被告之地位，且未提起任何反訴，以行使該土地之返還請求權，即其返還請求權之消滅時效，自不因此而生中斷之效果。（46台上1173）

◎（62台上2279）參見本法第130條。

◎（71台上1788）參見本法第130條。

第132條　（不因送達支付命令而中斷之事由）

時效因聲請發支付命令而中斷者，若撤回聲請，或受駁回之裁判，或支付命令失其效力時，視為不中斷。

第133條　（不因聲請調解或提付仲裁而中斷之事由）

時效因聲請調解或提付仲裁而中斷者，若調解之聲請經撤回、被駁回、調解不成立或仲裁之請求經撤回、仲裁不能達成判斷時，視為不中斷。

第134條　（不因報明破產債權而中斷之事由）

時效因申報和解債權或破產債權而中斷者，若債權人撤回其申報時，視為不中斷。

第135條　（不因告知訴訟而中斷之事由）

時效因告知訴訟而中斷者，若於訴訟終結後，六個月內不起訴，視為不中斷。

第136條　（不因強制執行而中斷之事由）

時效因開始執行行為而中斷者，若因權利人之聲請，或法律上要件之欠缺而撤銷其執行處分時，視為不中斷。

時效因聲請強制執行而中斷者，若撤回其聲請，或其聲請被駁回時，視為不中斷。

第137條 （中斷之效力）

　　時效中斷者，自中斷之事由終止時，重行起算。

　　因起訴而中斷之時效，自受確定判決，或因其他方法訴訟終結時，重行起算。

　　經確定判決或其他與確定判決有同一效力之執行名義所確定之請求權，其原有消滅時效期間不滿五年者，因中斷而重行起算之時效期間為五年。

◎上訴人所欠被上訴人貨款六萬元既以所得佣金三千元抵償其一部分，自係對被上訴人為請求權存在之承認，依民法第129條第1項第2款，被上訴人之請求權消滅時效即因而中斷。（63台上1948）

第138條 （中斷之人的效力）

　　時效中斷，以當事人、繼承人、受讓人之間為限，始有效力。

◎時效中斷，限於當事人、繼承人、受讓人之間始有效力（民法第138條），故時效之中斷僅有相對的效力。所謂當事人者，係關於致時效中斷行為之人，故連帶債務人中之一人對債權人承認債務，對該債務人債權之消滅時效雖因而中斷，但對其他債務人，債權之消滅時效並不中斷。（56台上1112）

第139條 （不完成事由｜事變）

　　時效之期間終止時，因天災或其他不可避之事變，致不能中斷其時效者，自其妨礙事由消滅時起，一個月內，其時效不完成。

第140條 （不完成事由｜繼承人、管理人之未確定）

　　屬於繼承財產之權利，或對於繼承財產之權利，自繼承人確定或管理人選定，或破產之宣告時起，六個月內，其時效不完成。

◎所謂時效不完成，乃時效期間行將完成之際，有不能或難於中斷時效之事由，而使時效於該事由終止後一定期間內，暫緩完成，俾請求權人得於此一定期間內行使權利，以中斷時效之制度。故有時效不完成之事由時，於該時效不完成之一定期間內，如無時效中斷事由發生，其時效即告完成。我國民法僅有時效不完成制度，未採時效進行停止制度，故時效進行中，不論任何事由，均不因而停止。原審謂時效不完成，即指時效停止進行，有時效不完成之事由時，其消滅時效期間，以不完成事由發生前已進行之期間與不完成事由終止後又進行期間，合併計算之。所持見解，顯有違誤。（80台上2497）

第141條　（不完成事由｜法定代理人欠缺）

無行為能力人或限制行為能力人之權利，於時效期間終止前六個月內，若無法定代理人者，自其成為行為能力人，或其法定代理人就職時起，六個月內，其時效不完成。

第142條　（不完成事由｜法定代理關係消滅）

無行為能力人，或限制行為能力人，對於其法定代理人之權利，於代理關係消滅後一年內，其時效不完成。

第143條　（不完成事由｜婚姻關係消滅）

夫對於妻或妻對於夫之權利，於婚姻關係消滅後一年內，其時效不完成。

第144條　（時效完成之效力｜發生抗辯權）

時效完成後，債務人得拒絕給付。

請求權已經時效消滅，債務人仍為履行之給付者，不得以不知時效為理由，請求返還。其以契約承認該債務，或提出擔保者，亦同。

◎民法第144條第1項規定時效完成後，債務人得拒絕給付，是消滅時效完成之效力，不過發生拒絕給付之抗辯權，並非使請求權當然消滅，債務人若不行使其抗辯權，法院自不得以消滅時效業已完成，即認請求權已歸消滅。（29上1195）

◎民法第144條第1項之規定，於民法第1146條第2項所定，繼承回復請求權之消滅時效，亦有適用，故此項消滅時效完成後，非經回復，義務人以此為抗辯，法院不得據以裁判。（29上867）

◎當事人於言詞辯論時，就他造所為給付之請求為認諾者，即令該請求權之消滅時效已完成，亦應本於其認諾為該當事人敗訴之判決，不得再以言詞辯論終結前消滅時效之完成，為拒絕給付之理由。（30上473）

◎被上訴人在第一審起訴，縱已逾民法第1146條第2項所定之時效期間，但上訴人在原審並未以此為抗辯，原審未予置議，自不能謂為違法。（32上1992）

◎不當得利，須以無法律上之原因而受利益，致他人受損害為其成立要件，其因時效而取得權利，民法上既有明文規定，即與無法律上之原因而受利益之情形有別，不生不當得利之問題。（47台上303）

◎民法第129條第1項第2款所謂之承認，為認識他方請求權存在之觀念表示，僅因債務人一方行為而成立，此與民法第144條第2項後段所謂之承認，須以契約為之者，性質迴不相同。又債務人於時效完成後所為之承認，固無中斷時效之可言，然既明知時效完成之

事實而仍為承認行為，自屬拋棄時效利益之默示意思表示，且時效完成之利益，一經拋棄，即恢復時效完成前狀態，債務人顯不得再以時效業經完成拒絕給付。（50台上2868）

第145條　（時效完成之效力之例外）

以抵押權、質權或留置權擔保之請求權，雖經時效消滅，債權人仍得就其抵押物、質物或留置物取償。

前項規定，於利息及其他定期給付之各期給付請求權，經時效消滅者，不適用之。

◎請求權時效期間為十五年，但法律所定期間較短者，依其規定（民法第125條），故時效期間僅有較十五年為短者，而無超過十五年者，至於民法第145條第1項，係就請求權罹於時效消滅後，債權人仍得就其抵押物、質物或留置物取償而為規定，同法第880條，係抵押權因除斥期間而消滅之規定，均非謂有抵押權擔保之請求權，其時效期間較十五年為長。（53台上1391）

第146條　（時效完成之效力｜及於從權利）

主權利因時效消滅者，其效力及於從權利。但法律有特別規定者，不在此限。

第147條　（時效利益伸縮、拋棄之禁止）

時效期間，不得以法律行為加長或減短之。並不得預先拋棄時效之利益。

◎債務人於時效完成後所為之承認，固無中斷時效之可言，惟民法第147條僅就時效利益之預先拋棄加以禁止，則於時效完成後拋棄時效之利益，顯非法之所禁。債務人知時效完成之事實而為承認者，其承認自可認為拋棄時效利益之默示意思表示，時效完成之利益一經拋棄，即回復時效完成前之狀態，債務人不得再以時效業經完成拒絕給付。（26渝上353）

◎保險契約訂定，要保人未於拒絕賠償請求後三個月內起訴，其請求權即消滅者，依民法第147條及第71條之規定，自屬無效。（26鄂上357）

◎時效完成後，如拋棄時效之利益，應由因時效受利益之人，對於時效完成受不利益之當事人，以意思表示為之，再因時效受利益之人如屬多數，除有明文規定外，一人拋棄，其影響不及於他人。（52台上823）

◎時效利益之拋棄係處分行為之一種，公同共有人中一人未得全體共有人同意，向他人為拋棄時效利益之意思表示者，依法即非有效。（53台上2717）

第七章　權利之行使

> **第148條**　（權利濫用之禁止與誠信原則）
> 　權利之行使，不得違反公共利益，或以損害他人為主要目的。
> 　行使權利，履行義務，應依誠實及信用方法。

◎債權人甲與債務人乙成立和解契約，約明如乙依此次所定日期、數額如數付清，則全部債款作為清償，每期付款均應於午十二時前為之，嗣後乙已將第八期以前各期應付之款如數付清，其最後第九、第十兩期之款，應於上年十二月三十一日付清，是日乙因須以即期支票換取銀行本票始可付甲，而是日銀行業務紛忙致稽時間，送交甲處已十二時三十分，乙於是日上午十一時三十二分曾以電話致甲商緩數分鐘，甲雖未允緩三十分鐘，而乙之遲誤時間，按其情形非無可原，雙方之和解契約係因該地商業習慣，票據於下午二時送入銀行，須作為翌日所收之款，故特約明須於午十二時前付款，如甲於十二時三十分收款後即以之送入銀行，銀行仍可作為當日所收之款，於甲並無損失，乃甲以乙已遲延三十分鐘拒絕受領，主張乙應償還全部債款，其行使債權，實有背於誠實及信用方法，依民法第219條之規定，不能認為正當。（26滬上69）

◎行使債權，應依誠實及信用方法，民法第219條定有明文，上訴人支付被上訴人之租金，關於四百元之存摺部分，其存入數額如非不實，則縱使有用被上訴人委託之收租人某甲名義為存款人情事，被上訴人儘可轉囑某甲蓋章領取，亦於被上訴人並無損失，乃被上訴人竟以存款人非其本人名義，拒絕受領，並因而主張上訴人未於其所定催告期限內支付租金，應負積欠租金達二個月以上總額之責任，為終止系爭房屋租賃契約之理由，其行使債權，不得謂非違背誠實及信用方法。（43台上762）

◎出租人基於土地法第100條第3款承租人欠租之事由，並依民法第440條第1項規定，對於支付租金遲延之承租人，定相當期限催告其支付，承租人於其期限內不為支付者，固得終止契約，惟承租人曾於出租人所定之期限內，依債務本旨提出支付之租金，而因出租人或其他有代為受領權限之人拒絕受領，致未能如期完成時，尚難謂與上開條項所定情形相當。依民法第219條關於行使債權，應依誠實及信用方法之規定，出租人自不得執是為終止契約之理由。（43台上1143）

◎民法第148條係規定行使權利，不得以損害他人為主要目的，若當事人行使權利，雖足使他人喪失利益，而苟非以損害他人為主要目的，即不在該條所定範圍之內。出租人出售租賃物，因承租人出價過低，乃轉售他人，圖多得售價三四千元，其行為僅圖利己，要非以損害他人為主要目的，依上說明，顯無該條適用之餘地。（45台上105）

◎被上訴人於民國44年10月3日接受上訴人催告，限期三日支付積欠是年一月份至九月份租金後，即於同月五日將此項租金全部，向台灣台北地方法院提存所提存，並經上訴人受領，既為上訴人所不爭執，則上訴人受領被上訴人在催告期限內提存之租金，縱使被上訴人之提存，有不合法定要件情事，亦於上訴人無甚損害。依民法第219條關於行使債權，應依誠實及信用方法之規定，上訴人自不得僅以提存不合法定要件，為主張不生清償效力之論據。（45台上597）

◎耕地租約期滿時，如出租人有自耕能力，且其所有收益不足維持一家生活者，依法固得

主張收回自耕，但承租人倘因地被收回致家庭生活失所依據，亦非兩全之道，故法院為兼顧業佃利益起見，酌情命為一部收回一部續租之判決，仍非法所不許。（47台上732）

◎日據時期之信用組合與戰後之信用合作社，固可經營存款、放款及票據承兌業務，與銀行業之性質頗相近似，惟銀行業戰前存款、放款清償條例第一條第二項，既特別定明前項銀行業「包括中央儲蓄會及郵政儲金匯業局」字樣，可見信用合作社，非該條例所稱之銀行業，其在戰前貸放之款項不能依同條例第二條規定而為清償，祇能斟酌戰前戰後一切情形，秉誠實信用法則，以確定其應清償之額數。（47台上1180）

◎兩造所定委任契約，既定酬金十萬元，包括受任人承辦地方法院、高等法院、最高法院及強制執行等事務之酬勞在內，則上訴人於受任後，雖曾代為撰狀向台灣台北地方法院聲請調解，充其量不過辦理第一審事務中小部，在調解程序中，其代理權既因當事人在外成立和解而撤銷，依契約本旨及誠信法則，自祇能請求給付第一審事務之酬金，而不得及於全部。（49台上128）

◎耕地租賃如其地租係依據日據時期舊約而給付現金者，在約定當時幣值較高，嗣後幣值跌落，致出租人所得現款租金不敷繳納出租地之稅捐者，出租人於不違反耕地三七五減租條例第二條之規定範圍內，非不得比照當時實物價值為換算地租之請求。（56台上789）

◎上訴人就系爭土地上雖非無租賃關係，然於被上訴人未履行出租人之義務達十一年之久，上訴人迄未行使其租賃權或聲請假處分，以保全強制執行，坐令被上訴人在系爭土地上建築房屋、種植果樹，耗費甚鉅，始引起訴訟，求命其除去地上物交付土地，核其情形，雖非給付不能，然亦係權利之濫用，有違誠信原則。（56台上1708）

◎媒介居間人固以契約因其媒介而成立時為限，始得請求報酬，但委託人為避免報酬之支付，故意拒絕訂立該媒介就緒之契約，而再由自己與相對人訂立同一內容之契約者，依誠實信用原則，仍應支付報酬。又委託人雖得隨時終止居間契約，然契約之終止，究不應以使居間人喪失報酬請求權為目的而為之，否則仍應支付報酬。（58台上2929）

◎查權利之行使，是否以損害他人為主要目的，應就權利人因權利行使所能取得之利益，與他人及國家社會因其權利行使所受之損失，比較衡量以定之。倘其權利之行使，自己所得利益極少而他人及國家社會所受之損失甚大者，非不得視為以損害他人為主要目的，此乃權利社會化之基本內涵所必然之解釋。（71台上737）

第149條　（正當防衛）

　　對於現時不法之侵害，為防衛自己或他人之權利所為之行為，不負損害賠償之責。但已逾越必要程度者，仍應負相當賠償之責。

◎所謂正當防衛，乃對於現時不法之侵害為防衛自己或他人之權利，於不逾越必要程度範圍內所為之反擊行為。又此反擊行為，必加損害於侵害人，始生正當防衛之問題，至正當防衛是否過當，又應視具體之客觀情事，及各當事人之主觀事由定之，不能僅憑侵害人一方受害情狀為斷。（64台上2442）

◎被害人許某雖患有肝硬化等症，而為上訴人所不知，惟許某之死亡，本由於上訴人毆打

行為所致，不能以許某未預為告知其已患有何疾病，而謂許某就其死亡之發生，亦與有過失。（73台上4045）

第150條　（緊急避難）

因避免自己或他人生命、身體、自由或財產上急迫之危險所為之行為，不負損害賠償之責。但以避免危險所必要，並未逾越危險所能致之損害程度者為限。

前項情形，其危險之發生，如行為人有責任者，應負損害賠償之責。

第151條　（自助行為）

為保護自己權利，對於他人之自由或財產施以拘束、押收或毀損者，不負損害賠償之責。但以不及受法院或其他有關機關援助，並非於其時為之，則請求權不得實行或其實行顯有困難者為限。

第152條　（自助行為後之處置與責任）

依前條之規定，拘束他人自由或押收他人財產者，應即時向法院聲請處理。

前項聲請被駁回或其聲請遲延者，行為人應負損害賠償之責。

△言詞辯論期日被告不到場，原告意欲如何辦理不明瞭者，審判長應依民事訴訟法第199條第2項向原告發問或曉諭，令其敘明，其願另定期日辯論，不聲請由其一造辯論而為判決者，應予延展辯論期日，若拒絕敘明，不為辯論者，依同法第387條規定，視同不到場，並依同法第191條規定，視為休止訴訟程序。至請求權人依民法第152條第1項規定，拘束義務人之自由，聲請法院援助時，法院應為如何之處置，民事訴訟法雖未如外國立法例，設有人身保全之假扣押程序，然查強制執行法第22條之規定，於假扣押之執行亦適用之，故該請求權人即時聲請假扣押者，法院應即時予以裁定，其命假扣押者，並應即時予以執行，若該義務人有同條所列情形之一者，得管收之。再被告所在無定，於訴訟中有管收之必要者，亦得依此程序辦理。（32院2503）

附錄二 民法總則施行法條文

1. 中華民國18年9月24日國民政府制定公布全文19條;並自中華民國18年10月10日施行
2. 中華民國71年1月4日總統 (71) 台統 (一) 義字第0004號令修正公布第1、3～7、10、19條條文;並自中華民國72年1月1日施行
3. 中華民國97年5月23日總統華總一義字第09700059171號令修正公布第4、12、13、19條條文;增訂第4-1、4-2條條文;施行日期,以命令定之。中華民國97年10月22總統華總一義字第09700216301號令發布定自98年1月1日施行

☆大法官會議解釋,△司法院解釋,◎判例

第1條

民事在民法總則施行前發生者,除本施行法有特別規定外,不適用民法總則之規定,其在修正前發生者,除本施行法有特別規定外,亦不適用修正後之規定。

◎最高法院民事判例33年上字第5034號要旨:民法總則施行前所為法律行為,雖依當時法例有以書面為之之必要者,依民法總則施行法第一條之規定,亦不適用民法總則之規定,自不得以該項書面未備民法第三條所定之方式,而謂為無效。

◎最高法院民事判例21年上字第2161號要旨:依民法第十五條、第七十五條之規定,禁治產人所訂之契約固屬無效,但訂立契約在民法總則施行前者,依民法總則施行法第一條不適用民法總則之規定,民法總則施行前係認禁治產人為限制行為能力人,其所為法律行為,未得法定代理人允許或承認者,僅得撤銷之,並非自始不生效力。備註:本則判例於民國97年12月2日經最高法院97年度第3次民事庭會議決定判例加註,並於98年1月5日由最高法院依據最高法院判例選編及變更實施要點第9點規定以台資字第0980000001號公告之。決定:本則判例保留,並加註:「依民法總則施行法第四條之一規定,修正民法第十四條、第十五條自民國九十八年十一月二十三日施行。本則判例內容所載禁治產人改稱為受監護宣告之人;未受禁治產之宣告改稱未受監護之宣告。」

第2條

外國人於法令限制內,有權利能力。

◎最高法院民事判例26年渝上字第976號要旨：民法總則施行法第二條所謂外國人，係指無中華民國國籍者而言，其有中華民國國籍者，雖有外國之國籍，亦非外國人。

第3條

民法總則第八條、第九條及第十一條之規定，於民法總則施行前失蹤者，亦適用之。

民法總則施行前已經過民法總則第八條所定失蹤期間者，得即為死亡之宣告，並應以民法總則施行之日為失蹤人死亡之時。

修正之民法總則第八條之規定，於民法總則施行後修正前失蹤者，亦適用之。但於民法總則修正前，其情形已合於修正前民法總則第八條之規定者，不在此限。

第4條

民法總則施行前，有民法總則第十四條所定之原因，經聲請有關機關立案者，如於民法總則施行後三個月內向法院聲請宣告禁治產者，自立案之日起，視為禁治產人。

民法總則中華民國九十七年五月二日修正之條文施行前，已為禁治產宣告者，視為已為監護宣告；繫屬於法院之禁治產事件，其聲請禁治產宣告者，視為聲請監護宣告；聲請撤銷禁治產宣告者，視為聲請撤銷監護宣告；並均於修正施行後，適用修正後之規定。

◎最高法院民事判例28年上字第67號要旨：民法總則施行前，有民法第十四條所定之原因，經聲請官署立案者，如未於民法總則施行後三個月內，向法院聲請宣告禁治產，仍不能視為禁治產人。

第4-1條

民法規定之禁治產或禁治產人，自民法總則中華民國九十七年五月二日修正之條文施行後，一律改稱為監護或受監護宣告之人。

第4-2條

中華民國九十七年五月二日修正之民法總則第十四條至第十五條之二之規定，自公布後一年六個月施行。

第5條

依民法總則之規定,設立法人須經許可者,如在民法總則施行前已得主管機關之許可,得於民法總則施行後三個月內聲請登記為法人。

◎最高行政法院判例24年判字第24號要旨:主管官署對於受設立許可之法人固有監督之職權然非依據法令不能任意解散而收歸公有。

第6條

民法總則施行前具有財團及以公益為目的社團之性質而有獨立財產者,視為法人,其代表人應依民法總則第四十七條或第六十條之規定作成書狀,自民法總則施行後六個月內聲請主管機關審核。

前項書狀所記載之事項,若主管機關認其有違背法令或為公益上之必要,應命其變更。

依第一項規定經核定之書狀,與章程有同一效力。

第7條

依前條規定經主管機關核定者,其法人之代表人,應於核定後二十日內,依民法總則第四十八條或第六十一條之規定,聲請登記。

第8條

第六條所定之法人,如未備置財產目錄、社員名簿者,應於民法總則施行後速行編造。

第9條

第六條至第八條之規定,於祠堂、寺廟及以養贍家族為目的之獨立財產,不適用之。

第10條

依民法總則規定法人之登記,其主管機關為該法人事務所所在地之法院。

法院對於已登記之事項,應速行公告,並許第三人抄錄或閱覽。

第11條
外國法人,除依法律規定外,不認許其成立。

第12條
經認許之外國法人,於法令限制內,與同種類之我國法人有同一之權利能力。
前項外國法人,其服從我國法律之義務,與我國法人同。

第13條
外國法人在我國設事務所者,準用民法總則第三十條、第三十一條、第四十五條、第四十六條、第四十八條、第五十九條、第六十一條及前條之規定。

第14條
依前條所設之外國法人事務所,如有民法總則第三十六條所定情事,法院得撤銷之。

第15條
未經認許其成立之外國法人,以其名義與他人為法律行為者,其行為人就該法律行為應與該外國法人負連帶責任。

◎最高法院民事判例26年上字第622號要旨:未經認許其成立之外國法人,以其名義與他人為法律行為者,其行為人就該法律行為,應與該外國法人負連帶責任,固為民法總則施行法第十五條所規定。但所謂行為人係指以該外國法人之名義與他人為負義務之法律行為者而言,該外國法人之董事,僅列名於營業廣告,而未以該外國法人之名義與他人為負義務之法律行為者,非同條所稱之行為人。

◎最高法院民事判例26年渝上字第1320號要旨:外國銀行為未經認許其成立之外國法人時,其裏理以該銀行名義收受存款簽名於存單者,自屬民法總則施行法第十五條所稱之行為人。

第16條
民法總則施行前,依民法總則之規定,消滅時效業已完成,或其時效期間尚有殘餘不足一年者,得於施行之日起,一年內行使請求權,但自其時效完成後,至民法總則施行時,已逾民法總則所定時效期間二分之一者,不在此限。

◎最高法院民事判例40年台上字第900號要旨：原所有人於民法施行台灣時，既經過十五年消滅時效之期限，並逾此期間二分之一，縱令當時日本民法並無物上請求權消滅時效之規定，但依民法總則施行法第十六條其原所有人之物上請求權，早因時效完成而消滅。被上訴人於原所有人經過消滅時效期間並逾期間二分之一後，始向之買受訟爭基地，並為所有權移轉之登記，則上訴人以此為抗辯拒絕返還，殊難謂非正當。

◎最高法院民事判例28年上字第474號要旨：請求權發生於民法總則施行前者，應依民法總則施行法第十六條之規定，適用民法總則關於消滅時效之規定。

◎最高法院民事判例22年上字第2280號，要旨：民法總則施行法第十六條之本旨，係以民法總則關於消滅時效之規定溯及於其施行前為前提，就消滅時效業已完成或其時效期間殘餘不足一年者，仍許於施行後一年內行使請求權，故民法總則施行前依民法總則之規定消滅時效尚未完成，而其時效之殘餘期間在一年以上者，其消滅時效因殘餘期間內不行使請求權而完成。

◎最高法院民事判例22年上字第964號要旨：有民法總則施行法第十六條但書情形者，不得於民法總則施行後行使請求權。其於民法總則施行前行使請求權者，雖無同條但書之適用，但有無同條但書之情形，既應依民法總則關於時效之規定決之，則民法總則施行前之行使請求權，是否可使其請求權不發生同條但書之情形，自應適用民法總則關於時效之規定以為判斷。民法總則施行前雖有時效中斷之事由，而其時效依民法第一百三十七條之規定重行起算業已完成，且自完成後至民法總則施行時，已逾民法總則所定時效期間二分之一者，仍不得於民法總則施行後行使請求權。若其行使請求權，僅向債務人為請求，而未於請求後六個月內起訴者，依民法第一百三十條之規定時效視為不中斷，即不能自其為請求時重行起算時效，如因時效不自其為請求時重行起算，致時效業已完成，且自完成後至民法總則施行時，已逾民法總則所定時效期間二分之一者，亦不得於民法總則施行後行使請求權。

◎最高法院民事判例20年抗字第278號要旨：請求權如於民法總則施行時，依民法總則之規定，消滅時效業已完成，而自其完成後至總則施行時，雖尚未逾民法總則所定時效期間二分之一者，亦僅得於民法總則施行後一年內行使請求權，若在總則施行後已逾一年者，則其請求權自應消滅而不許其行使。

第17條
民法總則第七十四條第二項、第九十條、第九十三條之撤銷權，準用前條之規定。

第18條
民法總則施行前之法定消滅時效已完成者，其時效為完成。
民法總則施行前之法定消滅時效，其期間較民法總則所定為長者，適用舊法，但其殘餘期間，自民法總則施行日起算較民法總則所定時效期間為長者，應自施行日起，適用民法總則。

◎最高法院民事判例41年台上字第1573號要旨：民法總則施行法第十八條第二項所稱之舊
　法，不包括台灣光復前適用之日本民法在內，日本民法所定消滅時效之期間，雖較民法
　總則所定為長，仍應適用民法總則關於消滅時效之規定。

第19條

　本施行法自民法總則施行之日施行。

　民法總則修正條文及本施行法修正條文之施行日期，除另定施行日期者外，
　以命令定之。

圖書館出版品預行編目資料

總則大意／楊敏華著. — 三版. — 臺

：五南, 2017.10
　　　面；　公分.

978-957-11-9457-8（平裝）

總則

1　　　　　　　　　　106018306

1S65

民法總則大意

作　　者 — 楊敏華(318)

發 行 人 — 楊榮川

總 經 理 — 楊士清

副總編輯 — 劉靜芬

責任編輯 — 高丞嫻、張若婕、李孝怡

封面設計 — 斐類設計工作室、姚孝慈

出 版 者 — 五南圖書出版股份有限公司

地　　址：106台北市大安區和平東路二段339號4樓

電　　話：(02)2705-5066　　傳　真：(02)2706-6100

網　　址：http://www.wunan.com.tw

電子郵件：wunan@wunan.com.tw

劃撥帳號：01068953

戶　　名：五南圖書出版股份有限公司

法律顧問　林勝安律師事務所　林勝安律師

出版日期　2013年 1 月初版一刷
　　　　　2016年 5 月二版一刷
　　　　　2017年10月三版一刷

定　　價　新臺幣380元